GW00497326

neukirchener
theologie

Beiträge zu Evangelisation und Gemeindeentwicklung

Herausgegeben von
Michael Herbst / Jörg Ohlemacher /
Johannes Zimmermann

Band 22
Christiane Moldenhauer / Jens Monsees (Hg.)
Die Zukunft der Kirche in Europa

Christiane Moldenhauer / Jens Monsees (Hg.)

Die Zukunft der Kirche in Europa

Neukirchener Theologie

Dieses Buch wurde auf FSC-zertifiziertem Papier gedruckt.
FSC (Forest Stewardship Council) ist eine nichtstaatliche, gemeinnützige Organisation, die sich für eine ökologische und sozialverantwortliche Nutzung der Wälder unserer Erde einsetzt.

Bibliografische Information der Deutschen Nationalbibliothek

Die Deutsche Nationalbibliothek verzeichnet diese Publikation in der Deutschen Nationalbibliografie; detaillierte bibliografische Daten sind im Internet über http://dnb.d-nb.de abrufbar.

Umschlaggestaltung: Andreas Sonnhüter, Niederkrüchten
DTP: Catharina Jacob
Gesamtherstellung: Hubert & Co., Göttingen
Printed in Germany
ISBN 978–3–7887–3007–9 (Print)
ISBN 978–3–7887–3008–6 (E-Book-PDF)
www.neukirchener-verlage.de

Vorwort

„Die Zukunft der Kirche in Europa“ – zugegeben: eine sehr vollmundige Formulierung. Kann sie überhaupt eingelöst werden? Man könnte sie so verstehen, als gäbe es nur ein beschreibbares Bild von der Zukunft der Kirche. Würde das aber den sehr unterschiedlichen Situationen in verschiedenen Regionen Europas gerecht? Unter diesem, eben recht vollmundigen Thema fand vom 28. bis 30. Mai 2015 die Wissenschaftliche Tagung des Instituts zur Erforschung von Evangelisation und Gemeindeentwicklung mit ca. 100 Teilnehmenden im Alfried-Krupp-Wissenschaftskolleg Greifswald statt. Sie wird mit diesem Buch dokumentiert.

Die Themen und Beiträge der Tagung konnten weder alle Regionen Europas noch die ganze Breite an ökumenischen und sozialen Ausdrucksformen von Kirche repräsentieren. Sie boten vielmehr eine – primär – innerprotestantische Diskussion und mittel- und nordeuropäische Perspektiven. Dennoch konnten durch die Referentinnen und Referenten aus Norwegen, Tschechien, den Niederlanden, Großbritannien, Österreich, Deutschland und auch aus den USA sehr unterschiedliche regionale und kirchliche Hintergründe eingetragen werden.

Die meisten Länder Europas sind schon lange nicht mehr einheitlich christlich geprägt; die Kirchen finden sich in einer Phase des Umbruchs und der Neuorientierung. Besonders im letzten Jahrhundert kam es zu radikalen Veränderungen mit Blick auf die Zuordnung von Kirche und Staat sowie auf die gesellschaftliche Position der Kirche. Säkularisierungs- und Pluralisierungsprozesse bedeuten große Herausforderungen für ehemalige Mehrheitskirchen, die sich zunehmend in Marginalisierungsprozessen oder bereits in einer gesellschaftlichen Minderheitensituation befinden. Dagegen erfahren andernorts bislang unterdrückte Kirchen in Europa neue Freiheiten, aber auch die Notwendigkeit einer Neuorientierung. Dabei ergeben sich durchaus widersprüch-

liche Beobachtungen zwischen atheisierenden Prozessen und einem neuen religiösen Fragen in manchen europäischen Gesellschaften.
Über Ländergrenzen hinweg aber stellt sich die Frage nach einer missionarischen Kirche. Etwa versteht sich die Gemeinschaft Evangelischer Kirchen in Europa (GEKE) als missionale Kirchengemeinschaft. Dies lässt sich auf viele Kirchen Europas beziehen, auch wenn die Begrifflichkeiten variieren. In Großbritannien ist die Rede von der „mission-shaped church", und viele „fresh expressions of church" beleben inzwischen die gemeindliche Landschaft. In Deutschland wird fast unisono und in ökumenischer Verbundenheit weiterhin von einer „missionarischen Kirche" gesprochen. Mission ist hier zu einem der Leitbegriffe des Reformprozesses der EKD geworden.

Die wissenschaftliche Tagung des IEEG hatte sich vor diesem Hintergrund zum Ziel gesetzt, die Auswirkungen gegenwärtiger politischer, gesellschaftlicher sowie religiöser Entwicklungen für die Kirche in einigen Teilen Europas zu beleuchten. Es stand die Frage im Mittelpunkt, wie die Kirche in Europa in Zukunft angesichts innerkirchlicher sowie gesamtgesellschaftlicher Pluralisierung aussehen muss, wenn sie sich als Teil der Mission Gottes versteht. Dazu kamen Wissenschaftlerinnen und Wissenschaftler aus Philosophie, Missions- und Religionswissenschaft, aus Systematischer und Praktischer Theologie sowie kirchenleitende Personen aus unterschiedlichen Kirchen zum interdisziplinären Gespräch zusammen:
Sibylle Rolf führte im Anschluss an reformatorische Theologie in einige Grundlagen zur Kommunikation des Evangeliums ein. Sie unterschied dabei eine allgemeine religiöse Kommunikation von der des Evangeliums und ermutigte dazu, die Zukunft der Kirche dem Heiligen Geist getrost anzuvertrauen.
Harald Hegstad legte die Wandlungen des Kirchenverständnisses in Norwegen dar: „from public institution to public community". Er mahnte: Wenn die Kirche lediglich den Ist-Zustand erhalten wolle, dürfte dies nur zu weiteren Rückgängen führen. Kirche existiere nicht um ihrer selbst willen, sondern in Gottes Mission.
Sake Stoppels führte die z. T. dramatischen Veränderungen der Kirche in den Niederlanden vor Augen und forderte, dass die Kirche die Frage nach ihrer Einzigartigkeit, nach ihrem Alleinstellungsmerkmal beantworten müsse. Er plädierte dabei für eine Schärfung des geistlichen Profils als „Living from the Source". Darauf respondierend hat *Henning Theißen* den Horizont der Leuenberger Kirchengemeinschaft aufgerufen und ausgeführt, dass die Unterschiede zwischen Kirchen nicht im Verständnis des Evangeliums, wohl aber in dessen Kommunikation lägen.
Michael Moynagh hat die wichtigsten Grundlagen der „fresh expressions of church" in der Church of England vorgetragen und nach der Einzigartigkeit der Kirche gefragt: Nur sie könne den Menschen die

Gemeinschaft mit Christus anbieten. In seiner Response hat *Michael Herbst* neben viel grundsätzlicher Zustimmung vor allem Fragen formuliert, darunter die nach den entscheidenden Unterschieden zur Situation in Deutschland oder die nach dem Umgang mit Konflikten und mit Erschöpfung in den fresh expressions of church.
Gerhard Wegner hat in der Frage nach neuen Sozialformen der Kirche bei Ergebnissen aus Studien des Sozialwissenschaftlichen Instituts der EKD sowie der V. Kirchenmitgliedschaftsuntersuchung angesetzt und dann im Besonderen auf die Pfarrer und Pfarrerinnen als religiöse Entrepreneure geblickt.
Darrell L. Guder hat daran erinnert, dass die Kirche sowohl von ihren Ursprüngen als auch vom Wesen Gottes her eine missionale Kirche sei. Die Kirche müsse in Zukunft von einer „Tempelkirche" zu einer „Zeltkirche" werden. Er ermutigte zu großer Offenheit, in der Experimente nötig und auch möglich seien. *Martin Reppenhagen* brachte dies mit der Situation in seiner badischen Landeskirche ins Gespräch, in der die Notwendigkeit für Veränderungen auf Grund der im Wesentlichen nach wie vor zumindest finanziell komfortablen Lage der Gemeinden noch kaum gesehen werde.
Pavel Cerny gab einen eindrücklichen Einblick in die Situation der Kirche in der Tschechischen Republik, die in den letzten Jahrzehnten weitreichende Traditionsabbrüche und Veränderungen in der Mitgliedschaft in der Kirche erlebt, deren Wurzeln wiederum weit vor die Zeit des Sozialismus zurückreichen. Er überraschte mit der These, dass es trotz dieses Befundes in Tschechien im Grunde keine echte Säkularisierung gebe. Dies ließ *Hans-Jürgen Abromeit* vor dem Hintergrund der Situation in Pommern und insgesamt in den ostdeutschen Landeskirchen nicht unwidersprochen. Die Kirchen seien im Gegenteil noch immer dabei, sich auf die sehr tiefgreifenden gesellschaftlichen Veränderungen der letzten Jahrzehnte einzustellen. Beide aber hoben die Bedeutung der Migrationskirchen hervor und bildeten so die Brücke zu den folgenden Vorträgen.
Bianca Dümling hat in das Phänomen der Migrationskirchen und ihrer mittlerweile großen Vielfalt sowie ihrer Bedeutung für Integrationsprozesse in Deutschland eingeführt. So herausfordernd das Miteinander auch bleibe, die Zukunft der Kirche in Europa könne nur interkulturell gedacht werden. *Rainer Kiefer* hat in seiner Response mit der hannoverschen Landeskirche ein Beispiel dafür gegeben, wie eine Landeskirche im Miteinander mit den Migrationskirchen den Weg von bloßer diakonischer Unterstützung dieser Kirchen zu einer echten ekklesiologisch-ökumenischen Gemeinschaft zu gehen versucht.
Henning Wrogemann hat die sehr differenzierte Präsenz des Islam und der Muslime in Deutschland und in Europa vor Augen gestellt und dazu aufgefordert, diese einerseits nicht nur religionskundlich, sondern viel mehr auch sozial- und kulturwissenschaftlich wahrzunehmen und andererseits den kirchlichen Umgang mit dem Islam von einer

differenzierten Haltung der Anerkennung bestimmt sein zu lassen. *Friedmann Eißler* unterschied in seiner Response den institutionellen Dialog mit dem Islam von einem eher privat verorteten „Dialog des Lebens", die beide gleichermaßen von Wertschätzung und Realismus geprägt sein müssten.
Michael Bünker hat in seinem Abendvortrag die Kirche als Diasporakirche beschrieben, wollte dies jedoch nicht defizit- oder minoritätsorientiert verstanden wissen. Grundsätzlich als Diasporakirche – als „ausgestreute" Kirche – verstanden, ist Kirche in jedem Kontext auch Missionskirche.
Henning Theißen hat in seinem zweiten Beitrag unter der Überschrift „Das Wort und die Sozialgestalt der Kirche" noch einmal auf die ekklesiologische Mitte von „Zeugnis und Dienst" verwiesen.
Im abschließenden Vortrag hat *Michael Herbst* – ausgehend von einer exemplarischen Wahrnehmung der Situation in unterschiedlichen europäischen Kontexten – praktisch-theologische Perspektiven für eine Kirche der Zukunft in Europa aufgezeigt.[1]

An dieser Stelle ist vielen zu danken: für die großzügige finanzielle Förderung und vielfältige kollegiale Unterstützung zuerst dem Alfried-Krupp-Wissenschaftskolleg und seinen Mitarbeitenden, namentlich seinem Wissenschaftlichen Geschäftsführer Dr. Christian Suhm und Herrn Dennis Gelinek M.A.; dann der Ernst-Moritz-Arndt-Universität Greifswald, der Evangelisch-Lutherischen Kirche in Norddeutschland, der Sparkasse Vorpommern sowie dem Verein zur Förderung der Erforschung von Evangelisation und Gemeindeentwicklung e. V. Wir danken ferner herzlich den studentischen und wissenschaftlichen Hilfskräften, die an der Durchführung der Tagung und der Veröffentlichung dieses Buches engagiert beteiligt waren: Alexander Barth, Anna Behnke, Christian Jünner, Frederike Kathöfer, Maybritt Knura, David Reißmann und Catharina Jacob, die auch die Druckvorlage erstellt hat. Schließlich gilt unser Dank Herrn Ekkehard Starke vom Neukirchener Verlag.

Greifswald, November 2015

Christiane Moldenhauer und Jens Monsees

---

[1] In mehreren Beiträgen wird auf die fünfte Kirchenmitgliedschaftsuntersuchung Bezug genommen, deren Ergebnisse zum Zeitpunkt des Symposiums mit der Broschüre „Engagement und Indifferenz. Kirchenmitgliedschaft als soziale Praxis. V. EKD-Erhebung über Kirchenmitgliedschaft" (Hannover 2014) vorlagen. Inzwischen ist auch der Kommentarband mit vertieften Auswertungen und weiterführenden Perspektiven erschienen: Bedford-Strohm, Heinrich / Jung, Volker: Vernetzte Vielfalt. Kirche angesichts von Individualisierung und Säkularisierung. Die fünfte EKD-Erhebung über Kirchenmitgliedschaft, Gütersloh 2015.

Inhalt

„Das Evangelium mit Taten und Worten bekennen“ Die Kommunikation des Evangeliums im Anschluss an reformatorische Theologie

Sibylle Rolf

Engagement und Indifferenz, Nachfolge, sogar Ernst, und Freiheit. Dass sich das Leben einer Kirchengemeinde ebenso wie kirchentheoretische Reflexionen in dieser *Spannung* bewegen, wissen wir nicht erst seit der fünften Kirchenmitgliedschaftsuntersuchung (KMU V).[1] Und weder Ernst Lange noch die gegenwärtige Kirchentheorie haben das Evangelium als eine zu *kommunizierende* Botschaft erfunden. Ein Eröffnungsvortrag auf einem Symposium hat die Chance, einen Schritt zurückzutreten und nach einer theologischen Grundlegung der „Kommunikation des Evangeliums“ und zentraler Begriffe wie Verbindlichkeit oder Freiheit zu fragen. Darum möchte ich mit Ihnen systematisch-theologisch über die Konstitutionsbedingungen des christlichen Glaubens nachdenken und diese mit der Formulierung der „Kommunikation des Evangeliums“[2] in ein Verhältnis setzen. Ich halte diesen Begriff für zentral, wenn wir über die Zukunft der Kirche in Europa nachdenken.

I. Kommunikation des Evangeliums zwischen Freiheit und Verbindlichkeit. Einige Beobachtungen

Zur Kommunikation, auch zur „Kommunikation des Evangeliums“, gehört Sprachfähigkeit. Menschen müssen einander verstehen, um miteinander kommunizieren zu können. Es gibt Felder meiner Arbeit,

---

[1] Vgl. Engagement und Indifferenz. Kirchenmitgliedschaft als soziale Praxis, V. EKD-Erhebung über Kirchenmitgliedschaft, 2014. Etwa zeitgleich mit der KMU ist 2012 in Baden-Württemberg die Sinus-Studie „Evangelisch in Baden-Württemberg“ entstanden. Zu einem Vergleich beider Untersuchungen vgl. Hempelmann, Heinzpeter: Kirchendistanz oder Indifferenz? Wie die Kirche von der Typologie der Lebensweltforschung profitieren kann. http://heinzpeter-hempelmann.de/hph/wp-content/uploads/2013/02/KMU-V-SSBW-V10.pdf [09.10.2015].

[2] Die Formulierung „Kommunikation des Evangeliums“ ist von Ernst Lange in den 1960er und 1970er Jahren geprägt und in den vergangenen Jahrzehnten von zahlreichen praktisch-theologischen Entwürfen aufgenommen und verwendet worden. Vgl. exemplarisch Hauschildt, Eberhard / Pohl-Patalong, Uta: Kirche. Lehrbuch Praktische Theologie 4, Gütersloh 2013, 411ff.

da erwarte ich, diese Sprachfähigkeit vorzufinden, in anderen Feldern erwarte ich sie nicht.
Meine Kirchengemeinde liegt in der südlichen Kurpfalz zwischen Heidelberg und Mannheim, in einer Region, in der es praktisch Vollbeschäftigung gibt. Wir haben ein Neubaugebiet, das vor allem akademisch gebildete, meist relativ junge Menschen mit ihren Familien anzieht, die Arbeit in einem der großen Unternehmen der Region finden.
Neben den Zugezogenen gibt es die, die im alten Ortskern leben. Die beiden Teile des Ortes – Neubaugebiet und alter Ortskern – werden durch einen Bahndamm getrennt. Die Alteingesessenen der Kirchengemeinde vermischen sich wenig mit den Neuzugezogenen; ihre Familie wohnt häufig schon seit Generationen im Dorf, „man" gehört zur Kirche: Sowohl der Gottesdienstbesuch als auch das Spendenaufkommen für unsere Arbeit sind erstaunlich hoch. Die Neubürger und Neubürgerinnen treten demgegenüber vor allem im Zusammenhang mit Kasualien in Erscheinung. Nur wenige sind bereit, aktiv in der Kirchengemeinde mitzuarbeiten.[3] Ihnen fehlen die Kontakte, die Verwurzelung, der Milieuhintergrund. Die meisten Angebote unserer Gemeinde bleiben ihnen fremd, und sie wollen sich allenfalls *punktuell*, vor allem über Kasualhandlungen, einbinden lassen.[4] Vor allem aber fehlt den Menschen die *Sprache*. Unsere kirchliche Sprache erscheint manchen wie eine Fremdsprache. Bei Taufgottesdiensten drucke ich das Glaubensbekenntnis auf das Liedblatt. Ist diese Sprachlosigkeit eine Indifferenz?

Zu Beginn dieses Jahres fanden in Kooperation mit vier badischen und vier pfälzischen Kirchenbezirken Kurse zum Glauben in der Metropolregion Rhein-Neckar statt.[5] Die Kurse wurden milieusensibel

[3] Auch in milieutheoretischer Hinsicht lassen sich zwischen beiden Teilen der Gemeinde Analysen anstellen. Während die Menschen aus den Neubaugebieten am ehesten den Liberal-Intellektuellen, Performern, Sozial-Ökologischen und Adpativ-Pragmatischen zuzurechnen sind, leben im alten Ortskern überdurchschnittlich viele Menschen der „bürgerlichen Mitte".

[4] Diese Beobachtung ist praktisch-theologisch breit reflektiert worden. Vgl. Fechtner, Kristian: Kirche von Fall zu Fall. Kasualien wahrnehmen und gestalten, Gütersloh ^{2}2011; Grethlein, Christian: Grundinformation Kasualien. Kommunikation des Evangeliums an Übergängen des Lebens, Göttingen 2007; aber auch schon Nüchtern, Michael: Kirche bei Gelegenheit. Kasualien – Akademiearbeit – Erwachsenenbildung, Stuttgart u. a. 1970.

[5] Aus dem Kirchenbezirk Südliche Kurpfalz haben 13 Gemeinden teilgenommen und einen Kurs zum Glauben angeboten. Die Kurse sind milieusensibel ausgewählt worden; Oftersheim hat, auch wegen des überdurchschnittlich großen Anteils von Menschen aus der „bürgerlichen Mitte" den Kurs „Kaum zu glauben" angeboten. Mit jeweils etwa 20 Besuchern und Besucherinnen pro Abend ist der Kurs von der Gemeinde sehr gut angenommen worden. Zu den Kursen zum Glauben in milieutheoretischer Hinsicht vgl. Erwachsen glauben. Missionarische Bildungsangebote.

ausgewählt und nach Kursende evaluiert. Auch meine Gemeinde hat teilgenommen. Die Mitarbeiter und Mitarbeiterinnen des Vorbereitungskreises waren vor allem Menschen aus dem Dorfkern, zum Teil Mitglieder des Kirchengemeinderats, regelmäßige Gottesdienstbesucher und „Engagierte" im Sinne der jüngsten Kirchenmitgliedschaftsstudie: diejenigen, die ihre Zugehörigkeit zur Kirche mit einem hohen Maß an Verbindlichkeit und Engagement leben. Während der Vorbereitung habe ich beobachtet, dass auch die Engagierten, die mit Ernst und großem Einsatz die Arbeit der Kirchengemeinde tragen, nur wenig Zutrauen in ihre Kompetenzen haben, über ihren Glauben *sprechen* zu können. Dass sich das Evangelium kommunizieren will, hätten alle unterschrieben – aber nicht, dass sie selbst an dieser Mitteilung des Evangeliums Teil bekommen sollten. Auch unter den Engagierten gibt es ein Kommunikationshemmnis.

Eine meiner Mitarbeiterinnen war Doris. Sie ist 40 Jahre alt, verheiratet und hat drei Söhne; die Familie lebt im Neubaugebiet. Doris nimmt mit ihren Kindern sporadisch an Veranstaltungen der Gemeinde teil – Minigottesdienste, Kinderbibeltage oder das jährliche Krippenspiel. Sie ist fast nie im Gottesdienst und gehört nicht zu denen, die viel Zeit und Kraft in die Gemeindearbeit einbringen können. Doris hätte sich wahrscheinlich nicht als Teilnehmerin für den Glaubenskurs angemeldet, doch sie war auf persönliche Einladung hin sogar bereit, in der Vorbereitung mitzuarbeiten – und dann ist mit ihr in diesen Wochen viel passiert. Sie hat Fragen gestellt, die sie sonst vielleicht nicht gestellt hätte, sie hat begonnen, sich mit sich selbst und ihrem Glauben auseinanderzusetzen, und nach einer Sprache gesucht, die ihr und ihrem Glauben, ihrer Erfahrung mit Gott angemessen ist. Noch immer gehört sie nicht zu den regelmäßigen Gottesdienstbesuchern. Aber sie gehört zu denen, die mit Ernst nach ihrem Glauben fragen. Sie hat begonnen, das Evangelium und ihre Lebenswelt miteinander in ein Verhältnis zu setzen. Sie braucht ein hohes Maß an Freiheit für ihre momentane Lebenssituation und ist doch „mit Ernst" auf dem Weg. Ist sie von einer Indifferenten zu einer Engagierten geworden?

Ein weiteres Beispiel: Unser Kirchenbezirk wird Ende Juni visitiert. Zur Vorbereitung der Visitation haben wir eine Bezirkssynode durchge-führt, bei der wir mit Hilfe des „Kirchenkompassprozesses"[6] Ziele für die weitere Arbeit des Bezirks formuliert haben. Eines der Leitbilder des Kirchenkompasses ist das wandernde Gottesvolk, das in euchari-stischer Gemeinschaft und Gabenorientierung miteinander auf

---

Grundlagen – Kontexte – Praxis, hg. von der Arbeitsgemeinschaft Missionarische Dienste (AMD), Gütersloh 2011.

[6] Kirchenkompass bezeichnet einen „Verständigungsprozess über die theologischen Leitbilder kirchlicher Arbeit und die sich daraus ergebenden strategischen Ziele" für die nahe Zukunft (siehe www.ekiba.de/html/content/kirchenkompass.html [22.10.2015]).

dem Weg ist. In der entsprechenden Kleingruppe haben sich zunächst die Hauptamtlichen über zahlreiche Implikationen des Bildes ausgetauscht, bis sich am Ende ein ehrenamtlicher Kirchengemeinderat meldete und fast schüchtern sagte, das klinge ja alles gut, aber es möchte ihm doch bitte mal jemand erklären, was eigentlich Gabenorientierung sei. Auch die Menschen, die wir gemeinhin zur „Kerngemeinde" zählen, sprechen nicht immer dieselbe Sprache wie wir Hauptamtlichen. Das kann zum Hindernis für die Kommunikation des Evangeliums werden.
Ein letztes Beispiel: In diesem Semester arbeite ich mit meinen Heidelberger Studierenden in einem Hauptseminar mit dem Titel „Christlicher Glaube in Alltagssprache – einfach Dogmatik". Für die theologisch zentralen und hoch komplexen Begriffe wie Sünde, Vergebung, Auferstehung oder Gnade eine Sprache zu finden, die Hans und Else auf der Straße verstehen,[7] ist eine immense Herausforderung, wenn sich das Evangelium kommunizieren soll und wenn Menschen in diesen Kommunikationsprozess eingebunden werden sollen. Ich erlebe, welche Schwierigkeiten die Studierenden haben, nicht in ihren vertrauten Formulierungen zu sprechen. „Christus ist für unsere Sünden gestorben" – so wahr dieser Satz ist: Was bedeutet er eigentlich? Und wie kann ihn jemand verstehen, der nicht Theologie studiert hat? Wie kommuniziert sich diese zentrale Wahrheit?

Ich möchte mit Ihnen einen Schritt zurücktreten. Die Vortragsthemenformulierung spielt auf ein Lutherzitat an: Mit *Ernst* Christen sein wollen und das Evangelium mit Worten und Taten bekennen – so hatte es Luther 1526 in seiner Vorrede zur deutschen Messe formuliert[8] und damit eine Gruppe von Christenmenschen beschrieben, die neben der lateinischen und der deutschen Messe besondere Formen der gottesdienstlichen Gemeinschaft pflegen sollen, unseren Hauskreisen vergleichbar. Gleichzeitig hat Luther sein Leben lang an der christlichen *Freiheit* festgehalten. Verbindlichkeit und Freiheit bewegen sich

[7] Die Suche nach einer verständlichen Sprache hat Martin Luther sein Leben lang nicht losgelassen. Dabei hatte er selbst die Erfahrung gemacht, dass das Evangelium direkt in seine Lebenssituation hinein spricht. Vgl. zur Entstehung von Luthers Bibelübersetzung Brecht, Martin: Martin Luther, Bd. 2. Ordnung und Abgrenzung der Reformation, 1521-1532, Stuttgart 1986, 53-63.

[8] Zur reformatorischen Neuordnung des Gottesdienstes vgl. Brecht, Martin: Martin Luther, Bd. 2. Ordnung und Abgrenzung der Reformation, 1521-1532, Stuttgart 1986, 246-253. In der Vorrede zur deutschen Messe unterscheidet Luther zwischen drei Formen des Gottesdienstes: einer lateinischen und einer deutschen (öffentlichen) Ordnung und einer Form für diejenigen, die „mit Ernst Christen sein wollen und das Evangelium mit Hand und Mund bekennen". Offenbar ist diese Form der kleinen Gemeinschaften oder Hauskirchen für Luther das Ideal christlichen Lebens. Er nimmt aber im Text selbst Abstand davon mit der Begründung, er habe nicht die Leute dazu.

in einem spannungsreichen Miteinander, das Luther aber zusammenzuhalten scheint. Dies wiederum hat meines Erachtens damit zu tun, wie Luther sich den Glauben vorstellt. Darüber möchte ich im folgenden Abschnitt mit Ihnen nachdenken. Ich nehme dabei immer wieder Bezug auf Luthers Theologie. Von diesen systematisch-theologischen Grundüberlegungen aus möchte ich anschließend wieder den Blick auf die „Kommunikation des Evangeliums" richten.

II. Unio cum Christo. Die Wirklichkeit des Glaubens in reformatorischer Theologie

Um über die *Konstitution des Glaubens* und die *Kommunikation des Evangeliums* im Anschluss an reformatorische Theologie Auskunft zu geben, möchte ich mit Ihnen drei Schritte gehen. Zunächst möchte ich über das Zustandekommen des Glaubens nachdenken (II.1.), sodann einige Überlegungen zum Wesen und Charakter des Glaubens anschließen (II.2.) und abschließend nach der kommunikativen Wirklichkeit des Glaubens und der Notwendigkeit von Kommunikation fragen (II.3.).[9]

II. 1. Nicht aus eigener Vernunft noch Kraft. Zur Konstitution des Glaubens

Für reformatorische Theologie reicht bekanntlich allein der Glaube aus, um vor Gott gerecht zu sein: Das *sola fide* bildet mit den anderen reformatorischen Exklusivpartikeln *sola scriptura, solus Christus* und *sola gratia* das Zentrum unseres theologischen Erbes. Wie kann aber ein solcher rechtfertigender Glaube verstanden werden, und wie entsteht er in einem Menschen?[10]

Das Verständnis der Wirklichkeit des *Glaubens* hat mit unserem Bild von der Wirklichkeit des *Menschen* zu tun, wenn und insofern der Glaube einen existentiellen menschlichen Akt darstellt: Wenn ich vom Glauben spreche, so spreche ich vom glaubenden Menschen. Wie stelle ich mir einen Menschen vor, der glaubt? Wie erlebe ich den Glauben bei mir selbst?

---

[9] In diesem Zusammenhang ist die Beobachtung aufschlussreich, dass die KMU V zwar relativ häufig vom „Glauben" spricht, diesen aber nicht inhaltlich bestimmt. Auch das „Evangelium" tritt hinter der „Religion" zurück. Diese Beobachtung wird im letzten Abschnitt des Vortrags noch eine Rolle zu spielen haben.

[10] Vgl. Härle, Wilfried: Der Glaube als Gottes- und/oder Menschenwerk bei Martin Luther, in: ders.: Menschsein in Beziehungen. Studien zur Rechtfertigungslehre und Anthropologie, Tübingen 2005, 107-144.

Seit den 1960er Jahren hat sich in der Lutherforschung im Anschluss an die Arbeiten von Wilfried Joest[11] und Gerhard Ebeling[12] die Position durchgesetzt, dass Luther von einer *relationalen* Anthropologie ausgeht, also von Beziehungen her denkt: Ein Mensch ist danach auf eine *außerhalb* seiner selbst liegende Wirklichkeit bezogen – für Luther entweder auf den ihn rettenden und erlösenden Gott oder auf den Teufel.[13] Und dabei kann ein Mensch gar nicht anders, als sich zu beziehen, also zu vertrauen, letztlich zu *glauben.*
Wilfried Joest hat für diese menschliche Konstitution die Begriffe *responsorisch, exzentrisch* und *eschatologisch* geprägt und damit ausgedrückt, dass ein Mensch ein Wesen ist, das sich zu einem ihn ansprechenden Wesen *verhält* (*responsorisch*), ein Wesen, das aus sich selbst *herausgehen* kann (*exzentrisch*) und das auf *Zukunft* hin orientiert ist (*eschatologisch*).[14] Diese anthropologische Einsicht einer vorauszusetzenden *Bezogenheit* korrespondiert mit der Erkenntnis, dass es unmöglich ist, seinen Affekt, also die Richtung der Beziehung, das Streben, das den *ganzen* Menschen bestimmt, mit eigenen Kräften zu lenken und zu bestimmen. Luther kommuniziert diesen Gedanken vor allem 1525 in seiner Streitschrift gegen Erasmus von Rotterdam,[15] aber auf sehr elementare Weise auch im Kleinen Katechismus in der Auslegung des dritten Glaubensartikels, wenn er schreibt: „Ich glaube, dass ich *nicht aus eigener Vernunft noch Kraft* an Jesus Christus, meinen Herrn glauben oder zu ihm kommen kann".[16] Auf welche

---

[11] Joest, Wilfried: Ontologie der Person bei Luther, Göttingen 1967.

[12] Ebeling, Gerhard: Disputatio de Homine, Tübingen 1977/1982/1989. 3 Bände (Lutherstudien Bd. 2).

[13] Prominent in De servo arbitrio: „Sic humana voluntas in medio posita est, ceu iumentum, si insederit Deus, vult et vadit, quo vult Deus... Si insederit Satan, vult et vadit, quo vult Satan, nec est in eius arbitrio ad utrum sessorem currere aut eum quaerere, sed ipsi sessores certant ob ipsum obtinendum et possidendum." (WA 18, 635, 17-22) – So ist der menschliche Wille in der Mitte hingestellt wie ein Lasttier; wenn Gott darauf sitzt, will er und geht, wohin Gott will... Wenn der Satan darauf sitzt, will er und geht, wohin Satan will. Und es liegt nicht in seiner freien Wahl, zu einem von beiden Reitern zu laufen und ihn zu suchen, sondern die Reiter selbst kämpfen darum, ihn festzuhalten und in Besitz zu nehmen.

[14] In den vergangenen Jahren sind diese Analysen von neueren Arbeiten zur reformatorischen Theologie weitgehend bestätigt und weitergeführt worden. Hinter die Einsicht einer relationalen Ontologie gehen neuere Arbeiten in der Lutherforschung nicht mehr zurück. Vgl. etwa Gebhardt, Rüdiger: Heil als Kommunikationsgeschehen. Analysen zu dem in Luthers Rechtfertigungslehre implizierten Wirklichkeitsverständnis [MThS 69], Marburg 2002; Härle, W.: Menschsein in Beziehungen, Tübingen 2005; Rolf, Sibylle: Zum Herzen sprechen. Eine Studie zum imputativen Aspekt in Martin Luthers Rechtfertigungslehre und zu seinen Konsequenzen für die Predigt des Evangeliums [ASTh 1], Leipzig 2008.

[15] Vgl. Beiner, Melanie: Intentionalität und Geschöpflichkeit. Die Bedeutung von Martin Luthers Schrift „Vom unfreien Willen" für die theologische Anthropologie [MThS 66], Marburg 2000.

[16] BSLK 511,46-512,1 (Hervorhebung S.R).

Instanz ich mich beziehe, geht über mein Denken und meine Kraft hinaus.

Im Anschluss an Luthers Menschen- und Glaubensbild gibt es keinen „archimedischen Punkt", den ich einnehmen könnte, um von dort aus meine Selbstgewissheit zu verändern. Ich werde von außen, *ab extra,* affiziert und durch dieses mich *von außen* affizierende, mein Vertrauen *weckendes* Geschehen außerhalb meiner selbst versetzt. Ich kann mich nicht *entscheiden* zu vertrauen. Der Glaube entsteht nicht ohne mich, aber nicht auf meinen Entschluss hin.[17] Ein Mensch mag sich darum nach Kräften bemühen, dem Evangelium zu glauben, also darin Gottes Zuwendung für *sein* Leben zu erfahren – aber es handelt sich um ein durch den Heiligen Geist ermöglichtes *Erschließungsgeschehen*, eine Einsicht oder besser ein Vertrauen, das uns *zuteil* werden muss, um das wir bitten und auf das wir uns vorbereiten können, indem wir uns darin üben, es geschehen zu lassen – aber dessen Gelingen nicht in unserem Vermögen oder unserer Kraft steht.

Neben dem Wirken des Heiligen Geistes braucht es für das Zustandekommen des Glaubens die Verkündigung. Ohne Predigt entsteht kein Glaube: Das Evangelium Jesu Christi muss sich mit der Lebenswirklichkeit von Menschen *versprechen.* Wenn das Vertrauen von außen geweckt werden soll, so braucht es ein Wort *ab extra.* Seit den 1960er Jahren wird für die Notwendigkeit von Verkündigung in der praktischen Theologie auf die vor allem von Ernst Lange geprägte Formulierung von der „Kommunikation des Evangeliums" Bezug genommen. Auch in der KMU V spielt der Begriff „Kommunikation" eine wesentliche Rolle, allerdings mit einer Akzentverschiebung, auf die ich später zurückkommen werde.

Vor allem im Rekurs auf das literaturwissenschaftliche Modell der Rezeptionsästhethik[18] wurde zunächst in der Homiletik, inzwischen aber in der gesamten kirchentheoretischen Debatte, an der *Unverfügbarkeit* der Kommunikation des Evangeliums festgehalten, die sich nicht nur aus der Notwendigkeit des Geistwirkens ergibt, sondern auch aus einer rezeptionsästhetischen Einsicht:[19] Die Bedeutung eines Textes entsteht zu allererst auf dem Hintergrund lebensgeschichtlicher *Erfahrungen* der hörenden Person, weswegen für die Kommunikation

---

[17] Für die zentrale Bedeutung von Luthers Lehre vom unfreien Willen des Menschen im Gegenüber zu Gott vgl. vor allem auch die Arbeiten von Hans Joachim Iwand. Etwa Iwand, Hans Joachim.: Die grundlegende Bedeutung der Lehre vom unfreien Willen für den Glauben, in: ders.: Um den rechten Glauben. Gesammelte Aufsätze [Th B 9], München 1965, 13–30, hier 22.

[18] Rezeptionsästhetische Rekurse sind zunächst in der Homiletik angestellt worden, vgl. Martin, Gerhard Marcel: Predigt als „offenes Kunstwerk"? Zum Dialog zwischen Homiletik und Rezeptionsästhetik [EvTh 44], 1984, 46–58. Vgl. auch Garhammer, Erich / Schöttler, Heinz-Günther (Hg.): Predigt als offenes Kunstwerk. Homiletik und Rezeptionsästhetik, München 1998.

[19] Vgl. Hauschildt/Pohl-Patalong: Kirche, 414f.

in *Glaubensdingen* eine breite Deutungsvariabilität anzunehmen ist. Mit anderen Worten: Wir haben es nicht in der Hand, ob in einem Menschen in unserer Kirchengemeinde Glaube entsteht. Aber wir können uns um eine Sprache bemühen, die mit der Lebenswirklichkeit der hörenden Person eine Überschneidung hat – und den Gott heiligen Geist bitten, unsere Worte zu erfüllen.[20] Die Kommunikation des Evangeliums „verspricht", wenn sie gelingt, die Lebenswelt eines Menschen mit dem Evangelium Jesu Christi.
Auch Luther geht davon aus, dass *Kommunikation* Glauben ermöglicht, weil das gesprochene Wort einem Menschen das Evangelium zu allererst zueignet, indem es uneindeutige Zeichen als *Gottes* Werk deutet, wie Luther in seinen Predigten immer wieder verdeutlicht: „weil wort nicht gesagt ist, non possunt intelligere opus."[21] Dabei verbindet Luther Kommunikation des Evangeliums mit der Konstitution der *Freiheit eines Christenmenschen*, die sich einem Glaubenden in und mit seiner Verbindung mit Christus erschließt, wenn Christus im „fröhlichen Wechsel und Streit" – wenn Christus und die Seele vereinigt werden wie Braut und Bräutigam[22] – seine Gerechtigkeit gegen die Sünde des Glaubenden tauscht.[23] Von Luthers Freiheitsemphase aus gewinnt der Gedanke der „Kommunikation des Evangeliums" wesentliche weitergehende Bedeutungsaspekte. Diesen möchte ich im folgenden Abschnitt nachgehen.

II. 2. Fides est creatrix divinitatis. Zum Wesen und Charakter des Glaubens

1531 prägt Luther in seiner Vorlesung zum Galater-Brief die Formulierung: Fides est creatrix divinitatis – der Glaube schafft die Gottheit – freilich nicht im Wesen Gottes (*non in substantia Dei*), aber in uns (*in nobis*).[24] Mit einem konstruktivistischen Verständnis hat dieser Satz wenig zu tun: Der Glaube schafft für Luther nicht den Gott,

---

[20] „Das Ergebnis der Kommunikation des Evangeliums ist ... für die Kirche nie machbar und planbar, sondern ihre Wirkung muss sie Gott überlassen. Gleichwohl ist sie für ihren Part verantwortlich und kann diesen angemessener oder weniger angemessen gestalten." (Hauschildt/Pohl-Patalong: Kirche, 415.)

[21] An Ostern 1529, WA 29, 273,13.

[22] „Nicht allein gibt der Glaube so viel, dass die Seele dem göttlichen Wort gleich wird aller Gnaden voll, frei und selig, sondern vereinigt auch die Seele mit Christo als eine Braut mit ihrem Bräutigam." (StA 2, 275,19-21.)

[23] So Luther in der Freiheitsschrift (1520). Vgl. dazu klassisch Jüngel, Eberhard: Zur Freiheit eines Christenmenschen. Eine Erinnerung an Luthers Schrift, München 1978.

[24] „Tribuere autem Deo gloriam est credere ei, est reputare eum esse veracem, sapientem, iustum, misericordem, omnipotentem, in summa: agnoscere eum authorem et largitorem omnis boni. Hoc ratio non facit, sed fi des. Ea consummat divinitatem et, ut ita dicam, creatrix est divinitatis, non in substantia Dei, sed in nobis." (WA 40/I, 360,21-25.)

den er braucht, aus dem allgemeinen Sinnangebot religiöser Beliebigkeit. Was aber dann?

Für Luther wird Gott im Glauben, wenn ein Mensch sein Herz an ihn hängt,[25] *wirklich* im Sinne von *erfahrbar* – als glühender Backofen voller Liebe.[26] Indem der Glaubende das Evangelium von Jesus Christus als wahr erkennt oder besser: indem sich einem Menschen das Evangelium mitteilt und mit seiner Lebenswelt verspricht, macht der Glaube den in Christus offenbaren Gott zum Gott *pro me*. „Ich hatte von dir nur vom Hörensagen vernommen, aber nun hat mein Auge dich gesehen." (Hiob 42,5) Damit konstituiert der Glaube eine neue Wirklichkeitssicht: Ich beurteile mein Erleben im Kontext meiner Erfahrung mit Gott. Und nicht nur meine *Sicht* auf die Wirklichkeit verändert sich, sondern die *Wirklichkeit* selbst: Der Glaube schafft Gott *pro me*, er ist *wirklichkeitskonstituierendes* Vertrauen, weil er die Person in den Horizont Gottes stellt und Gott zu einer erfahrbaren Größe macht.

In Luthers Theologie spielt das Kommunikationsmodell im Zusammenhang der wirklichkeitskonstituierenden Dynamik des Glaubens eine wesentliche Rolle. Mit dem „Brautring"[27] des Glaubens verbindet sich Christus so mit dem Sünder, dass sich der „fröhliche Wechsel und Streit" ereignet, in dem Christus und der Sünder ihre Wesenseigenschaften tauschen: Sünde[28] gegen Gerechtigkeit, Vertrauenslosigkeit gegen Vertrauen. „Also dass wir alle ein Kuchen werden mit Christo"[29] – tief miteinander verbunden wie Liebende, in einem gegenseitigen Austausch. Mit dieser existentiellen *Kommunikation* zwischen Christus und dem Glaubenden verbindet Luther seine Vorstellung von *imputatio*, also der Zurechnung der Gerechtigkeit Christi zugunsten des Sünders.[30] Im Glauben wird ein Mensch mit Christus

---

[25] So Luthers Bild in der Auslegung des ersten Gebotes im Großen Katechismus, [BSLK 560],22-24.

[26] Luther in einer Predigt am 15. März 1522, WA 10/III, 56,2f.

[27] StA 2, 277,4.

[28] „Die Sünde ist das, was wir tun, wie die Tatsünden, wie Töten, die wirklichen Sünden – aber jene sind nicht gemeint, sondern Gott sieht die Erbsünde und wesentliche Sünde, nicht was wir tun, sondern was wir leiden, die wir, ob wir wollen oder nicht, haben und mit Haut und Haar nicht gut sind. In ihr werden wir geboren, und wir tragen sie von den Eltern her, und sie ist eingebacken in einen Menschen. Am Hals tragen wir sie, und sie ist angeboren. Diese Quelle aller Sünde meint er, wenn er Abraham beschneiden will." (Am 1. Januar 1525 in einer Predigt über die Beschneidung Christi nach Lk 2; WA 17/I, 1,28-34.)

[29] In einer Predigt am 9. November 1522, WA 10/III, 425,21f. Das Bild des „Kuchens mit Christo" ist etwa von der finnischen Lutherforschung rezipiert worden, die im letzten Drittel des 20. Jahrhunderts wichtige Erkenntnisse zu Luthers Ontologie zutage gebracht hat. Vgl. die Arbeiten von T. Mannermaa oder S. Peura und anderen.

[30] Vgl. Rolf, Sibylle: Zum Herzen sprechen, Leipzig 2008, kurz auch in Rolf, Sibylle: Predigen heißt: die Schüssel vor die Gäste setzen. Martin Luthers

zusammengesprochen, seine Wirklichkeit mit der Wirklichkeit Christi versprochen und er macht die Erfahrung, dass er sich in diesem Kommunikationszusammenhang verändert: Die Liebe Gottes schafft das Liebenswerte und den Liebenden.[31]

Für seine Vorstellung einer *Wesenskommunikation* von Christus und dem Glaubenden rekurriert Luther auf das altkirchliche christologische Modell der *communicatio idiomatum*,[32] nach dem in der Person Jesu Christi menschliche und göttliche Natur einander kommunikativ durchdringen, so dass der Person Christi die Eigenschaften seiner göttlichen ebenso wie seiner menschlichen Natur zuzueignen sind: In dieser Person lässt Gott sich in die Krippe legen und ans Kreuz schlagen,[33] und von diesem Menschen kann gesagt werden, er habe Himmel und Erde geschaffen.

Auf vergleichbare Weise kommunizieren für Luther zwei „Naturen" im glaubenden Menschen: ein durch Gott geschaffenes, *ab extra* konstituiertes Vertrauen und ein im Menschen liegendes Misstrauen oder Vertrauen auf sich selbst. Eine solche *Wesenskommunikation* wird durch die Kommunikation des Evangeliums begonnen und gewährleistet. „Wenn das Wort Gottes wahr erklingt, dass es die Wahrheit ist, und das Herz ihm durch den Glauben anhängt, dann wird das Herz mit derselben Wahrheit des Wortes benetzt und durch das Wort der Wahrheit zur Wahrheit gebracht, so wie wenn ein kaltes Holz mit glühendem Eisen in Berührung gebracht wird, von ihm auch entzündet wird und brennt. Nachdem das Herz aber so vom Wort erfüllt ist, werden bald auch alle Kräfte und Glieder gleichermaßen umgewandelt. Das nämlich tun alle Glieder, wozu das Herz hingeneigt ist, sei es Gutes oder Böses. Und so wird der Mensch durch den Glauben an das Wort als gerecht geachtet."[34]

Aufgrund des kommunikativen *Zustandekommens* und der kommunikativen *Realität* des Glaubens muss dieser zugleich als permanent *angefochten* und *gefährdet* verstanden werden. Denn der Glaube an den

---

Verständnis von imputatio in seiner Rechtfertigungslehre und seiner Predigt der Rechtfertigung [EvTh 68], 2008, 32-49.

[31] Luther in der Heidelberger Disputation (1518) in der 28. These: „Amor Dei non invenit, sed creat suum diligibile." (LDStA 1, 60,7.)

[32] Nach Beendigung des Abendmahlsstreits leitet Luther am 28.2.1540 die Disputation de divinitate et humanitate Christi und vertritt vor allem in den Thesen 1–2 und 4–5 die communicatio idiomatum: „(1) Fides catholica haec est, ut unum dominum Christum confiteamur verum Deum et hominem. (2) Ex hac veritate geminae substantiae et unitate personae sequitur illa, quae dicitur, communicatio idiomatum. (4) Vere dicitur: Iste homo creavit mundum et Deus iste est passus, mortuus, sepultus etc. (5) Non tamen haec rata sunt in abstractis (ut dicitur) humanae naturae." (WA 39/II, 93,2–10.)

[33] Frömmigkeitsgeschichtlich finden sich solche Aussagen etwa in der Oratorienliteratur, wenn etwa in Bachs Weihnachtsoratorium der „große Herr und starke König", der die ganze Welt erhält, sich in die harte Krippe legen lässt.

[34] Luther in der Disputation de fide infusa et acquisita (1520), WA 6, 94,10-16.

sich in Christus offenbarenden Gott ist nicht der einzige Kommunikationszusammenhang, in dem ein Mensch steht. Luther hat darum das Paradox vom *simul justus et peccator* geprägt,[35] und zwar in beiden Varianten: in der Totalität eines Menschen als *totus justus* und *totus peccator*, unterschieden durch die unterschiedlichen Perspektiven Gottes oder des Menschen, oder als *partim justus et partim peccator*,[36] wonach der Glaubende in der Gerechtigkeit wächst und auf dem steten Weg zu einem immer größeren Vertrauen zu Gott ist.[37] Die von Luther zeitlebens erlebte und erlittene Erkenntnis der *Angefochtenheit* des Glaubens kristallisiert sich in seiner Einsicht, dass drei Dinge zum Leben des Christenmenschen gehören: die *oratio*, die *meditatio* und die *tentatio*.[38]

Missionarische Arbeit in unseren Kirchen muss um die *Unverfügbarkeit* und die grundlegende *Anfechtbarkeit* des Glaubens aufgrund seiner Struktur der Gefährdung wissen und damit rechnen. Mit Ernst Christen zu sein und das Evangelium mit Hand und Mund zu bekennen, hat eine in dieser Welt nicht zu überschreitende Grenze: Wir besitzen das Evangelium nicht, wir besitzen noch nicht einmal uns selbst. Wir sind vielmehr Wesen, die zu allererst in *Kommunikation* zu ihrem Wesentlichen kommen. Möglicherweise hat Luther, als er die Formulierung in seiner Vorrede zur deutschen Messe (1526) geprägt hat, darum auch hinzugefügt, er habe noch nicht die Leute dazu,[39] die mit Ernst Christen zu sein vermögen. Um die *Angefochtenheit* des Glaubens zu wissen und damit zu rechnen, ist ein Akt der Demut, denn es nimmt die beständige Angewiesenheit auf Gnade und die beständige Angewiesenheit auf die Vergewisserung des Glaubens ernst.

Es ist fruchtbar, aus diesen Gedanken ein menschenfreundliches Verständnis von missionarischer Verkündigung abzuleiten. Unsere

---

[35] Vgl. Rolf: Zum Herzen sprechen, 55ff.

[36] Die Unterscheidung eines totalen und partialen Aspekts von Luthers simul-Figur stammt vor allem von Wilfried Joest. Vgl. Joest, Wilfried: Gesetz und Freiheit. Das Problem des Tertius usus legis bei Luther und die neutestamentliche Parainese, Göttingen 1951. Als neuere Publikation in ökumenischer Absicht vgl. Schneider, Theodor / Wenz, Gunther (Hg.): Gerecht und Sünder zugleich? Ökumenische Klärungen [DiKi 11], Freiburg/Göttingen 2001.

[37] Explizit reflektiert Luther die Gleichzeitigkeit von Sünde und Gerechtigkeit in seiner Schrift gegen Latomus (1521), in der er sich mit der Frage nach der inhaltlichen Bestimmung von Sünde und Konkupiszenz auseinandersetzt. In dieser Schrift differenziert er zwischen herrschender und beherrschter Sünde: Die Sünde ist nach der Taufe zwar immer noch Sünde, geändert hat sich aber die Art, wie der Mensch mit ihr umgeht, insofern er nach der Taufe gegen sie kämpft und sich auf die Nicht-Anrechnung Gottes verlässt. Vgl. WA 8, 107,28.

[38] So Luther selbst in seiner Vorrede zum ersten Band der Wittenberger Ausgabe seiner deutschen Schriften, 1539, WA 50, 658,29-661,8.

[39] So in der Vorrede zur deutschen Messe (1526), in: Luther, M.: Ausgewählte Schriften, hg. von Bornkamm, Karin / Ebeling, Gerhard: Kirche, Gottesdienst, Schule, Frankfurt/Main u.a., 1995, 77f.

Kirchen verstehen sich nicht aufgrund ihres „geistlichen Vorsprungs“ als zur Mission beauftragt, sondern aufgrund des Wissens um ihre Angewiesenheit darauf, dass das Evangelium ihnen immer wieder zuteil wird.[40] Wie jeder einzelne Glaubende ist auch die Gemeinschaft der Glaubenden, die Kirche, für Luther durch Sünde als Vertrauenslosigkeit gefährdet. „Es gibt keine solch große Sünderin wie die christliche Kirche.“[41] Damit sind *nicht* die kirchlichen Skandale gemeint, sondern die stete Angewiesenheit der Kirche auf *Kommunikation* mit ihrem Herrn Jesus Christus.
Die „Freiheit eines Christenmenschen“ ist vor diesem Hintergrund zu unterscheiden von Liberalität oder Indifferenz. Sie ist theologisch zu bestimmen als ein Freiheitsraum, der sich durch die Kommunikation mit Christus eröffnet und das Erleben verändert. Und in dieser Hinsicht gilt: *Fides est creatrix divinitatis*.

II. 3. Die kommunikative Gestalt des Glaubens und die Kommunikation des Evangeliums

Im Anschluss an reformatorische Theologie und auch im Rekurs auf Sprachtheorie und Literaturwissenschaft zeigt sich Wirklichkeit als durch Kommunikation veränderbar. Menschen sind exzentrische und responsorische Wesen, die auf Kommunikation angewiesen sind, und je nach dem Kommunikationszusammenhang, in dem ein Mensch steht, verändert sich seine *Sicht* auf die Wirklichkeit, mithin seine *Wirklichkeit* selbst.
Weil der Glaube als kommunikative Realität auf Kommunikation angewiesen ist, um zu allererst zu entstehen, bestehen seit alters kirchliche Bemühungen, Menschen etwa in Katechismen über den Glauben zu unterrichten und sie im Glauben sprachfähig zu machen. Es geht bei dieser Wissensvermittlung nicht darum, Glauben zu *wecken*, weil dies geschieht, wo auch immer es Gott dem Heiligen Geist gefällt (CA 5). Aber ein Mensch soll Auskunft über seinen Glauben geben und mündig darüber urteilen können, ob das Evangelium rein und lauter gepredigt wird. Zur Mündigkeit des christlichen Lebens und zum

---

[40] Mit diesen Gedanken nehme ich praktisch-theologische Überlegungen des 20. Jahrhunderts auf, in denen die Fragilität des Menschlichen auf besondere Weise betont und praktisch-theologisch fruchtbar gemacht worden ist. Klassisch vgl. Luther, Henning: Identität und Fragment. Praktisch-Theologische Überlegungen zur Unabschließbarkeit von Bildungsprozessen [ThPr 20], 1985, 217-238. Von einer solchen Fragilität nicht nur des Menschlichen, sondern auch der Kirche auszugehen, hat weitreichende Konsequenzen für ein Verständnis von Mission und Evangelisation. Luther scheint ein solches Bild versuchsweise gedacht zu haben, wenn er von der Kirche als einer peccatrix maxima ausgeht, deren Heiligkeit gerade darin besteht, dass sie um ihre Sünde weiß.

[41] „Non est tam magna peccatrix ut Christiana ecclesia.“ In einer Predigt am Ostersonntag, den 9. April 1531, WA 34/I, 276,6f.

rechten Gebrauch der christlichen Freiheit ist eine Unterweisung in den christlichen Glaubenssätzen notwendig.[42] Glaube braucht einen Sprachraum, in dem er sich kommuniziert. Ein solcher Sprachraum ermöglicht seinerseits einen Freiheitsraum, in dem sich Menschen das Evangelium von Jesus Christus als ihr eigenes Leben unbedingt angehend erschließt und sie in eine gegenseitige Anteilnahme und Anteilgabe mit Gott und den Menschen eintreten.

Es mag paradox erscheinen, wenn Luther dem Glauben das Vermögen zuschreibt, die Gottheit (*divinitas*) in uns zu schaffen, und ihn gleichzeitig als Kraft versteht, die dem Glaubenden zu allererst zu seiner Menschlichkeit verhilft. „Wir sollen Menschen sein und nicht Gott. Das ist die Summa."[43] Indem der Glaube einen Glaubenden aber mit Christus zusammenfügt, lässt er ihn seine Geschöpflichkeit erfah-ren und überführt ihn der eigenen Vorstellung, er könne sein Leben selbst garantieren.[44] Indem er im Glauben mit Christus kommuniziert, kommt der als kommunikatives Wesen konstituierte Mensch zu seinem Wesentlichen. Im Kommunikationszusammenhang des Glaubens lebt und erfährt er seine Wahrheit – die Wahrheit als eines *bezogenen Geschöpfes*. Weil diese Wahrheit als kommunikative Wahrheit aus der eigenen Erfahrungswirklichkeit unableitbar und den eigenen Kräften unverfügbar ist, ist sie darauf angewiesen, stets von Neuem kommuniziert zu werden – was den Anschluss an die gegenwärtige kirchentheoretische Debatte ermöglicht und notwendig macht.

III. Die Kommunikation des Evangeliums und die geglaubte Kirche

In der Sprechakttheorie von John Austin habe ich gelernt: Kommunikation[45] ist ein störanfälliges Geschehen. Es gibt *lokutionäre* Sprechakte, die uns über etwas informieren, und *illokutionäre* Sprech-

---

[42] Schon bevor er 1529 seine Katechismen veröffentlicht, hatte der Reformator katechetisch ins Volk hinein gewirkt – etwa durch Katechismus-Predigten. In seiner Vorrede zur deutschen Messe (1526) stellt er auch Überlegungen zur Gliederung eines Katechismus an und schlägt eine Gliederung nach den Kategorien von Glaube und Liebe vor. In der Veröffentlichung seiner Katechismus-Texte schließt er sich an ein älteres Schema einer Gliederung nach den Katechismus-Hauptstücken an.

[43] In einem Brief an Spalatin von der Veste Coburg, 1530, WA.B 5, 415,45f.

[44] Luther formuliert: „Non potest homo naturaliter velle deum esse deum, Immo vellet se esse deum, et deum non esse deum." So schon am 4. September 1517 in der Disputatio contra scholasticam theologiam (WA 1, 225, 1f): Der Mensch kann naturgemäß nicht wollen, dass Gott Gott sei. Vielmehr wollte er, dass er selbst Gott sei und Gott nicht Gott sei.

[45] Zur Auseinandersetzung mit Kommunikation und Verkündigung in der Predigt der Rechtfertigung vgl. Rolf: Zum Herzen sprechen, 235ff.

akte,[46] die Ergebnisse erzielen wollen und gelingen oder misslingen können. Ein illokutionärer Sprechakt gelingt, wenn er *verstanden* wird und wenn eine *Antwort* erfolgt. Er ist *performativ* und unterliegt der Produktivität und Kreativität von Verstehens- und Deutungsprozessen. Kommunikation des Evangeliums[47] will nicht nur über einen Tatbestand informieren. Sie ist ein *performatives* Geschehen – und gleichzeitig ein deutlich komplexerer Vorgang als ein einzelner isolierter Sprechakt. Die von praktischen Theologen wie Wilfried Engemann,[48] Michael Meyer-Blank[49] oder Karl-Heinrich Bieritz[50] angestoßene Rezeption *semiotischer* Kommunikationsmodelle in der praktischen Theologie hat auf den *Prozesscharakter* und die *Fallibilität* des Verstehens in der Deutung von Zeichen aufmerksam gemacht. Zeichen sind mehrdeutig und sowohl interpretations*fähig* als auch interpretations*bedürftig*. Sie müssen vom Rezipienten als Zeichen *identifiziert* und mit einer *Deutung* verbunden werden, die ihrerseits veränderlich ist. Darum, und weil das Zeichen und das vom Zeichen bezeichnete Objekt nicht identisch sind, sondern das Zeichen auf das Objekt *verweist*, ist der Zeichendeutungsprozess niemals abgeschlossen. Wahrheit ist vor diesem Hintergrund noch nicht *an sich* relevant, sondern als eine solche, wie sie sich dem erkennenden Subjekt in seiner individuellen Situation *erschließt*, was wiederum den Anschluss an Luther ermöglicht – *fides est creatrix divinitatis, non in persona Dei, sed in nobis*.
Aufgrund der Unabschließbarkeit von Zeichendeutungsprozessen und der Tatsache, dass Kommunikation glücken oder auch missglücken kann, sind die Grenzen unserer Kirche nicht einfach auszumachen. Meine Eingangsbeispiele hatten das schon ahnen lassen. Luther formuliert in seiner Vorrede zur Offenbarung: „Es ist dies Stück [„ich glaube die heilige christliche Kirche“] ebenso wohl ein Artikel des Glaubens als die anderen. Darum kann sie keine Vernunft, wenngleich sie alle Brillen aufsetzt, erkennen... Sie [die Kirche] will nicht ersehen, sondern erglaubt sein.“[51] Ebenso wie der Christenmensch ist die Kirche

---

[46] Vgl. Austin, John Langshaw: How to do things with words, Oxford ²1975, deutsch: Zur Theorie der Sprechakte, Stuttgart ²1979.
[47] Vgl. Gräb, Wilhelm: Kirchentheorie. Praktisch-theologische Perspektiven auf die Kirche, in: Weyel, Birgit / Bubmann, Peter (Hg.): Kirchentheorie. Praktisch-Theologische Perspektiven auf die Kirche, Leipzig 2014, 267-275, 270: „Auch das Evangelium wird... ein kommunikativer Tatbestand. Es erschließt sich in seiner religiösen Sinnbedeutung vermittels der von der Praxis kommunikativ zu vollziehenden Auslegungs- und Mitteilungsakten.“
[48] Vgl. Engemann, Wilfried: Semiotische Homiletik. Prämissen – Analysen – Konsequenzen, Tübingen/Basel 1993; sowie zahlreiche spätere Publikationen.
[49] Vgl. Meyer-Blank, Michael: Vom Symbol zum Zeichen. Symboldidaktik und Semiotik, Rheinbach ²2002.
[50] Vgl. Bieritz, Karl-Heinrich: Zeichen setzen. Beiträge zu Gottesdienst und Predigt [PTHe 22], Stuttgart u.a. 1995.
[51] Bornkamm, Heinrich (Hg.): Luthers Vorreden zur Bibel, Göttingen ³1989, 230f.

sich selbst entzogen. Für Luther hat diese Unverfügbarkeit in der Gleichzeitigkeit von Sünde und Gerechtigkeit gute theologische Gründe – und die humanwissenschaftliche Erkenntnis der *Störanfälligkeit* und *Unabschließbarkeit* von kommunikativen Prozessen bildet sozusagen die kommunikationstheoretische Außenseite von Luthers theologischer Einsicht.

Die zunächst simpel erscheinende Frage, wer oder was Kirche ist, erhält vor diesem Hintergrund eine Spannung.[52] Kirche ist mehr als ihre sichtbare Gestalt.[53] Sie lebt von Voraussetzungen, die sie selbst nicht garantieren kann.[54] Hatte Luther in den Schmalkaldischen Artikeln die *Kommunikation* von Glaubenden und Gott[55] als zentrales Merkmal von Kirche verstanden – „denn es weiß gottlob ein Kind von 7 Jahren, was die Kirche sei, nämlich die heiligen Gläubigen und ‚die Schäflein, die ihres Hirten Stimme hören'"[56] –, so sollte auch im Anschluss an Luther deutlich geworden sein, dass es noch nicht damit getan ist, dass die Gläubigen ihres Herrn Stimme *hören*. Das Hören muss sich vielmehr mit dem Leben verbinden und einen individuellen Aneignungsprozess anstoßen. Weil dieser Aneignungsprozess nicht ausschließlich in unseren Kräften steht und nicht automatisch gelingt, entsteht die faktische Gleichzeitigkeit von Kirche als geglaubter Kirche, *creatura verbi*, und als Organisation. Es wäre lohnend zu fragen, auf welchen Aspekt von Kirche sich die Kirchenmitgliedschaftsstudien beziehen und was der empirisch erhobene Kommunikationsbegriff theologisch über Kirche aussagen kann, respektive, wo seine Grenzen liegen.

Im Blick auf die *kommunikative* Verfasstheit der Wirklichkeit *und* des Glaubens erweist sich der Begriff der „Kommunikation" für alle Aspekte kirchlichen Lebens als angemessen. Das Evangelium kann sich ausschließlich *kommunikativ* mit der Lebenswelt verbinden. Dabei kommuniziert es sich in konkrete Situationen hinein, diese verändernd

---

[52] Dabei ist von einer doppelten Gleichzeitigkeit auszugehen: von der Gleichzeitigkeit Frommer und Sünder in der einen Kirche, die CA 13 mit dem Begriff des corpus permixtum benennt, und von der Gleichzeitigkeit der verfassten Kirche mit einer Kirche extra muros ecclesiae, die gleichwohl Menschen durch das Hören des Evangeliums zusammenführt.

[53] Vgl. etwa Härle, Wilfried: Dogmatik, Berlin/New York ^{2}2000, 571-574. Auch Gräb: Kirchentheorie.

[54] So das mittlerweile als „Böckenförde-Diktum" bezeichnete Zitat von Ernst-Wolfgang Böckenförde: „Der freiheitliche, säkularisierte Staat lebt von Voraussetzungen, die er selbst nicht garantieren kann." (Böckenförde, Ernst-Wolfgang.: Staat, Gesellschaft, Freiheit, Studien zur Staatstheorie und zum Verfassungsrecht, Frankfurt/Main 1976, 60.)

[55] Ähnlich auch Luther in der seit dem 19. Jahrhundert so genannten „Torgauer Formel" (1544): Die Schlosskirche in Torgau, zu deren Einweihung Luther die Predigt hielt, solle so genutzt werden, „dass nichts anderes darin geschehe, als dass unser lieber Herr selbst mit uns rede durch sein heiliges Wort und wir wiederum mit ihm reden durch Gebet und Lobgesang" (WA 49,588.)

[56] Luther, Martin: Schmalkaldische Artikel [BSLK 459], 20-22.

und sich mit ihnen versprechend, wie es das neutestamentliche „Heute" ausdrückt: „*Heute* ist dieses Wort der Schrift erfüllt vor euren Ohren." (Lk 4,21) Die *Mündigkeit* von Glaubenden in diesem Kommunikationszusammenhang ernst zu nehmen, ist darum keine Frucht kirchentheoretischer Überlegungen der Gegenwart, sondern ergibt sich aus der Mündigkeit des Christenmenschen im Anschluss an reformatorische Theologie[57] und aus der Erkenntnis der Notwendigkeit von *individuellen* Zeichendeutungsprozessen, die zum Ergebnis gelangen: *mea res agitur*.[58]

IV. Kirchentheorie in der Spannung von Verbindlichkeit und Freiheit

Ich hatte eingangs einige begriffliche Schlaglichter gesetzt: Engagement und Indifferenz, Nachfolge, Ernst und Freiheit. Während die Formulierung vom „Ernst christlichen Lebens" auf eine Verbindlichkeit des Glaubenslebens abzuzielen scheint, lenkt die „Freiheit des Christenmenschen" den Blick auf die Unverfügbarkeit der Person.[59] Die Überlegungen zu Luthers Verständnis des Glaubens haben ergeben, dass die *Freiheit eines Christenmenschen* für den Reformator eine gefüllte theologische Kategorie ist, die aufgrund der „Kommunikation des Evangeliums" ermöglicht wird. In der von Luther priorisierten Verbindung des Evangeliums mit der Lebenswelt besteht eine augenscheinliche Schnittstelle zur jüngsten KMU, in der *Kommunikation* in den Blick genommen und festgestellt wird, dass Menschen auch ohne enge Kirchenbindung mit anderen über Religion sprechen, *religiöse Kommunikation* also in der *Lebenswelt* von Menschen

---

[57] W. Gräb macht in seinen Ausführungen zur Kirchentheorie den Anschein, als sei die Kommunikation mit dem mündigen Individuum eine Frucht der Gegenwart: „Die Individuen rücken zu souveränen Subjekten der Glaubenskommunikation auf. Sie entscheiden darüber, ob sie das religiöse Selbstdeutungsangebot, das die Kirche mit dem Evangelium macht, zu einem Element ihres Sich-Selbst-Verstehens machen wollen und können oder nicht." (Gräb: Kirchentheorie, 273.)

[58] Dass die Kommunikation des Evangeliums von „meiner" Sache handelt, hatte auch Ernst Lange intendiert, der dafür die Formel gefunden hatte: „Predigen heißt: ich rede mit dem Hörer über sein Leben." (Lange, Ernst: Zur Aufgabe christlicher Rede, in: ders.: Die verbesserliche Welt. Möglichkeiten christlicher Rede erprobt an der Geschichte von Jona. Mit einer Predigtkritik von D. Rössler, Stuttgart/Berlin 1968, 78-94, hier 84.

[59] In der poimenischen Theoriediskussion ist mit dem Freiheitsbegriff die Eigenständigkeit und Mündigkeit der Person begründet worden, die von der seelsorgenden Person unbedingt zu achten sei. Vgl. Scharfenberg, Joachim: Seelsorge als Gespräch. Zur Theorie und Praxis der seelsorgerlichen Gesprächsführung, Göttingen [5]1991; Stollberg, Dietrich: Gottes Wille – unsere Freiheit – Dankbarkeit und Vergebung. Grundlinien einer trinitarischen Poimenik [WPKG 67], 1978, 64-70; ders.: Mein Auftrag – Deine Freiheit. Thesen zur Seelsorge, München 1972.

stattfindet. „Der Austausch über religiöse Themen erfolgt vor allem gleichsam unter Wahlverwandten".[60]
Gleichwohl ist der von der KMU verwendete Begriff *Religion* nicht ohne weiteres mit dem zur Deckung zu bringen, was theologisch im Anschluss an reformatorische Theologie unter „Glauben" oder „Evangelium" verstanden werden muss, sondern meint eine existentielle Gestimmtheit hinsichtlich der großen Fragen des Lebens: Wo komme ich her, wo gehe ich hin? Was ist der Sinn, und wie verhalte ich mich zum Leiden? „Religion ist wesentlich kommunikativ verfasst. Was als Religion identifiziert wird, steht nicht einfach fest. Ob ein Thema im Gespräch als religiös wahrgenommen wird oder nicht, hängt vielmehr wesentlich davon ab, ob die Beteiligten dieses Thema als religiös verstehen."[61] In der KMU sind den Befragten Themen wie bspw. der Anfang der Welt, der Umgang mit dem Tod oder die Frage nach dem Sinn vorgelegt worden, bei denen sie selbst über die Religiosität entscheiden sollten.[62] Dabei besteht die implizite Annahme, dass kirchliche Bindungen abbrechen, wenn religiöse Kommunikation versiegt. „Mehr und mehr nehmen Jugendliche und junge Erwachsene ihre Umwelt als vorwiegend säkular strukturiert wahr und verweisen Religiöses in den Sektor des Persönlichen. Dieser Prozess ist nicht nur für die Mitgliedschaft in einer Kirche nachteilig, sondern führt scheinbar auch dazu, dass junge Menschen immer häufiger Religion generell als etwas Nachrangiges für den Lebensalltag verstehen."[63]
Systematisch-theologisch muss einer *Gleichsetzung* von „religiöser Kommunikation" mit der „Kommunikation des Evangeliums" widersprochen werden. Die sich mit dem Evangelium kommunizierenden theologischen Begriffe Sünde, Vergebung, Tod und Leben, Opfer und Schuld, Gnade und Gericht antworten nicht einlinig und automatisch auf lebensweltliche „religiöse" Gegenwartsfragen, sondern müssen zunächst in eine verständliche Sprache übersetzt werden, um eine Anknüpfung an gegenwärtige Lebenswelt zu finden. Nun hat die KMU ergeben, dass Menschen vor allem mit Menschen aus ihrem nahen Umfeld über „religiöse" Fragen nachdenken, weil diese Fragen so persönlich sind, dass es dazu einen privaten Schutzraum braucht. Von „der Kirche" oder ihren Repräsentanten in der Ortsgemeinde wird demgegenüber nicht unbedingt erwartet, dass sie religiöse Fragen beantworten – mit den erwähnten Folgen für jüngere Menschen und den Kommunikationsabbruch.

---

[60] KMU V, 2014, 30.
[61] KMU V, 25.
[62] Dabei ist in der Befragung nicht nach den Kriterien gefragt worden, die ein Thema zu einem religiösen Thema machen. Gleichwohl wird Religiosität eng an Kirchlichkeit gerückt.
[63] KMU V, 65.

Vor diesem Hintergrund muss eine entscheidende Frage für kirchliches Handeln und die gegenwärtige kirchentheoretische Debatte sein, wie sich das Evangelium einem Menschen kommunizieren kann, der meint, es sei für sein Leben irrelevant. Auch in Anknüpfung an meine Beispiele zu Beginn dieses Vortrags ist es in meinen Augen weniger entscheidend, wie aus „Indifferenten" „Engagierte" werden können, sondern vielmehr, wie es gelingen kann, für die Kommunikation des Evangeliums eine *Sprache* zu finden, die Menschen verstehen. Weil eine solche Sprache auch Überraschungsmomente, Unableitbares enthält, greift in meinen Augen die von Wilhelm Gräb aufgeworfene Alternative von Deutungs- und Verkündigungsparadigma zu kurz. „Eine sich konsequent auf den Leitbegriff der Kommunikation des Evangeliums einlassende Kirchentheorie sieht sich ... dazu veranlasst, die kirchliche Praxis vom Verkündigungs- aufs Deutungsparadigma umzustellen."[64] Das Evangelium von Jesus Christus *deutet* die Lebenssituation und Lebenserfahrung eines Menschen, gibt ihm zugleich aber die Möglichkeit einer *neuen* Wirklichkeitsdeutung und hat damit einen unableitbaren, *verkündigenden* Impuls.

Ich komme zum Schluss. Wenn sich Menschen die Einsicht erschließt, dass es sich um *ihre* Sache handelt – *mea res agitur* –, so stößt das kommunizierte Evangelium eine wirklichkeitsverändernde Dynamik an. Glauben zwischen ernsthafter Suche und christlicher Freiheit, zwischen Verbindlichkeit und Mündigkeit – schon bei Doris, erst recht aber bei den Überlegungen zum reformatorischen Glaubensverständnis hat sich gezeigt, dass diese Alternative für die Komplexität der Glaubens- und Evangeliumskommunikation nicht hinreicht.
Nach meinem Dafürhalten geht es für die Zukunft unserer Kirche weniger um die Frage, wie aus Indifferenten Engagierte werden können, sondern vielmehr darum, wie das Evangelium sich Menschen kommunizieren kann, ohne dass wir es hindern, sondern uns vielmehr für diesen Kommunikationsprozess zur Verfügung stellen. Dafür müssen wir innerhalb und außerhalb unserer kirchlichen Gebäude Räume schaffen, in denen Menschen sich willkommen fühlen und in denen sie Glauben ausprobieren dürfen. Dabei halte ich es für wichtig, dass wir milieusensibel arbeiten und eine Sprache suchen, die Menschen ermutigt, sich mit ihrer eigenen Geschichte und Biographie auseinanderzusetzen, dass wir Bildungsangebote machen und Möglichkeiten zum Beziehungsaufbau schaffen, weil sich uns die Einsicht erschlossen hat, dass unsere Wirklichkeit durch Beziehungen konstituiert und durch Kommunikation geprägt und verändert wird.
Wir sollten schließlich an der Erkenntnis festhalten, dass Kommunikation immer in der Spannung von Gelingen und Misslingen steht – was Entlastung und Herausforderung zugleich ist, aber kein Grund, die

---

[64] Gräb: Kirchentheorie, 270.

Hände in den Schoß zu legen. Ich bin überzeugt, dass dies alles sowohl die Mündigkeit der Menschen ernst nimmt als auch mit dem Wirken Gottes des Heiligen Geistes rechnet, der wirkt, wo und wie es Gott gefällt – ubi et quando visum est Deo (CA 5). Dem Wirken Gottes des Heiligen Geistes dürfen wir die Zukunft unserer Kirche getrost anvertrauen.

The Church: From Public Institution to Public Fellowship
A Nordic Perspective

Harald Hegstad

The relationship of the church to the state is a question of major importance to the future of the church in Europe. The churches in Europe have traditionally had a close connection to the state. This has been the case since the time of Emperor Constantine in the fourth century, through the Middle Ages and the various state church systems which followed the 16th century Reformation. It has been a long time since national state church systems were modified or abolished, but the relationship between church and state is still an important aspect of churches' identity and status. Although movement towards disestablishment has taken and still takes different shapes and happens at different speeds in different countries, it has been an ongoing process in all of them. The question is what comes after the state church situation, how ecclesiology will interpret or support this, and what strategies the churches will employ to cope with the changes.

There is no clear definition of a state church (or, to use the technical term, an "established church"); sometimes it means that the head of state is also the head of the church (as in the Church of England, and in the Church of Norway until 2012), sometimes it means that the church is regulated by a special church law (as in Norway, Sweden and Finland). It could also be argued that it is sufficient to have been given a special status, such as the status of "Körperschaften öffentlichen Rechtes" in Germany.

I have so far referred to the traditional majority churches in Europe, be they Catholic, Lutheran, Anglican, Reformed or Orthodox. The smaller free churches are of course also important to the overall picture. The emergence of immigrant churches is of particular interest; in many places they are an important part of the Christian presence. At the same time, my belief is that the traditional churches are the key to the future of the church in Europe, although the role of the traditional majority church varies from country to country. In the following I will concentrate on the churches of my own context, the Nordic Lutheran churches, especially the Church of Norway.

Until recently the churches in Norway, Denmark, Finland and Sweden were all state churches or established churches.[1]
The state church system has already been abolished or modified in most of these countries, Denmark being the exception. This means that the privileged position of the church vis-à-vis the state has been seriously weakened or at least altered. This development has been accepted by the churches although some see it as giving the church more freedom whilst for others it is a regrettable but unavoidable result of secularization and pluralization.

I. A sociological perspective: José Casanova

In a very influential work, Public Religions in the Modern World, the sociologist José Casanova describes the process of secularization and the role and fate of the churches in this process.[2] Unlike the secularization theories that have been common from the 1960s and 1970s onwards, Casanova does not consider that secularization is necessarily connected to modernity. Instead, Casanova argues that whether it does is contingent on various factors, and tries to identify them. Among these factors is the relationship between church and state. Contrary to common belief, Casanova finds that the state church system, rather than being an impediment to secularization, actually facilitates: Of all religions, the "established" churches of secular states, caught as they are between a secular state which no longer needs them and people who prefer to go elsewhere if and when they want to satisfy their religious needs, are the least able to weather the winds of secularization.[3]
Casanova thus finds that the state church system has been one of the most important factors in secularization. This explains the difference in the pattern of secularization in Europe and in countries without a state church system. It also explains why countries where the church was in opposition to the state for a long period, such as Poland and Ireland, were until recently the least secular countries in Europe.
Since the Constantine era states in Europe have used the church to secure their interests and maintain power over the population. The church, on the other hand, was given a privileged position. Its clergy became a privileged group, its beliefs acquired normative status and the population was obliged to adhere to its regulations and rituals. In

---

[1] Eriksson, Anne-Louise / Gunner, Göran / Blåder, Niclas (eds.): Exploring a Heritage. Evangelical Lutheran Churches in the North [Church of Sweden Research Series 5], Eugene 2012. It gives an introduction to recent developments in the Nordic Lutheran churches.
[2] Casanova, José: Public Religions in the Modern World, Chicago / London 1994.
[3] Ibid., 22.

modern societies the churches have lost their religious monopoly, due to recognition of a right to religious freedom (which also includes the right to no religion) and religious pluralism. Even if in many cases the church is still a majority institution, it has no formal power over its members, who can believe what they want and adhere to its rules and rituals as they choose. In spite of this, modern secular states have continued to use the church for their own purposes. States find the church important for maintaining morality, traditions and social cohesion and also, in many cases, national identity. In the Nordic countries the Lutheran state churches (or former state churches) play an explicit role in the provision of welfare. Whilst the state provides welfare on the material and physical level, the church is a provider of spiritual services to those who ask for them.

According to Casanova, churches' association with state power leads to secularization and weakening of the church's influence as policies on religious freedom mean that the doctrines and practices of the church are no longer imposed on the population. The state church is weak, because it can no longer lean on the power of the state. It is also weak because it is used by the state for its own ends. Thus, according to Casanova, state churches "are the least able to weather the winds of secularization". Clinging to old positions simply makes their situation worse, and leads to increased secularization. In Casanova's view, "it was the very attempt to preserve and prolong Christendom in every nation-state and thus to resist modern functional differentiation that nearly destroyed the churches in Europe"[4].

According to Casanova, secularization does not mean that religion simply disappears, but rather that its social location changes. Casanova describes this process as the privatization of religion, meaning that the social basis and the social form of religion are shifting from the public to the private sphere. Public institutions in the political or economic sphere no longer presuppose a shared religious worldview. At the same time religion continues to have meaning in the private sphere. The disconnection between public and private weakens the social base of religion, as its plausibility structure in wider society disappears.

The privatization of religion also means that churches find themselves in the private rather than the public sphere; in other words the church is meaningful to its members, but does not play a vital role in society. This is due to the functional differentiation of societal systems; the religious system is separated from the public and economic systems and is relegated to the private sphere.

Privatization has been the fate of many churches, including former established churches. From one point of view, privatization can be seen as a way of consolidating and revitalizing the church. Religious beliefs and practices will usually be more intense in a group of committed

---

[4] Ibid., 29.

members than in a church that includes the whole population. On theological grounds, some applaud this development. This also means that former state churches are becoming more like traditional free churches, which traditionally have been more "private".
According to Casanova, however, privatization of religion is not the only option. Casanova talks about the possibility of the deprivatization of modern religion, i.e. "the process whereby religion abandons its assigned place in the private sphere and enters the undifferentiated public sphere of civil society"[5].
Civil society here is understood as the part of public society that is not identical with or controlled by the state. Casanova argues that civil society can become the public arena of the church, but only if the church renounces old privileges and its special connection to the state, a process which implies what Casanova calls "the transformation of the church from a state-oriented to a society-oriented institution"[6].
This deprivatization process does not happen automatically. The church may opt to stay in the private sphere. Casanova argues that two important conditions must be fulfilled if a church is to claim its potential role in the public sphere of civil society. One is that the church has to be the carrier of a vital religious tradition, maintaining "a dynamic and vital profile as a private religion of salvation".[7] The church cannot just be founded on political activism or cultural engagement. Activism and engagement must be grounded in a religious message that is important to members and to which they are committed. Theologically speaking we might say that the church has to be a church before it can be anything else.
Another condition is that the church must have a public, communal identity if it is to assume a public role, and thus it must resist the pressure to become a private religion of individual salvation.[8] This means that the role of the church is not determined wholly by external factors, but also by the theology and self-understanding of the church itself. The question is then whether the church has an ecclesiology that allows for a public role, or whether its ecclesiology leads the church into privatization.

II. Development of ecclesiology

It is not difficult to see that changes in the position of churches in society have contributed immensely to the development of ecclesiology as a theological theme. Certainly ecclesiology owes its popularity as a

5 Ibid., 65f.
6 Ibid., 220.
7 Ibid., 224.
8 Ibid.

theological topic over recent decades to the altered social status of the church. There has been a shift from viewing the church as a societal institution which provided religious services to the population at large to viewing it as a fellowship of believers. This shift has been expressed not least through various forms of koinonia or communio ecclesiology which emphasize that the church has its own social reality. This type of ecclesiology has been quite important in ecumenical processes, for example in Faith and Order.[9]

The tendency towards communion ecclesiology takes many forms, some of which point towards privatization. One form stresses the element of personal and intimate relationships in the Christian fellowship in a way that in practice makes the church a private group, albeit one to which there is an open invitation. This may be partly attributable to an overemphasis on the New Testament concept of the church as a family of brother and sisters (e.g. Acts 1:15, 11:1; Rom 1:13, 12:1; 1 Cor 6:5; Eph 2:19).[10] Such an overemphasis could lead to familialism, making the church an extension of the private sphere, so that it ceases to be a public space.[11] Although the church should certainly be a place for personal and intimate relationships, this should not exclude the possibility of other more impersonal relationships. In any case, it is necessary for the church to be not only a family but also a public body.

As the German American theologian Reinhard Hütter has suggested, in the New Testament the portrayal of the church as a family or household (oikos) is a complemented description of it as a political and public community (polis). The most obvious example of this is in Eph 2:19, where the gentile Christians are told they are "citizens with the saints (sympolitai) and also members of the household (oikeioi) of God." Hütter believes that the fact that these concepts are combined in this way is important. In antiquity polis and oikos were regarded as two quite distinct spheres; women, for example, were limited to oikos. In the church the dichotomy between the two was eradicated through the

---

[9] Best, Thomas F. / Gassmann, Günther (eds.): On the Way to Fuller Koinonia. Official Report of the Fifth World Conference on Faith and Order [Faith and Order Paper 166] Geneva 1994; Hegstad, Harald: The Real Church. An Ecclesiology of the Visible [Church of Sweden Research Series] Eugene 2013, 97–125.

[10] Sandnes, Karl Olav: A New Family. Conversion and Ecclesiology in the Early Church with Cross-Cultural Comparisons [Studien zur interkulturellen Geschichte des Christentums 91], Bern / Berlin / Frankfurt a. M. / New York / Paris / Wien 1994, 65-82.

[11] Cf. the criticism of Patrick R. Keifert in: Keifert, Patrick R.: Welcoming the Stranger. A Public Theology of Worship and Evangelism, Minneapolis 1992.

creation of a unique social reality, in which the old divisions between the sexes and classes could no longer be justified (cf. Gal 3:27–29).[12]
Hütter is most concerned about the church as polis, or what he calls the public. The question concerning the church as public is not, according to Hütter, primarily a question of how the church is to appear in or as part of the public sphere, but rather the church is to be understood as public. He distances himself from, what he describes as the monolithic political liberalism of the public, which presupposes the notion of a single common public to which everyone is accountable. Hütter does not exclude the possibility of dialogue and overlap between various publics; however he does argue that the church must emerge as a polis sui generis, a public with its own identity, a public in its own right. Hütter also objects to the Protestant theology that understands religion primarily as a private and personal matter. It is necessary, argues Hütter, that the church should not be limited to the private sphere; yet nor should it be subject to the rules of the secular public arena.
The sense in which the church is public serves not only to underline the status of the church as a community distinct from other communities; it also says something about the nature of the church as a community. As a public community the church's fellowship is open to the outside world, both in the sense that nothing in the church is secret or hidden from the world, and in that all are welcomed into the church fellowship.
In my opinion, it is necessary to place greater emphasis than Hütter does on the interface between the church as a public community and other public communities, including the general public arena. The church is not immune to events in society at large and church members will be part of various other public communities and will therefore be part of a discourse involving other groups with different objectives. In contexts such as the Nordic countries where the ecclesial and the general public sphere are profoundly interconnected it is often unclear which community is the primary context for the discourse on a given issue. Moreover, the actions and interpersonal relationships of church members can be interpreted within various public frameworks. Charitable works, for example, could be viewed as humanist philanthropy, or as part of the diakonia of the church.

III. The case of the Nordic folk churches

I will now turn to a question that is of particular relevance to the Nordic Lutheran churches, although it does apply to other churches,

[12] Hütter, Reinhard: Suffering Divine Things. Theology as Church Practice, Grand Rapids 2000, 158-171; ders.: Bound to Be Free. Evangelical Catholic Engagements in Ecclesiology, Ethics, and Ecumenism, Grand Rapids 2004, 30-37.

namely the question of the folk church (German: Volkskirche). Even if the Nordic Lutheran churches are losing their identity as state churches they have maintained their identity as folk churches. Changes in the relationship between church and state do not necessarily imply changes in the position of the church in the population.

The concept of a folk church is not very clear, although it is heavily used. It is, however, clear that it represents an important way in which the church can claim and interpret its position in Nordic societies. An important statistical aspect of the status as folk churches is of course the membership rate, which varies between 65 % and 80 %. There is a steady decline in membership in all the Nordic countries. It remains to be seen what the implications will be for the status of these churches as folk churches when – or if – the membership rate falls below 50 %.

At the moment the folk church concept seems to be away of recognizing that a church still has a special relationship with the population, even if it is no longer a state church. When the Norwegian constitution was changed in 2012 in order to disestablish the Church of Norway, it was altered to refer to it as the "folk church of Norway".[13]

This demonstrates that the churches have not yet abandoned the idea of having a privileged position in society. The question is whether this will be a viable position in the future, and whether it has some of the negative consequences that Casanova associates with established status in a secular society. It also raises the issue of whether states will continue to use the "folk churches" for their own purposes.

An important question is how the folk church's identity relates to the social form of a church. This is a profound theological question as much as a sociological question as it relates to how the church functions as a community. It influences the basic theological understanding of the church, that it is a "communion of saints" – communion sanctorum (according to the Apostolic creed). Although some aspects of this communion are not empirically verifiable, the communion aspect of the church will be manifest in social reality. This is, however, a sphere in which sociological descriptions and theological interpretations do not always coincide. The theological interpretative task consists of identifying the ecclesial communion in a complex social reality, as well as contributing to its formation. The task of interpreting and constructing the churches as Christian communio is of vital importance to the future of the Nordic churches given the changing situation they currently face.

The issue of the church's social identity was much less acute under the old state church system. The Norwegian constitution of 1814 does not even refer to the church, only to "the religion" and "the clergy" as it

---

[13] Norway's Constitution § 16: "The Church of Norway, an Evangelical-Lutheran Church, remains the folk church of Norway, and is as such be supported by the state" (my translation).

was assumed that all inhabitants of Norway belonged to the Evangelical-Lutheran church, and the church was an integral part of the state. Just as the state had an army, it also had a church. Faith and church was just another aspect of society.

The church remained closely linked to society and to the state even as its status began to change. People who did not belong to the church were viewed as exceptions to the general rule that a citizen was also a member of the church. Even when this minority became substantial, representatives of the church interpreted the folk church as the embodiment of the religious dimension of society. In many cases, this was combined with a somewhat hostile attitude towards revivalist groups of committed believers, who were seen as a potential threat to the broadness and openness of the folk church.

It is clear from the decline in the churches' membership numbers that the church can no longer be considered to represent most of the population. The church can no longer be understood as the religious dimension of society. If this is what it means to be a folk church, the Nordic countries no longer have a folk church.

What does this situation mean for the interpretation of the church as a community? One could abandon the idea that of the church as a community, and instead view it as an institution providing a service. In everyday life the church is first and foremost a professional organization, providing religious services to its members (or clients). An individual will encounter the church and the services of the church at baptisms, confirmations, weddings and funerals. These events create meaning and allow for the expression of faith in the lives of individuals and families. Diaconal work can also be understood as a service rendered by professionals. This gives the pastors (and other church professionals) an important role as the representatives of the church as an institution. If one views the church as a service provider its aim should be to ensure that all part of the organization provide a high quality "service", so that members – service users – will be satisfied and remain members or clients.[14]

Viewing the church solely and simply as an institutional service provider is problematic for various reasons. (1) As an interpretation of what is going on in the church it is insufficient, as it does not take account of the communal character of interactions between church members in the church. One could extend the model of the church as service provider to encompass fellowship as one of services provided by the church, rather than as an expression of what the church is; in such a model the church more generally is a provider of services and social support. Whilst this may be a valuable and necessary

[14] This perspective is described in Pettersson, Per: The Church of Sweden in a Service Theoretical Perspective, in: Religions and Social Transitions, ed. Helander, Eila [Publications of the Department of Practical Theology], Helsinki 1999.

perspective, it reduces community to something the church does, instead of something the church is. (2) It is doubtful whether the church will be able to survive as a professional service provider, especially when church incomes are reduced. In the future the church will depend on the active participation of its members. (3) A one-sided view of the church as a service provider seems to exclude the theological perspective which views the church as communio.

An alternative approach would be to build on the ecclesiological perspective of the revival movements and core groups within the church. This would mean giving up on the folk church project, and limiting the church to a fellowship of committed and active members. Such a strategy has been adopted by some on the evangelical wing of the church; it is sometimes embodied in programs for congregational development. The primary goal seems to be to develop a committed group of "disciples". The strategy is to re-evangelize the population through church planting and church growth, while discarding the majority of church members, considering them 'nominal members' only.

The problem with such a strategy is first of all that it will probably contribute to what Casanova calls the privatization of the church as it does not include any public role for the church in society. Secondly, this perspective excludes a large proportion of baptized church members from the church as communio; this would seem to be disregarding the importance of baptism as a sacrament of initiation into the Christian fellowship.

IV. Recent perspectives from the Church of Norway

The question is whether there is a third alternative to on the one hand a church that functions as a public utility and provider of religious and perhaps also social services, and on the other hand a privatized church which has withdrawn from the public sphere. In other words, can the former state churches function as communities whilst (1) including all their baptized members, (2) providing for active participation and experience of fellowship and (3) having a public role, thus preventing privatization of a Christian faith?

The recent history of the Church of Norway makes me think that this third option is possible. In 2004, the General Synod of the Church of Norway issued a statement on its identity and mission. According to this statement, "as a folk church, the Church of Norway is not identical with the general community in society, it is rather a specific community built upon baptism and faith".[15] This is an important indication that the church wants to maintain its identity as a distinct

[15] Den norske kirkes identitet og oppdrag, Kirkemøtet 2004.

community, whilst remaining sufficiently inclusive to be considered a folk church, albeit one that does not represent the whole population.

The most important reform in the Church of Norway in recent years has been the reform of Christian education in the church. The reform has had ecclesiological consequences at both national and local level. At national level, the church, rather than the state is responsible for the dissemination of Christian knowledge among its members. At local level, research has shown that the reform has led to new practices and interpretations, as well as a renewed understanding of the church's communal identity.[16]

It seems that the program has contributed to altering the dynamics of the relationship between what I have described as the two social forms of the church. For the inner core of committed members, the wider group of church members is not to the same extent as earlier understood as the 'mission field'. The real 'mission field' is rather encompassing those who are not members of the church, perhaps even those who belong to another religion. This has led to the church becoming inclusive and open in another sense. It was important to include all the baptized members of the church, not just the children of the active members in the teaching of Christianity introduced by the educational reforms. For the wider folk church group, the reform has also created the opportunity of developing a closer connection to the church. Christian identity is no longer transmitted through schools and other public institutions, but through the church's own activities. The reform has also brought new groups into worship, as a number of new activities for children and youth include participation and involvement in the service. The greater involvement of children in the activities of the church has also created a new type of volunteer, as parents and other relatives are willing to assist at events in which their children participate.

These examples are, of course, nothing more than a brief indication of a new type of dynamic in the social set up of the folk church. The outcome of this process will of course be dependent on factors outside of the control of the church leadership. The church's theological interpretations and strategy will also be important for the outcome. In this context, it is important to develop a theological understanding of the folk churches as Christian communio and to consider the social meaning of this concept.

In 2009 the MF Norwegian School of Theology initiated work to learn more about the dynamics in this field. The project is working with congregations over a three-year period, helping them to learn about themselves through gathering and analyzing different types of data, initiating processes of reflection and communication between the active

[16] Hegstad, Harald et al.: Når tro skal læres: Sju fortellinger om lokal trosopplæring, Trondheim 2008.

core group, less active members and the local community. The program also encourages congregations to consider themselves from a biblical and theological perspective. The program has so far run in almost 30 congregations in the Church of Norway, and similar programs have been introduced in Denmark and Sweden. Unlike programs for congregational development that concentrate on the inner core and might thus contribute to the privatization of the church, these programs focus on developing the folk church as a broad and public fellowship.[17]

V. A distinctive and public fellowship?

I would like to refer to two possible sources that can assist us in the discussion of the communal identity of the church. The first source is social sciences research on social groups and communities. It must be recognized that theology has often had an over-simplistic view of the social world, for instance defining the choice for the church as a dichotomous one, between being a community or being a group of active, committed members who have been baptized and are formal members of a fellowship. Social sciences tell us that social entities can have a clear identity as a social group, even if the boundaries of the group seem unclear or blurred. Rather than being defined by its boundaries, the reference point for the church as communio should be its centre. People might situate themselves at different distances from the centre whilst still having a relationship with it. In this context the social anthropologist Paul G. Hiebert's distinction between fellowships which are defined by their boundaries ("bounded sets") and fellowships which are defined by their centre and the relationships one can have to that centre ("centered sets")[18] is particularly useful. The folk church as communio may be understood as a complex, dynamic entity, but also as a real and concrete community.

This perspective makes it possible to see the community of the church as open and inclusive, whilst also recognizing that the communal character of the church is expressed through a communal life. This communal life involves the coming together in worship of believers, who share spiritually with each other and serve each other and the church, including working together on the mission and diakonia and to nurturing and strengthening the faith. The community in a wider sense

[17] Birkedal, Erling / Hegstad, Harald / Lannem, Turid Skorpe (eds.): Menighetsutvikling i folkekirken. Erfaringer og muligheter, Prismet Bok, Oslo 2012; Bennedsgaard, Annette: Lokal kirkeudvikling - En ny måde at være folkekirke på, in: Den mangfoldige kirke: Menighedsformer i Danmark, ed. Berring-Nielsen, Bent et al., København 2013.

[18] Hiebert, Paul G.: Sets and Structures: A Study of Church Patterns, in: New Horizons in World Mission, ed. Hesselgrave, David J., Grand Rapids 1979.

needs so to say condensations, tighter relationships that are carrying and representing the church communio as a whole.
It is also important to note that in a folk church that is closely integrated into the fabric of society, it is impossible to draw a sharp distinction between Christian fellowship and human fellowship in the more general sense. In many instances Christian fellowship may be an aspect of family life, friendships, and neighborhood networks. When families get together at baptisms or funerals for example, this is obviously an expression of relationships at a local level and between family members, but can also be seen as an expression of Christian fellowship. The same holds true for families in which the practice of faith is part of the relationship between spouses, parents and children.
The opportunity to create and sustain a folk church – in contrast to a privatized 'core group' church or a monopolistic state church – depends, in my opinion, on balancing active congregational life and the expression of adherence to the church and the Christian faith through baptism and church membership, with being visible and engaged in civil society. This implies a church that is a public community in its own right – open, transparent, accountable – and a church that is visible and contributes to the general public discourse, in civil society. A viable folk church depends on combining these identities, a core group church risks becoming privatized and isolated and a folk church without a communal life or a communal identity risks becoming a religious service institution. On the other hand a church whose active role in society is not grounded in a distinct identity as a church could become just another politically active group. What is needed is not a two- or three-pronged strategy that tries to tackle these things separately, but a holistic strategy and way of thinking that recognizes the relationships between the various identities and roles.

VI. The mission of the church

The other potential source of guidance for folk churches is modern mission theology. From the perspective of modern mission theology it is clear that the goal of the church should not be to maintain the position of the church in society, or to preserve privileges, whether old or new. The goal should rather be to fulfil the mission and the calling of the church. The church is not the outcome of God's work in the world, but a tool to fulfill his mission. According to the Danish Practical theologian Hans Raun Iversen, the folk church is first and foremost a mission strategy.[19] One implication of this missional perspective on the folk church is that the church must be understood in

[19] Iversen, Hans Raun: Folk Church as Mission to Culture Christians, Swedish Missiological Themes 85, no. 3-4, 1997.

dynamic rather than static terms, rooted in an eschatological perspective in which the church is an anticipation and foretaste of the coming Kingdom, rather than its realization. A missional ecclesiology would focus on the church as a movement and would consider the ambiguity of the folk church concept from an eschatological perspective, in the light of the coming Kingdom of God. A missional perspective focuses on what is, but also on the challenges posed by the context, and on the calling of God's spirit to the church.[20]

No future folk church ecclesiology should focus on preserving and maintaining the church as it is. Such a position will only result in further decline. Any folk church ecclesiology for the future must think in dynamic terms, and ask what the church might become, and where God might lead it.

---

[20] Van Gelder, Craig / Zscheile, Dwight J.: The Missional Church in Perspective. Mapping Trendsand Shaping the Conversation [The Missional Network], Grand Rapids 2011.

Models of Church Development in the Netherlands

Sake Stoppels

A few years ago one of my colleagues said that it would be wise to throw his books on church development into the fire. In the early nineties he wrote a series of four small books on church development in which he used insights taken from the world of management and organizational development. Twenty years later he realized that not everything can be engineered: managerial "ecclesial engineering" is a concept that is too optimistic. The only volume of the four that should remain on the bookshelf, he said, was the book on biblical principles regarding being a church.[1]

His confession is not one-off: churches have discovered that all their systematic efforts to build up local churches have not been very successful. "Forty years of programs in congregational development in reformed churches have had no effect at all" said a Dutch sociologist years ago.[2] While I do not fully agree with him, there are good reasons to look critically at approaches that are highly managerial and/or organizational.

This article seeks to provide an overview of recent developments in Dutch churches and actual trends in the field of congregational development. In general, the interest in an organizational approach has decreased and the interest in more or less individual oriented spiritual formation is growing. In parallel the focus in leadership studies has shifted to spiritual leadership and to the leader as a coach. I pay attention to a few striking developments within Dutch churches (section II.). First of all I introduce two actual models in church development (II. 1.). The decreasing trust in the functionality of models in the field of church development does not mean that models as such have disappeared. I will present two different models that are leaving their marks in the Dutch ecclesial landscape. Secondly, I call attention to the missional "revival" in the Netherlands (II. 2.). "Missional church" has become a real theme in the past few years. A third theme that deserves attention is the growing interest in discipleship (II. 3.).

---

[1] "Een mens moet door". Interview with prof. dr. Mees te Velde, Nederlands Dagblad, 8 december 2012. See also Jones, Jeffrey D.: Facing Decline, Finding Hope. New Possibilities fort Faithful Churches, Lanham 2015, 67 et seq.

[2] Jonkers, Jan B.G.: An Evaluation of Reformed Church Development in View of the Future, lecture held in Utrecht, May 19, 2000.

Although many Dutch theologians do not like the word "discipleship", the concept of the church as a community of disciples or learners has attained a clear place in the mind of many church leaders.
After having paid attention to trends in church development, I will switch to a topic that is not very popular among Dutch theologians, the field of empirical research (III.). While the interest in discipleship is growing, we have no clear insight into what happens to people in their involvement in church life. Do people really learn existentially in a faith community that calls itself a community of learners? Last but not least in section IV. I pay attention to the desire of churches to go "back to basics". Going back might be the best way to create future.
Before I start on the above themes I will sketch the actual Dutch ecclesial landscape (section I.). I limit myself to a few remarkable snapshots, mainly taken from the Protestant world.
It looks like that there is more power for renewal within the Protestant tradition than within the Roman Catholic Church. Illustrative of this difference is the lack of Dutch Roman Catholic books that deal with church renewal compared to the ongoing stream of books in the Dutch Protestant world on this topic. While some see this stream as a last convulsion of a church in death throes, I consider it as an expression of the creativity and courage of churches that know very well that the times have changed and they really have to set out a new course. Creativity and courage in books and articles however do not lead directly to church renewal. Therefore there are good reasons for theologians to get to know (and to love!) the church as she is.

I. Some facts and figures of church life in the Netherlands

In this article there is no room for a detailed and well-balanced overview of the position of the church in the Dutch society. I limit myself to seven issues that give some insight into the changing religious landscape of the Netherlands.

Philosophical convictions have changed in the last decades. A recent survey came up with the following results:[3]

- *Agnosticism*: "I don't know if there is a god or a supreme being or power" – 31 %
- "*Something-ism*"[4]: "There has to be something like a supreme being or power" – 27 %

---

[3] Research commissioned by Dagblad Trouw 2015 (national Dutch newspaper with Christian roots). http://www.trouw.nl/tr/nl/5091/Religie/article/detail/3830831/2015/01/16/Ongelovigen-halen-de-gelovigen-in.dhtml [24-6-2015].

[4] Translation of the Dutch 'ietsisme' (in German: 'Etwas-ismus'), a word in 1997 introduced by the scientist Ronald Plasterk who now is Minister of Internal Affairs.

- *Atheism*: "There is no god or supreme being or power" – 25 %
- *Theism*: "There is a God who is personally involved in the life of each human being" – 17 %

Theistic believers are nowadays just a small minority. The majority of the Dutch people is atheist or agnostic.

There is an ongoing decline in church membership and church attendance. The Netherlands is in many respects an ordinary European country. In the European Value Studies (EVS) the Netherlands does not have a striking position. Church membership declined from 61 % in 1970 to 30 % in 2012.[5] In 1970 church attendance (at least once per two weeks) was 67 % of the church members, in 2012 it had shrunk to 32 %.[6] This national percentage conceals the enormous regional differences in church affiliation and involvement. In my own village for instance, close to the city of The Hague, the number of inhabitants who attend one of the two churches in the village (Protestant and Roman Catholic) on an average Sunday is about 2 % of the total population. In some villages in the Dutch "Bible Belt" this percentage can rise to 60 or 70 %.

There is no financial support for the churches from the state. In both neighboring countries, Germany and Belgium, churches are – at least partly – funded by the state. In the Netherlands there is no equivalent of the German "Kirchensteuer". Churches have to raise money themselves. That makes their functioning and position different which is interesting from the perspective of congregational development. At least two effects of this "private funding" can be distinguished. In fact they are two sides of the same coin: on the one hand people who don't feel connected anymore to the church, terminate their membership, on the other hand, direct financial support to the local church binds members more closely to the church. The lack of state support is one of the explanations why church membership in the Netherlands is relatively low and why church members are in general more involved in church life than in many other European countries.[7]

Church mergers and growing cooperation between denominations. After more than 40 years of meeting, discussing and organizing, three mainline Protestant churches merged in 2004 into the Protestant

---

[5] de Hart, Joep: Geloven binnen en buiten verband. Godsdienstige ontwikkelingen in Nederland, Den Haag 2014, 38. For comparison: In Germany is in 2012 about 60 % of the population member of a church.

[6] Both numbers are based on self-report of respondents in large scale surveys. I believe that counting the real number of attendees on an average Sunday morning would have given percentages that are substantially lower than the ones presented.

[7] Compare Herbst, Michael: Kirche mit Mission. Beiträge zu Fragen des Gemeindeaufbaus, Neukirchen-Vluyn 2013, 36-37.

Church in the Netherlands (PKN).[8] The churches involved were the two largest Calvinist churches in the Netherlands and the small Lutheran Church. Within the largest of the three churches, the Dutch Reformed Church, there was substantial resistance to the merger and as a result, an orthodox segment of this church did not join, but formed a new denomination, the Restored Reformed Church. In the beginning of 2015 the Protestant Church in the Netherlands had almost 2 million members, about 12 % of the Dutch population. The church loses about 3 % of its members every year.
In general, church members are no longer interested in institutional unity. They are looking for what is called "an ecumenism of the heart". This informal ecumenism is strongly stimulated by a national Christian broadcasting union, the EO (Evangelische Omroep). This union came into being in 1967 in response to a Protestant broadcasting union that was becoming more liberal. In its early years the EO was quite orthodox, conventional and defensive. The last years however have been groundbreaking. Illustrative is the annual broadcasting of the Passion on Maundy Thursday, a more or less secular performance of the suffering, death and resurrection of Jesus Christ. Well-known Dutch actors, singers and TV personalities act in this drama in which popular, non-religious Dutch songs are used.[9] In the first year (2011) this live event attracted about 1 million TV spectators. In 2015 this number has gone up to 3.6 million spectators, which is about 20 % of the Dutch population. The organization of the world of radio and television in the Netherlands via identity driven broadcasting unions has had a substantial effect upon the building of Christian coalition's that go across traditional boundaries between denominations. In this respect the Netherlands with its system of national broadcasting unions is unique in the midst of other European countries.

Lop-sided reach of mentality groups by the church. In order to understand the socio-cultural composition of their population, European countries work with different mentality groups. In the Netherlands 8 mentality groups are distinguished.[10] In the context of its missional policy, the PKN used the model of the mentality groups to discover the relation between the church and the different mentality groups. The research showed that the PKN has good relations with just two of the eight groups – traditional citizens and post materialists. The relation with the other six groups such as social climbers and

---

[8] Plaisier, Arjan / Koffeman, Leo J. (eds.): The Protestant Church in the Netherlands: Church Unity in the 21st Century, Zürich/Berlin 2014.
[9] Klomp, Mirella: Staging the Resurrection. The Public Theology of Dutch Production and Broadcasting Companies, in: International Journal for Public Theology (2015, forthcoming).
[10] Http://www.motivaction.nl/en/mentality/mentality-segmentation [29-6-2015].

convenience oriented people is relatively poor. Interestingly, there is a large difference in mindset between the two groups that are well represented in the PKN. Traditional citizens and post materialists are no natural allies and that causes friction in the church. Most clergymen and -women belong to the post materialists, while a relatively large proportion of faithful churchgoers think like the traditional citizen.

Shift in sources of inspiration. The German language is disappearing from the academic and ecclesial landscape. Because of the internationalization of the Dutch universities, the German language is pushed to the margins of the academy. Previously, important contributions to the field of congregational development came from German authors, especially Christian Schwarz. Today his insights have a very limited reach. With regard to congregational development, there is no single German author who actually does have a substantial influence in the Netherlands. At the moment the United Kingdom is a great source of inspiration for Dutch pioneers and other mission driven believers. *Fresh Expressions* are studied and mission trips across the North sea are made. In evangelical circles Mike Breen with his 3DM network is popular.[11] There still is interest in Rick Warren and Bill Hybels, but they have lost ground. At the moment Tim Keller is probably the most influential American theologian in the Netherlands.[12] The shift in language use is not just a technical issue, it is also a shift in theological thinking. The Anglo-Saxon theological culture differs from the German culture, and the British culture from the American. The question that arises is: what happens to a theology if one language is replaced by another? Theology and socio-linguistics may be closer than people think!

Younger church members tend to be more orthodox than the older generations. In a recent report on religious developments the Netherlands Institute for Social Research (SCP) concluded the following: "As regards the content of the faith, there is also evidence of a revitalisation of traditional Christian beliefs among younger church members. The percentage of young affiliates who regard themselves explicitly as believers or as religious people has been growing for some

---

[11] His books Building a Discipling Culture (2011) and Multiplying Missional Leaders (2012) have been translated into Dutch.

[12] In 2014 a Dutch translation of his book Center Church. Doing balanced, Gospel-centered ministry in your city (Grand Rapids 2012) was published: Keller, Timothy: Centrum kerk. Het evangelie middenin je stad, Franeker 2014. In order to make the book more contextual, passages that were 'too American' were left out and eight – partly critical – contributions of Dutch theologians were added. The same formula is used in the European edition: Keller, Timothy: Center Church Europe. Doing Balanced Gospel-Centered Ministry in Your City, European Edition. Editor Stefan Paas, Franeker 2014.

time. They more often believe unshakably in God than older members. (...) Young members of the congregation regard strong faith as the most important value in their lives more than any other church members. This "re-traditionalisation" is a trend that can be observed in both the Protestant and Catholic Church, though in all years, young members of the Protestant faith display a considerably higher level of Christian orthodoxy."[13] Associated with this process is the trend that mainline churches become more "evangelical".[14] Both trends, re-traditionalisation and "evangelicalisation", could relate to the need to develop a philosophy of life and a lifestyle that differ from the secular surrounding. Today, it looks like that there is little reason to become or to stay member of a church that does not distinguish itself from the broader society.

II. Trends in congregational development in the Netherlands

II. 1. Two actual models of church renewal

A model that has proved its worth over the years is called "Living from the Source".[15] Its central and very simple thesis is that we have to turn around the order by which we organize church life. In the Dutch language it is a turn from ABC to CBA. In English: from APC to CPA. Churches are quite often activity (A) oriented: "let's do something". Without much reflection separate activities are started. They do not originate from an underlying and shared concept. Nowadays many churches are also consciously developing policy (P): what kind of church do we want to be? And what policy do we need to develop in order to become such a church? By policy development they try to overcome the incidental character of activities. However this asks for real communication (C) about what people believe and what they experience. This is quite often a bottleneck and the closing entry of church life. The model "Living from the Source" turns the order around: start with open communication (C) about what people believe and experience. One should not be too "purpose-driven" in these meetings. If the living faith becomes clear and if there is to some degree a theological coherence in what a faith community believes, there is room for policy development (P). Based on this policy

---

[13] de Hart, Joep: Geloven binnen en buiten verband. Godsdienstige ontwikkelingen in Nederland, Sociaal en Cultureel Planbureau, Den Haag 2014, 132.

[14] See de Roest, Henk / Stoppels, Sake: Evangelikalisierung in den Kirchen. Zwischenbalanz zur Eröffnung einer Diskussion, in: Pastoraltheologie. Monatsschrift für Wissenschaft und Praxis in Kirche und Gesellschaft 101 (2012), Nr. 7, 260-279.

[15] Noorloos, Marius: Leven uit de Bron. Via geloofsopbouw naar gemeenteopbouw, Utrecht ^{8}2014.

subsequently appropriate activities can be developed (A). The underlying idea is that individual and group spiritual formation is at the base of congregational development. The model has found its ways mainly into more evangelical circles. The author himself has evangelical roots and that colors the tone of the book. While the model itself is "neutral" (the reversal from APC to CPA can be applied in every organization!), the language used appears to be a barrier for a wider application of the model in Dutch churches.

Much more recent is the model of the so called Appreciative Inquiry (AI). Its origin is in the USA. The sociologist Jan Hendriks introduced the model in the Dutch churches.[16]As the name of the model already says, appreciation is the very heart of the model. It focuses on what is positive and valuable in people and organizations. In doing that, it contrasts to approaches that are primarily critical and problem oriented. AI is strength-based and wants to discover what strengths and positive memories are present in an organization. These positive elements are very instructive if they are collected and analyzed. They can be signposts in the process of policy making and finding future. AI consists of five steps:

- *Collecting*: what positive stories can be told about (our experiences in) our congregation?
- *Deepening*: if we look at the stories carefully and more analytically, what factors were decisive and made the experiences positive?
- *Imagining*: what might happen to our congregation if in the future these factors were given space? What dreams might come true?
- *Shaping*: what do we need to realize our dream? What are conditional factors?
- *Connecting*: can we covenant and make promises about our attitude and involvement?

AI has already proved its worth in the beginning of processes of church renewal and change. Concentrating on positive experiences is always constructive, certainly in situations of stagnation and decline. Struggling churches tend to be problem oriented, so AI is somehow a countercultural approach that can be a tool to create a new mindset. The fruitfulness of AI on the long term however is not yet clear. In Dutch churches the model is still in its infancy. One of the serious issues in the application of AI in the church is the question how to

---

[16] Hendriks, Jan: Goede wijn. Waarderende gemeenteopbouw, Utrecht 2013. Jan Hendriks (1933) is in the Netherlands the most influential author in the field of congregational development. Two of his books have been translated into German: Gemeinde von Morgen gestalten. Modell und Methode des Gemeindeaufbaus (Gütersloh 1996) and Unterwegs zur Herberge. Schritte zu einer gastfreundlichen Gemeinde (Waltrop 2005).

evaluate experiences from a theological point of view. To give an illustration: "Whoever wants to be my disciple must deny themselves and take up their cross and follow me. For whoever wants to save their life will lose it, but whoever loses their life for me will find it." (Matthew 16: 24-25; NIV). What do we appreciate here?

II. 2. A missional revival?

The historian Alfred Toynbee wrote that the margins of a society are the best sources for renewal. Renewal does not come from the very center of a society, it comes from the margins.[17] What can be said about society in general, can also be said about Dutch churches. Missional renewal in the sense of *Fresh Expressions* or *Emerging Church* did not start in the largest denominations. It started elsewhere, among smaller churches that have never been part of the ecclesial establishment. Within the Calvinist tradition smaller Dutch orthodox Protestant churches were the pioneers in terms of missional renewal. In some ways they organized their own opposition by planting experimental new communities outside the traditional patterns of the denomination. These denominations gave room to practices that were foreign to their traditional way of being a church. Understandably, there is opposition to such revolutionary practices, but these churches continue their search for contextual communities that are able to reach out to people who will never be reached by the traditional mother churches.
In their slipstream the Protestant Church in the Netherlands (PKN) has started an ambitious missional program that should lead to more than 100 "pioneer-places". After years of focusing on internal affairs associated with the complex process of a church merger, the PKN has set out a new course and is investing a considerable sum of money and manpower in creating new Christian communities. While almost all church budgets are falling, more money is being spent on pioneer projects. So missional presence is not just lip service, it is a serious attempt to find new ways to reach the secular Dutchman. The first years the PKN invested much in fulltime academic pastors, the church followed the model of the traditional parish. But this approach is not sustainable. The newly founded communities will normally never be able to pay a full time, academic trained pastor.[18] The pioneer projects of "the second generation" are therefore less based on professional input and more on volunteers. This shift illustrates that it takes time for churches to adapt to new paradigms of being church. They are in the midst of a transitional period in which traditional and sometimes

[17] Toynbee, Alfred: A Study of History, Volume 1, London 1934.
[18] See Moynagh, Michael: Church for every context. An Introduction to Theology and Practice, London 2012, 409.

stubborn ways of thinking and doing have to be replaced by new approaches.
In 2015 the synod of the Protestant Church in the Netherlands discussed a policy document about the Church in 2025. One of the proposals is that in the future there will be room for house churches and small communities as full manifestations of the church.[19] That does not sound very spectacular – house churches are as old as the church! – but it is a mind shift that will take years to settle in a church that is strongly Sunday morning and church building oriented.

I want to highlight two complicating aspects of this missional revival in Dutch Protestant churches. The first has to do with the preferences pastors have in their work and the second has to do with the theology behind the missional initiatives.
In the summer of 2014 the PKN carried out a survey among all the pastors of the church. One of the questions was about the enthusiasm with which they worked in specific domains of their work. The result was as follows:

Domains in the work of a pastor	%
Leading Sunday services	83
Pastoral work	60
Leading 'casualia'	49
Spiritual formation of church members	42
Studying	25
Keeping in touch with the broader society	20
Youth	19
Leadership and management	17
Missional work	15
Diaconal work	8

Enthusiasm of local PKN pastors about domains in their work[20]

The figures make clear that missional work is not high on the agenda of most pastors. That means that there is an enormous gap between the national headquarter of the Protestant Church and the pastors in the local congregations. This is not a Dutch phenomenon. The German theologian Ulrike Wagner-Rau writes that most pastors do not see themselves as missionaries. They consider themselves primarily as pastors and preachers. She adds that in parallel most congregations do not perceive their faith community as a missional driven congrega-

[19] Kerk naar 2025: een verkenning, Protestant Church in the Netherlands, Utrecht 2015, 5-14.
[20] Source: Survey among PKN-pastors, Protestant Church in the Netherlands, Utrecht 2014 (not published).

tion.[21] We find a similar situation in the Netherlands. What does that mean for the ambitious missional program of the national department for Missional Work and Church Growth of the PKN? How promising is it, given the dominant non-missional orientation of local pastors and local churches?

A second point is the theology, or more specific, the soteriology behind the missional agenda. In most local churches the soteriology is not an explicit theme in missional reflections and practices. Implicitly, every missional activity is in one way or another based on a specific soteriological position, but there is little conscious reflection on it. In presentations in local congregations about church renewal I often use the example of a local church that presents itself at a spiritual or paranormal fair. I challenge the attendees by asking how they would react if their congregation was invited to present itself on such a fair. What would they offer? And would that offer be different compared to other spiritual providers? And if so, in what way would it be different?[22] Quite often people are shy with this question. There is an uneasy silence and if answers come, they mainly have to do with elements that can be offered by other (secular) groups and movements too. In a managerial language: is there a unique selling point in the missional presence of the church? Of course there is no single reason to misprize the contribution of the church that is generally human. In many ways the church is just one of the partners in humanity and justice. She is an unobtrusive ally of lots of other groups, movements and institution and that is good. However, the question about her possible unique contribution is important nowadays.[23] If the church is not able to answer that question, her missional presence easily becomes an instrument in self-preservation.

The embarrassment we can see at this point in local churches, can have its equivalent at the national level of a church. Symptomatic is a folder of the Protestant Church in the Netherlands about missional work. In that folder 30 possible models of being missional are presented.[24] Local churches are invited to choose one or two of these models in order to develop a missional focus. In the first draft of the folder there was no reflection at all on the theological base or bases underlying the presupposed missional presence. Later on this reflection was added, but very briefly and without a clear theological direction. The lack of a clear soteriology is understandable in a very plural church, but if it

[21] Wagner-Rau, Ulrike: Auf der Schwelle. Das Pfarramt im Prozess kirchlichen Wandelns, Stuttgart 2009, 91.

[22] See also Moynagh, Michael: Church for every context, 334-335.

[23] Cf. Kuitert, Harry: Kerk als constructiefout. De overlevering overleeft het wel, Utrecht 2014, 143.

[24] 30 kansrijke modellen voor de missionaire gemeente, Protestant Church in the Netherlands (PKN), Utrecht 2009.

leads to soteriology becoming a "non-issue", churches are in real danger.
One of the Dutch Roman Catholic bishops, Gerard de Korte, states that his church is suffering from "speechlessness". Believers cannot express in words what they believe. It is not just the Roman Catholic Church that is speechless, many Protestant churches have the same problem. Therefore, religious literacy is one of the major challenges for Dutch churches. I will come back to that in the closing section of this article.

II. 3. Discipleship

Parallel to the growing interest in missiological issues, we see a growing interest in discipleship in the Netherlands. Missional presence is like a boomerang: it returns to the pitcher. It challenges churches to reflect on what they believe, on the quality of their communal life and on their transformational potential. Many leading theologians in the Dutch mainline churches do not like the word "discipleship" – too evangelical, too elitist (and therefore schismatic), too compulsory – but the basic idea behind it, the idea of being learners or pupils of Jesus Christ, is widely accepted. I want to pay some attention to this discipleship "revival" and start with an anecdote.
In my home church we were in a process of identity building and of developing a mission statement. In a small group we worked on this issue for quite a long time. During the process the word disciple came up as a possible key word in our self-understanding. So we came to a concept of a mission statement of which the first sentence reads as follows: "we are an open community of disciples (Dutch: leerlingen) of Jesus Christ in Nootdorp (my village)." This concept was presented and discussed in a church meeting for all members. The first person who reacted did it the Dutch way, quite blunt: "did you really need one and a half year to make up this sentence?" To him this sentence was too obvious and had totally no power to help us in finding a fruitful future. Was he right?
In 2013 my book *Oefenruimte* ("Exercise Room") was published.[25] It is a book about discipleship in a time in which religion is often seen as a consumer good that is available in case of emergency. One of the keynotes in the book is the thesis that by asking more involvement a church can give more to its members. Ask more in order to be able to give more. Dean Kelley said it years ago this way: "What costs nothing accomplishes nothing. If it costs nothing to belong to such a community, it can't be worth much."[26] He summarizes his position in a

---

[25] Stoppels, Sake: Oefenruimte. Gemeente en parochie als gemeenschap van leerlingen, Zoetermeer 2013.
[26] Kelley, Dean: Why Conservative Churches are growing. A Study in Sociology of Religion, with a new preface for the rose edition, Macon 1986, 53.

calculation: *Meaning = Concept + Demand.*[27] Meaning comes into being in the combination of a clear concept of what is a meaningful life and of the communication of an urgency to commit oneself to that concept. A concept alone will not make people move.
It will be clear that such an approach is not compatible with a people church that does not ask serious involvement of its members. One of the main points of discussion about "discipleship" in the Netherlands can be summarized with the help of the concept of "vicarious religion": to what extent can people lean on the faith and the commitment of others?[28] Is discipleship the calling of every believer? What can churches expect regarding commitment to the church and regarding a lifestyle according to the Gospel?
At the moment there is growing interest in discipleship. Christians try to bridge the gap between Sunday and Monday and between private and public. Churches are – judging from the average intercessions in church services – concentrated on the one hand on the private inner circle of family life, health and disease, personal joy and sadness and on the other hand on the outer circle of worldwide issues like injustice, poverty, war and natural disasters. The world in between – where Christians live, work, go to school, where they are unemployed or retired and where they are members of all kinds of unions and participate in the civil society – is a world that quite often is not fully in the picture. In Dutch churches however, we see a growing interest in this intermediate life circle. Discipleship offers a framework to incorporate this intermediate circle in the Christian life.[29]

III. Are lives transformed in the church?

The theme of "discipleship" gets more and more attention in Dutch churches, but there is not much knowledge about discipleship in practice. What happens to people who participate in faith communities? Do the lives of believers change because of their participation in a religious community? And if so, how, to what degree and in what way? And what do they learn where?
Systematic theological books are quite often full of thoughts about spiritual growth, transformation of lives, character formation and renewal of faith communities. For instance, in the preface of the recent WCC-report *"The Church: Towards a Common Vision"* ongoing

---

[27] Ibid., 52.
[28] Davie, Grace: Vicarious Religion. A Methodological Challenge, in: Everyday Religion. Observing Modern Religious Life, ed. Ammerman, Nancy T., Londen 2006, 21-35.
[29] Some Dutch theologians who work on discipleship are inspired by the book Imagine Church. Releasing Whole-Life Disciples, written by Neil Hudson (Nottingham 2012).

growth of Christians is presumed: "As Christians experience life-long growth into Christ, they will find themselves drawing closer to one another, and living into the biblical image of the body of Christ."[30] This phrase is just an illustration of the ease with which development, progress and transformation are assumed (and not only in WCC reports!). However, from a practical theological point of view immediately a crucial question arises: how real is that statement? Is there any empirical base for such an assumption? And then we are back at the questions I just stated: do the lives of believers really change because of their participation in a religious community and if so, in what way? I tried to find some empirical research results in this field in the Netherlands, but I could not find them.

The famous Willow Creek Community Church in the USA did some research in this field. The church grew from a few hundred members in 1975 to more than 25 000 in 2011. They lived with the unspoken assumption that increased participation in church activities would increase a person's love for God and others. "Said another way: Church Activity = Spiritual Growth".[31] By organizing a survey among the members in 2004 they tried to discover which activities produced the most spiritual growth. The response was 40 % and that was encouraging. The results however were not: "[W]e learned three shocking facts about our congregation: (1) Increased participation in church activities by themselves *barely moved* our people to love God and others more; (2) We had a lot of dissatisfied people; (3) we had a lot of people so dissatisfied that they were ready to leave."[32]

Willow Creek is a church with a clear mission: "Willow Creek exists to turn irreligious people into fully devoted followers of Jesus Christ."[33] Conversion and spiritual growth are explicitly part of their mission. This differs from many mainline churches in the Netherlands. If they have a mission statement and/or a policy document, quite often in the wording of these documents we do not find words like "growth", "turn into" or "learn". In the culture of many mainline churches spiritual growth is not a dominant theme. A tacit maintenance mode prevails. If in a church like Willow Creek – that concentrates on spiritual growth and changing lives – growth to the expected degree is not realized, how will mainline churches – without an explicit growth philosophy – do in this respect?

---

[30] The Church: Towards a Common Vision, in: Resource Book, WCC 10th Assembly, Busan 2013, World Council of Churches, Geneva 2013, 4.

[31] Hawkins, Greg L. / Parkinson, Cally: Move. What 1.000 Churches Reveal About Spiritual Growth, Grand Rapids 2011, 16. See also Herbst: Kirche mit Mission, 178-179.

[32] Hawkins / Parkinson: Move, 15.

[33] See http://www.willowcreek.org/aboutwillow/what-willow-believes [03-7-2015].

Empirical research has given us some insight in the impact of participation in Christian faith communities in the Netherlands. In general church members are more than other citizens involved in volunteering, both religious and secular. The regular churchgoers among the church members are the champions in volunteering.[34] A comparable pattern exists in the field of donating money to charities. Church members hold top positions in the ranking of giving to religious and non-religious charity. Researchers are in discussion about the question whether this primarily has to do with believing or with belonging. Many of them choose the second option: belonging is the decisive factor in volunteering and donating, not believing. Being a regular churchgoer is "risky" because of the danger of getting involved in beneficence. Religious community in fact is more important than religious conviction. The Dutch sociologist Joep de Hart writes that from the perspective of social capital, praying alone is at least as alarming as bowling alone.[35]

Recently in the Netherlands a so called Micah Monitor was published. Inspired by Micah 6:8 this monitor researches the attitude and behavior of Dutch Christians in the field of social and ecological justice: do Dutch Christians differ from the average Dutchman? Regarding social justice they do, but regarding ecological justice they do not. Despite their believe in God as the Creator of the earth, from an ecological point of view Dutch Christians are just like their non-Christian neighbors. There is no significant impact of their belonging to a church on their attitude and acting towards ecological issues.[36]

Based on these quantitative and survey based data, one can say that participation in the church has a real impact on people in some fields of life and hardly any or no impact on other fields. Large scale survey based researches inform us about what Christians think and how they behave, but we do not get information about what they have learned existentially during the years of believing and in their participation in the church. If social scientists, who state that certain characteristics of Christians are not primarily triggered by the content of their faith, but by their being involved in a social group, are right, we are still empty handed regarding the question what individual Christians learn and how their lives are transformed *because* of their faith.

Empirical research on the process of religious learning and character formation is not easy and that might be a reason that not much research is done. There are many books on religious education, but there is not

---

[34] de Hart, Joep: Geloven binnen en buiten verband. Godsdienstige ontwikkelingen in Nederland, Den Haag 2014, 44.

[35] de Hart, Joep: Zwevende gelovigen. Oude religie en nieuwe spiritualiteit, Amsterdam 2011, 209.

[36] Nederland, Micha: Rechtvaardigheid: waarom doen we dat (niet)? Resultaten Micha monitor 2014, Blauw Research BV 2014, see http://www.pkn.nl/Lists/PKN-Bibliotheek/Micha-Monitor-II.pdf [27-5-2014].

much empirical knowledge about the influence of local churches on the lives of their individual members. This gap is intriguing: while the church is called a community of disciples and the interest in genuine discipleship is growing, not much is known about the contribution churches make to the lives of their individual members. Judging from my experiences, social scientists are in general interested in this topic, but many theologians are not. Why not? Could it be their sense of faith as an *arcanum* ("Night and day, whether he sleeps or gets up, the seed sprouts and grows, though he does not know how.", Mark 4,27; NIV). Or is it a lack of interest in the empirical church? In other words: do they suffer from "ecclesial Docetism"? Or is it yet something else: do they fear that the results of such a research will be disappointing? I don't know the answer, but anyway it is important to know the real church, especially if it all falls short.

IV. Back to basics: do we dare?

At the end of this article I return to the model "Living from the source". It is not without reason that this model is one of the few that has survived in the changing Dutch ecclesial landscape. We really should go back to fundamental questions and issues in order to discover or rediscover the core and the value of the Christian tradition. In several churches we can see a desire to go back to these basics. But what does it mean and in what way can churches go back to basics? The desire is clear, but the path that leads churches back to basics is not. I think it is necessary and fruitful to question widely accepted theological convictions and biblically motivated statements. To give an example, what do we mean when we quote the beginning of Psalm 127 that says that "unless the LORD builds the house, its builders labor in vain" (NIV). These motivational words are often used in congregational development, but what do we mean when we use them for the church? What is trust in the Lord? Do we experience that there is ground for this trust and if so, in what way does it color our efforts to come to vital churches? One of the threats to churches and church development programs is the gap between theological convictions on the one hand and a theologically drained managerial practice on the other hand. Bridging this gap is one of the major challenges for Dutch churches. And not only for Dutch churches.

Mission at the Expense of Grace?
Five Points in Response to Sake Stoppels

Henning Theißen

I.

If this conference deals with "The Future of the Church in Europe" and if it does so in a Protestant perspective, the basic theological document to build our ecclesiological reflections upon will most likely be the Leuenberg Agreement (1973). It will neither be the Porvoo Common Statement (1992) nor the Faith & Order Paper No. 214 (The Church. Towards a Common Vision, 2013), since these two focus on unity in the shape of the church and its ordained ministry in particular. This topic is certainly not among the most ardent issues in the discourse on Protestant church renewal in the Netherlands or elsewhere in the CPCE (Community of Protestant Churches in Europe). However, the Dutch Protestant mainline churches are somewhat at odds with the Leuenberg Agreement, too, as we have been facing a united Protestant church in the Netherlands since 2004 (Protestantse Kerk in Nederland, PKN) comprising one formerly independent Lutheran and two Reformed churches. The Leuenberg Agreement does not strictly exclude such church mergers (LA 44), but states that any sort of church union which undermines the Protestant "diversity" of witness and service "would contradict the very nature of the church fellowship inaugurated by this declaration" (LA 45). Let me therefore first of all assume that any measure or model of church development undertaken in the PKN is meant to serve the Protestant diversity of communicating the Leuenberg member churches' common understanding of the gospel.

II.

To accept this "Leuenberg" background has a number of implications for our reflections in this conference. The most obvious is probably that church renewal will not deal with the shape of the church and how it can be renewed, but rather with its mission (I am here adopting the threefold differentiation between foundation, shape, and mission of the church as expounded in the Leuenberg document The Church of Jesus Christ, 1995). It is plain to see from both Sake Stoppels' presentation and the earliest mission statements from the PKN (Leren leven van de verwondering, 2005) that the church's mission towards the world is at the heart of their concern. This has, by the way, not been the case in Germany in those years of Kirche der Freiheit (2006) when mission was considered to address distanced church members rather than secular or even atheist contemporaries outside the church. But despite this difference and even despite the much greater divergence in terms of the legal relationship between church and state, the challenges for churches engaged in missional renewal are similar throughout Europe. Sociologists of religion all around Europe argue either in favour of a "renaissance of religion" or its postliberal counterpart, and there has been milieu based evidence for either standpoint in the big studies on the sociology of religion in more than one country. As far as ecclesiology is concerned, there have been concepts of non-doctrine based church fellowship well before the Charta Oecumenica (2001).

III.

Europe, it seems, remains The Exceptional Case as we have been calling it since G. Davie's research on the topic of secularization (2002). The main European problem with mission is probably that it is difficult to demarcate the line mission is supposed to cross. I am here referring to the line between the church and a world that is not church in either the institutional or the theological sense of the term but whose modern history of secularization has permanently conflated the distinction between this double sense. We need not engage with the presumed Christian legacy of Europe or a Western Christian civilization here to see that in the case of Europe there seems to be church in every corner of the world albeit only in a secularized manner. I consider Sake Stoppels' presentation an attempt to re-identify the line of demarcation between church and world – though of course not for the sake of separation, but in order to cross this line in missional witness. Church, he states, can only live up to its mission in recognizable discipleship and visible effects on the lives of its members. Meaning, he says, is concept plus demand, which is why he would vote for more demanding models of church renewal even if in practice that means to confine the church's activities to the basics of simply listening to the gospel and acting according to it.

IV.

I think I understand the theological point behind this concept of church renewal, but I am afraid that it is not new. Discipleship in this demanding sense is exactly what D. Bonhoeffer called "expensive grace" in his Nachfolge (1937), and I suppose many of us are well acquainted with the consequences it had for Bonhoeffer's church

concept: From his Ethics (written 1940-43) to his letters from prison (written 1943-45), he transformed the church into an ethical community whose members share a common attitude of freedom in using the goods God's creation offers them.
Let there be no misunderstanding: Bonhoeffer's ethical church concept is among the most demanding ones in the 20th century, and is perhaps the one with the clearest theological definition of the relationship between church and world – but it is definitely not missional and therefore hardly suitable for church renewal in Europe nowadays. To put it the other way around (and slightly provokingly): If our efforts in church renewal follow a too openly demanding concept of mission, we can only do so at the expense of (expensive) grace.

V.

I started my response with a remark on the "Leuenberg" framework of church renewal in Europe and will conclude with a hint to a study on church renewal which the CPCE General Assembly adopted in 2012[1]. Surveying reform documents from some 25 CPCE member churches, this study argues (with J.P. Bradbury in his Perpetually reforming, 2013) that the relationship between church and world, which is so critical for any church renewal process, should be theologically understood in covenantal terms comprising both the world through God's covenant with Noah and the people of God's covenant in the twofold shape of Israel and the church. In contrast to any "blueprint ecclesiology" (so Bradbury, op. cit., 3 with N.M. Healy) of an idealized or invisible church, this covenantal framework will remind the church that it is a piece of the fallen world that is justified by God's grace alone.

[1] Http://www.cpce-assembly.eu/media/pdf/Unterlagen/11%20Ecclesia%20 semper%20reformanda.pdf [20-10-2015].

Missional, Contextual, Formational, Ecclesial
Toward a Theology of Fresh Expressions of Church

Michael Moynagh

I want this evening to introduce some of you to fresh expressions of church and to remind others of you about them – what they are and how they work. I shall produce evidence that they are a highly fruitful way of doing mission. And then I shall offer a theological interpretation of what we are observing.

I. What are fresh expressions of church

So first of all: What are fresh expressions of church?
They are small communities of Christians that have four characteristics and they are *missional*: They work with people who are outside the church. An example is Saturday Gathering, which grew out of an ecumenical foodbank in Halifax, north England. After the initiative had been running for a while, a group of Christian volunteers started a Saturday evening gathering for clients of the foodbank. People eat together. They discuss stories from the Bible and issues from their own lives. They pray and sing a few Christian songs. The Gathering started with 12 people, but after 18 months it had 60 and nearly all who come were not previously attending church.

Fresh expressions are contextual. They seek to *fit the context.*
In an English village, a small group of women started cookery classes for teenagers. Now there is no point in cooking unless you eat the food, so they would eat together what they had cooked. As they ate, they shared their lives, began to pray together, and a number of the teenagers started a journey toward Jesus. They now describe themselves as Cook@Church. Again, like Saturday Gathering, most of these teenagers were not attending church. But what emerged around them was very different to Saturday Gathering. It was appropriate to their context.

Fresh expressions of church are *formational.* They aim to make disciples.
They are more than a community project. They have the intention of helping those who want to do so, to discover Christ and follow him. So

the women who led Cook@Church, for example, found themselves writing not just recipes, but a discipleship course – a different kind of recipe, if you like.

Finally, fresh expressions are *ecclesial*. They intend to be a new congregation or a new church in their own right.
They are not a stepping stone to an existing congregation. They seek to be church for the people involved where they are. Recently, I was reading one of our new stories about a fresh expression in Scotland. The leader said: "In the early days, ten years ago, we weren't looking to create a fresh expression of church; all we wanted to do was to engage the people of Wellwood to come to our church...We did have some people coming down to church, but it was a complete disaster. That's when we realised that church as we knew it was just not going to meet the needs of people with no experience of church." Fresh expressions seek to be a new form of church that works for people outside the church.

These fresh expressions are not better than existing types of church. They complement the existing church and come to birth alongside it. An existing church may connect with people on its fringe, while many fresh expressions serve people well beyond the fringe. Both types of church can affirm and support each other in what's come to be known as the "mixed economy" church.

II. The methodology of fresh expressions

How do fresh expressions come to birth?
Again, this will be a reminder for some of you: They start with prayerful listening. A small or larger group of Christians listens carefully to their context. The Christians find simple ways to love and serve the people around them. Through this loving and serving they build community with the people involved. Where appropriate, opportunities are created for people to explore becoming disciples of Jesus. As individuals come to faith, church takes shape around them. Then, at their best, these new Christians repeat the journey, but in a way that is appropriate to them.
Now of course, this journey is a model. In real life, it looks much more messy: The circles often overlap and sometimes occur in a different order. The important thing is that each circle has its own integrity for the kingdom. In northwest London, for example, a church had done its listening. It knew that a number of ethnic women in the area could not speak English. So once a week, the church provided afternoon tea, encouraged the women to sit in small groups around tables, and invited them to discuss a topic in English. This was their loving service – a

language cafe. As the women came back each week, community began to form. The leaders then put in a prayer board, and invited the women to post prayer requests for the leaders to pray for. The women started talking about their prayer requests, and this gave the leaders permission to include spiritual themes in the topics for discussion. They then ran a course introducing the gospel, and from this a small expression of church began to emerge.
For me, a striking feature of this serving-first journey is that it brings together the Great Commandment to love others with the Great Commission to make disciples.

My background is that of an evangelical. I've been brought up at the feet of missiologists like Lesslie Newbigin. And Newbigin and others always said that there was no contradiction between social action and evangelism. They belong together. But for most of my life, I have never seen them together. I have seen some local churches practicing social engagement. And I have seen other churches practicing evangelism. Occasionally, I've seen some local churches do both. But in those churches, some Christians seemed to do the social bit and other Christians seemed to do the evangelism bit. I have hardly ever seen them combined. But here with fresh expressions we can see the two integrated together. This journey combines different theological persuasions. Starting with listening resonates with liberation theology. Because listening is at the heart of praxis. Putting loving service early on connects with those whose theology emphasises social action. The stress on community appeals to people with a Catholic bent and to those who are into post-liberal theology, for example. While of course, the emphasis on evangelism and making disciples reaches evangelicals. Different traditions can see themselves in this journey. And so I would suggest that fresh expressions are in particular an ecumenical gift.

III. Evidence of fruitfulness

Do fresh expressions work?
In 2013, the Methodist Church counted nearly 2 000 fresh expressions of church in the UK, and estimated that 11 000 lay volunteers were involved in them.
Early last year, the Church Army Research Unit published the results of its detailed research into 10 Church of England dioceses, almost a quarter of the total. The unit found that 13.5 % of Church of England churches have a fresh expression of church. Fresh expressions are spreading rapidly. At the main meeting of a typical fresh expression, according to the leaders, a quarter of those present are Christians; over a third are people who once used to go to church but had stopped; an astonishing two fifths have little or no Christian background.

Sometimes I tell my students in Oxford: imagine St Andrews Church, a large church in north Oxford. Next Sunday, the minister stands in front of the congregation. A quarter of those present are regular churchgoers. Over a third are people who had stopped attending church, but are now returning. And two fifths are people who have hardly ever been to church before. What's more, they all come back next week and the week after. Would this not be seen as an amazing phenomenon? Wouldn't other churches want to know what had happened? Well, though the analogy is not quite exact, this is not far off what is happening all round the UK through fresh expressions of church. Fresh expressions are remarkably effective at connecting with people outside the church.

Just before last Christmas, I received an email from a pioneer who was conducting research into the fresh expression he had once led. He wrote: "Having visited the community twice in recent weeks to conduct [semi-structured] interviews, there are not many atheists and agnostics attending at the moment. This is because most have come to faith." There is growing anecdotal evidence that many fresh expressions are proving highly fruitful – both as vehicles of practical love, and also as pathways to faith.

IV. Toward a theological rationale

These fresh expressions of church are springing up all over the place – in the night-time economy, in leisure centres, cafes and pubs, in the workplace sometimes, and among a whole variety of demographic groups. As we watch these fresh expressions emerge, how might we understand them theologically?

IV. 1. Mission is not a second step for God

The starting point, surely, is the place of mission in the heart of God. When we encounter God, we encounter a missional God. This is how God is revealed to us in Scripture. Christopher Wright, an Old Testament scholar, maintains that mission is one of the big themes that holds the Bible together. Scripture reveals God as a God who goes out to the world in missional love. As part of this divine mission, God has a mission for human beings, he has a mission for Israel, and he has a mission for the church. Mission is a priority for God.

Now if God is the same in his character yesterday, today and for ever, then mission must always have been his priority. There can be no "before" and "after" in relation to God's character. There can be no "time" before when God was not missional, and no "time" after when

God has become missional. If God is unchanging in his character, he must always have been missional. In John Flett's phrase, mission is not a second step for God. This means that if the church wishes to correspond to the character of God, mission cannot be a second step for the church. It cannot be a second step for the denominations. And it cannot be a second step for local churches. Yet the reality (as we all know) is often very different: mission is a second step for the church.
Fresh expressions are challenging that reality: They are showing us what the local church looks like in the 21st century when mission is placed at the heart of the church's life.

IV. 2. Mission is to be done in community

A second theological perspective is that God wants mission, wherever possible, to be done in community.
We are all familiar with the current model of the local church. Basically, we gather for worship on Sunday, and then scatter as individuals for mission and witness during the week. Of course we can qualify this. We go out into the world borne up by the prayers of the saints and so on. But basically, for most Christians, it feels as if they are living the faith on their own. And it is very difficult to engage in practical mission alone.
I'm thinking of a group of Christians in the workplace. Some of their colleagues were made redundant. So the Christians dug into their pockets and paid for a consultant to give free advice to those who had lost their jobs. Others in the workplace reacted, "Gosh! These Christians, they are better than our HR department."
Now, it would have been very difficult for one Christian on their own to do this. You needed a group of Christians working together. Often it is not easy to do mission alone.
Well, the good news is that God does not want mission to be done on our own. Wherever possible, he wants mission to be done in community. God himself does mission in community. As Leonardo Boff, the South American theologian, puts it: "Father, Son and Holy Spirit are always together. They create together; they save together; and together they bring us into their communion of life and love."[1] Father, Son and Holy Spirit do mission together. They are, in the words of Stephen Bevans, a divine communion-in-mission.

When God created the first man and woman in his image, he called them to a missional task. If you like, they were to push back the boundaries of the Garden of Eden till this paradise extended over the entire globe. But God was very explicit about this task: "It's not good

[1] See Moynagh, Michael / Harrold, Philip: Church for every Context. An introduction in theology and practice, London 2012, 141.

for the man to be alone." (Gen 2,18) This missionary task was to be undertaken in community.
When things did not work out the way God would have wanted, what did he do? He called another community – the community of Israel. Israel was summoned to be a missional beacon – to show the surrounding nations what God was like. Again, mission in community.
Later, when Jesus came to fulfil what Israel was unable to accomplish, how did he start his public ministry? By calling together a community of disciples. He chose to do mission in community. And when he sent his disciples to practice mission, he sent them out in pairs – in micro communities. Because mission, where possible, is to be done in community.

V. Communities in life

These communities for mission – they are to be in everyday life. In John's gospel, we first meet Jesus and his disciples at a wedding – the wedding in Cana. There they are, as a community, in ordinary life. And when Jesus sends out his disciples in pairs, where does he send them? Not to the synagogues. But to the towns and the villages – to ordinary homes, where they were to receive hospitality, heal the sick and preach the gospel.
Later, when the good news spread across the known world, believers met together in their homes. Now as you know, homes in the ancient world were the centre of networks, family – and of work. Half the homes excavated in Pompeii have workshops, horticultural plots or other forms of work associated with them. These NT churches met in the epicentre of everyday life. And that of course continued into the Middle Ages. The village church was at the centre of home life, work life, community and what we today would call leisure – in 17th century England, there were over 100 holidays a year to celebrate a Saint's day. Church was at the heart of day-to-day life.
Now we all know how that changed with the industrial revolution. Work was split off from home, and society became increasingly fragmented as leisure and the consumer world became more complex. But the local church was left becalmed. It was left behind, by and large, in the domestic segment of life. It became increasingly divorced from important aspects of people's everyday existence.

What fresh expressions are doing is to reconnect with the church's history. They are emerging once more in the settings of day-to-day life. They are going back to the time when the church was present where people lived out their ordinary lives.

At the same time, they are pointing to the future. You'll remember that in 1 Cor. 15, Paul says that when the Son hands the kingdom back to the Father, God will be 'all in all'. Well, that's what fresh expressions are about: they are anticipating the time when God will be all in all. The end of Ephesians 1 puts it differently. You'll remember it says that when Christ returns, he will fill – or complete – all things. Well, again, that's what fresh expressions point to: as Christ's body, increasingly in every context of life, they herald the time when Christ will fill all things. Christ will be excluded from no part of life. Fresh expressions are a visual foretaste of that promise. This has huge advantages for mission. It means that the church gets up close to people. When the church is tangibly present in the midst of daily life, it is much easier for the church to serve people and share the gospel with them. Mission can be tailored to the specific concerns of people in that context.

VI. Summary

So what are fresh expressions of church? They are missional, contextual, formational and ecclesial. How do they emerge? Through listening, loving service, building community, making disciples, and by allowing the new expression church to be shaped by the Holy Spirit and by those coming to faith. Do they work in practice? Yes. We have statistical and anecdotal evidence that fresh expressions are proving highly fruitful. Do they work theologically? I have suggested that they show what it means for the local church to follow God and make mission a priority. They reflect God's desire that mission be done, wherever possible, in community. And they also express his desire that as far as possible, these communities be present in every dimension of life.

VII. A final thought

Let me conclude by offering this: When we encounter God in mission, we encounter a generous God. God showers the world with gifts. And one of his gifts is the church: the church is a gift from God to the world. This gift of the church is unique in creation – because only the church (through the Spirit) can offer the gift of communal life with Jesus. Many of the other things the church can offer (such as care for the poor, and much else), other organisations can offer too. But only the church can offer the gift of living in community with Christ.

Now when you offer a gift to someone, generosity demands that you offer the gift in a form that is appropriate to the other person. If you knew your friend was teetotal, for example, you would not normally give them a bottle of wine. In the same way, generosity requires that the church offers the gift of communal life with Jesus in a form that is appropriate to those who might receive it. For some, that will be an invitation to an existing congregation. But for others, that will be inappropriate. The congregation may meet in a place, at a time and in a style that is inaccessible to certain people. In such cases, the offer of communal life with Jesus will take the form of a new congregation – a congregation that meets in a place, at a time and in a style that is accessible to its potential recipients.

Once the gift has been offered, again generosity demands that there be a letting go. The giver must allow the recipient to receive the gift in their own way. Imagine I give a toy aeroplane to my grandson. If I hold his hand the whole afternoon, showing him exactly where to fly the plane, the gift stops being a gift to him and becomes, in effect, a gift to me to relive my childhood. I must let the gift go. In a similar way, when we offer the gift of communal life with Jesus, we must be prepared for the recipients to receive the gift in their own way. Of course, we shall teach them how to use Scripture. We shall pray that they are guided by the Spirit. But ultimately we must let the gift go. We must allow the recipients to contextualise the church in a way that – through the Spirit – seems most appropriate to them.

When a congregation passes on the gift of communal life with Jesus in this way, instead of the gift dying as the congregation dwindles through a lack of numbers, the gift gets handed down the generations and gets transmitted into new contexts. It becomes a living gift – a living gift for anyone who wants to receive it.

"Missional, Contextual, Formational, Ecclesial ..."
Response to Michael Moynagh

Michael Herbst

Thank you very much, Michael, for this inspiring contribution to our conference. It is a privilege to have you here with us in Greifswald. You are one of the spin-doctors of the fresh expressions network in the United Kingdom. Your most recent book „Church for every context" has prompted and encouraged our theological work here in Greifswald. It is being translated into German and we are looking forward to the release of this important book.
As a matter of fact, in some aspects Germany and England are similar to each other. We both were not very successful in the European Song Contest. Germany – zero points. By the way: Austria – zero points. And close to both of us: England – excellent four points – all on the last ranks, 24th, 26th and 27th position out of 27 competing countries. And it is a cold comfort that the other songs were as bad as ours. We are all in the same boat!
In other aspects Germany and England are not so similar. When we look at the fresh expressions movement in England from our perspective, the best we can say is: There is sort of a baby movement, a miniature network in Germany. We come back to this fact in a moment.
I had to reflect on my assignment to give a "response" to your presentation. What is a response? It is an answer or reply, as in words or in action. In biology, it is the behaviour of an organism that results from an external or internal stimulus. In Liturgy it is a phrase, verse or verb, said or sung by the choir or the congregants in reply to the officiant. In the academic world, "response" stands for the appraisal of one academic for the presentation of another, including some consent, but necessarily some critical acclaim. In this case I am in danger of rather offering some liturgical response, but don't be afraid, I am not going to sing. But I have a hard time not to react with complete praise. Nevertheless I try to stick to the academic tradition and ask some questions which might help to dig a little bit deeper.
I understand that fresh expressions of the church in England bridge certain gaps. They bridge the gap between church people and de-churched or non-churched people. They bridge the gap between mission as social action and mission as evangelism. They even bridge the gap between traditional congregations and new ways of being

church. They bridge the gap between bottom-up-initiatives and top-down-leadership. They bridge the gap between evangelicals, liberals and Anglo Catholics.
In our own research on fresh expressions we discovered that they are not a blue print model of church, which you see, which you copy and paste and which works fine in any context. The strength of the fresh expressions network seems to be the missional passion. There are volunteers and full time workers who share this missional passion. They seem to be ready to invest into a very costly kind of ministry. They don't start with some finished products. They start with spiritual openness: listening and praying. They start with investing their lives: living in the area where a fresh expression is supposed to get started. They start with the willingness to "die" to their church experiences and preferences or biases. They want to serve with whatever deeds of love and kindness are necessary and appropriate. And they share the strong desire to introduce people to the discipleship of Christ. And they hope that a new kind of being church will emerge from the soil of this special context. They do not plant churches for others, but with others, and as I may say in this Pentecost week, a church under the guidance of the Holy Spirit. This demands a great amount of flexibility, spontaneity, and creativity. And as you said, it looks a little bit messy. You need to be comfortable with messiness. Perhaps this is one of the reasons why these Prussians don't really like fresh expressions.

I would like to dig deeper and find out how this works:

- Where does this passion come from? Can you identify some sort of spiritual renewal and awakening that brings about this missional zeal? Or is it rather related to those deep crises, which you experienced in the Church of England? Or with crisis and renewal? Are strong and courageous bishops key to the renewal? Or do enthusiastic lay people trigger this development? Or again: both of them?
- How do you train those who start a fresh expression? The required skills do not only call for people who are comfortable with uncertainty and who love to pioneer in difficult contexts. Whether or not you survive and succeed, will also depend on solid training, both theologically and practically.
- How do you deal with conflict, with opponents who staunchly defend their traditional view of the church? Or with conflict within the missional teams? Which procedures do you have when mixed economy turns to a case of dog eat dog?
- And what about sheer exhaustion, when it becomes difficult, when missionaries are not being welcomed or when personal investment leads to complete exhaustion?
- And how do you deal with success as your worst enemy? What happens when *everybody* talks of fresh expressions and

> *everything* in the church is labelled with this fancy hot tag? What if this quality of missional, contextual, formational and ecclesial expressions thins out?

Well, I hope I paid enough tribute to the academic tradition. Because, at the end of my response I need to ask this one little question which to this day nobody could answer. What is the difference between Germany and England?
In our church tradition we confess that it is completely sufficient to be in agreement about word and sacrament. As Lutherans, we believe that all church ceremonies are seasonal and that all church structures have to be functional; and when they do no longer fit their purpose, well: bye-bye structure, bye-bye ceremony. In 2006, the EKD reminded us of this protestant freedom. "Church of freedom" was the title of a church reform paper. The authors made four key suggestions concerning the future of the church; one of them was related to church structures. Don't forget: Church structures are not holy. They are functional. Go and change them, if necessary!
O.k., we know: We are not that quick on the trigger. But it taxes my patience that we do not really come forth with fresh expressions of church. Only few churches encourage teams to start fresh expressions. Many local churches are reluctant and tend to conserve only traditional ways of being church. Pastors defend neck and crop of the traditional Trias: parish church, local priest and traditional worship service. And the sanity of the church seems to depend crucially on this "trinity". When groups of Christians start a fresh expression, with or without the permission of church authorities they have a hard time to collect money to support their endeavour. No matter how much they sacrifice, the policy makers in our churches will in most cases not reward their courage, passion and perseverance. We travel to the United Kingdom, we come home to Europe and we praise what we have discovered. But little action follows. I would love to understand why we do not resolutely adopt the missional strategy of British churches and start fresh expressions, which are missional, contextual, formational and ecclesial.

Neue kirchliche Sozialformen und religiöse Entrepreneure
Eine Skizze*

Gerhard Wegner

Nicht erst die 5. Mitgliedschaftsuntersuchung der Evangelischen Kirche in Deutschland (KMU V) hat bestätigt, dass sich die bestehenden Formen religiöser Kommunikation in den volkskirchlichen Strukturen nicht mehr bruchlos reproduzieren. Der Rückgang religiöser Erziehung und religiöser Sozialisation ist schon länger mit Händen zu greifen. Aber auch die generelle Plausibilität von Religion in der Gesellschaft ist durchaus eingeschränkter geworden – insbesondere im Osten Deutschlands finden sich in dieser Hinsicht geradezu prekäre Situationen. In einer weltweiten Perspektive erscheint die religiöse Lage in Mittel-, West- und Nordeuropa als durchaus einmalig, auch wenn sich mittlerweile in den USA ähnliche Trends mit einer deutlichen Zunahme konfessionsloser Menschen abzeichnen.

Eine wichtige Frage ist an dieser Stelle, ob diese Situation auf einen generellen, säkularen Rückgang von religiösem Interesse überhaupt zurückzuführen ist oder ob sie nicht vielmehr mit überholten, nicht mehr angemessenen kirchlichen Sozialformen zu tun hat. Dabei müssen beide Fragestellungen durchaus nicht alternativ diskutiert werden. Es kann auch durchaus so sein, dass die bestehenden kirchlichen Sozialformen zwar zu einem Rückgang beitragen, neue Sozialformen aber den insgesamt säkularen Rückgang auch nicht völlig auffangen, aber dennoch zu seiner Verlangsamung oder zumindest zur Bildung spezifischer kirchlich religiöser Inseln führen können. Und in der Tat gibt es eine Reihe von Hinweisen darauf, dass sich spezifisch selbst organisierte und charismatisch (im weitesten Sinne) inspirierte kirchliche Organisationsformen besser bewähren als die herkömmlichen parochialen. Gleichwohl können sie aber regional vor Ort eine große Bedeutung haben und sehr anziehend auf das volkskirchliche und gesamtgesellschaftliche Publikum wirken. Und ob dann damit der Gesamttrend gewendet werden kann, kann im wahrsten Sinne des Wortes „getrost“ offen bleiben.

---

* Dieser Text nimmt einige Gedanken wieder auf, die ich auch an anderer Stelle entwickelt habe, so z. B. in Wegner, Gerhard: Religiöse Kommunikation und Kirchenbindung. Ende des liberalen Paradigmas?, Leipzig 2014 u. ö., insbesondere S. 121 ff. Nach wie vor geht es allerdings um begründete Vermutungen, nicht um evident nachgewiesene Zusammenhänge. Deswegen: eine Skizze.

Auf die Suche nach solchen Formen begeben sich die folgenden Überlegungen, die allerdings in gewisser Hinsicht formal bleiben. Es geht mir hier nicht darum, Beispiele zu präsentieren, sondern darum, pragmatisch nach Strukturen und Gelegenheiten innerhalb der bestehenden kirchlichen Sozialformen zu fragen, die möglicherweise so etwas wie religiöse Kreativität freisetzen können. Das Forschungsinteresse richtet sich mithin auf den Topos religiöse Kreativität, worauf zu Anfang kurz fokussiert wird. Meine Frage ist: Wie lässt sich unter den bestehenden Bedingungen volkskirchlicher Organisation mit ihrem staatskirchlichen Erbe religiöse Kreativität freisetzen? Ist dies überhaupt möglich?
Dabei wird eine bewusst empirisch-soziologische, organisationspraktische Sicht eingeschlagen und die theologische Dimension ein ganzes Stück weit außen vor gelassen. Dass Gott immer wieder eine Kirche wecken wird und sich die Christenmenschen in dieser Perspektive keinerlei Sorge um die Zukunft der Kirche machen müssen, wird in all diesen Überlegungen vorausgesetzt. Meine implizite Frage ist, wie das kirchliche Handeln sozusagen am besten der Dynamik Gottes Platz machen – oder besser: lassen – kann. Bei all dem, was über die Angemessenheit von organisatorischen Formen gesagt wird, bleibt deswegen grundlegend, dass kirchliche Organisationsformen im Kern im Sinne einer „passiven Organisation“ funktionieren müssen, d. h., sie dienen stets nur dazu, Möglichkeiten des Zeugnisses für Gottes Wirken in dieser Welt bereitzustellen und Raum für sein Wirken eben sozusagen offenzulassen. Sie funktionieren dann am besten, wenn sie einen Hinweischarakter auf sein Tun und Handeln in dieser Welt, auf das Evangelium aufweisen. Sie funktionieren dann schlecht, wenn sie sich selbst vor Gottes Handeln schieben und den Blick auf ihn verdunkeln. Meine Vermutung ist, dass gegenwärtige kirchliche Struk-turen heute nicht selten genau in dieser Hinsicht funktionieren und andere Formen einer größeren Selbstorganisationen der Christen besser, d. h. mit plausiblerem Zeugnischarakter, funktionieren könnten.

I. Forschungsinteressen: Kreativität und Religion

Zu Beginn der Erörterung sei kurz und sehr bruchstückhaft auf den Kontext der Überlegungen hingewiesen. Wie gesagt, besteht er in dem Versuch einer Verhältnisbestimmung zwischen Kreativität und Religion. Dabei ist die Überlegung leitend, dass auch religiöse Kommunikation und religiöses Handeln als kreatives Handeln verstanden werden kann. Im Sinne von Hans Joas kann dieses Handeln als eines verstanden werden, das nicht einfach aus vorfindlichen Dispositionen und Strukturen abgeleitet werden kann, sondern sich in diesen Strukturen erst ergibt, in spezifischer Weise also „emergiert“: „Die Aufmerksamkeit gilt einem kollektiven Handeln, das nicht aus vorfindbaren psychischen Dispositionen oder gesellschaftlichen Problemlagen abgeleitet werden kann, sondern in dessen Verlauf sich die Akteure selbst erst zu dem bilden, was sie für die Bewegung darstellen.“ [2] Würde man diesen Gedanken theologisch formulieren, so könnte man hier von Epiphanie oder einem Wirken des Heiligen Geistes sprechen. Es geht also mithin um eine neue Erfahrung, die religiöse Akteure dann machen, wenn sie sich selbst in Bewegung setzen und neue Sichtweisen und Zugänge entwickeln wollen – in diesem Sinne zu einer „Bewegung“ werden.

Dieses Neue steht dabei nicht von vornherein fest; es ist nicht im falsch verstandenen missionarischen Sinne irgendetwas, was man sozusagen von einer Situation in die andere trägt und das dabei fest und statisch bleibt. Es geht tatsächlich um etwas Neues; es sind ganz neue Begegnungen, es sind andere Erfahrungen als bisher, die sich in der konkreten Begegnung entwickeln und eben schlicht „ergeben“. Dass so etwas geschieht, setzt eine Offenheit für die Situation voraus. Wo immer schon gewusst wird, welche Gestalt die Kirche oder der christliche Glaube in spezifischen Situationen annehmen wird und wo er in dem Habitus der Beteiligten schon fest eingeschweißt ist, wird es zu einem solchen kreativen Handeln nicht kommen. Wo aber eben eine solche Offenheit besteht und das Evangelium im gemeinsam neu gestalteten Prozess zur Entfaltung kommt, kann es durchaus zu solchen Erneuerungsprozessen kommen. Dann verwandeln sich die Beteiligten unter dem Eindruck dieser neuen Erfahrungen.

Damit solche Prozesse entstehen, scheint etwas von großer Bedeutung zu sein, was von Hans Joas als „Ergriffensein“ beschrieben wird. Hans Joas hat diese Kategorie im Zusammenhang seiner Werttheorie entwickelt: „Wertbindungen entstehen offensichtlich nicht aus bewussten Intentionen, und doch erleben wir das ‚Ich kann nicht anders.‘ einer starken Wertbindung nicht als Einschränkung, sondern als höchsten Ausdruck unserer Freiwilligkeit.“[3] Das bedeutet: Das Engagement, das sich entfaltet, indem sich Menschen auf einen neuen Weg machen, entsteht nicht einfach so aus Lust und Laune heraus. Menschen brechen nur dann auf, wenn sie hierfür eine starke Motivation bzw. ein Interesse haben. Und dieses erwächst gerade bei religiös geprägten Menschen auch nicht einfach aus einer Wahl, die jemand trifft, sondern aus dem Gefühl, zu einem spezifischen Handeln „berufen“ zu sein, nicht anders zu können, als sich genau sich in diese Richtung zu bewegen. Eben dies betrachtet Hans Joas als Wertbindungen. In ihnen stellt das Gefühl, etwas tun zu müssen, nicht eine Einschränkung, sondern eben den höchsten Ausdruck unserer Freiheit dar: Es ist kein Zwang, dass Christen zurzeit den vielen Flüchtlingen in Deutschland helfen, sondern vielmehr eine Selbstverständlichkeit aus ihrem Glauben. Der Glaube an

---

[2] Joas, Hans: Die Kreativität des Handelns, Frankfurt a. M. 1996, 304.
[3] Joas, Hans: Die Entstehung der Werte, Frankfurt a. M. 1997, 16.

Christus, der jemanden dazu treibt, sich zu Menschen hinzubegeben und mit ihnen gemeinsam etwas aufzubauen, ist dann höchster Ausdruck meiner Freiheit und meiner Liebe und nicht etwas, das als ein Zwang auf mir liegt.

Die Folge von entsprechenden kreativen Prozessen ist, dass das, was sich ergibt, die Beteiligten immer wieder überrascht. Hans Joas demonstriert diesen Aspekt vor allem an künstlerischer Kreativität, die in ihrer Selbstreflektion den Überraschungseffekt ihres Selbstausdrucks besonders betont: „Der sich ausdrückende Mensch wird selbst [...] von seinem Ausdruck immer wieder überrascht, und findet den Zugang zu seinem ‚Innenleben' erst durch eine Reflexion auf das eigene Ausdrucksgeschehen"; was hier geschieht, sei „die aktivistische Entfaltung eines individuell einmaligen Wesenskerns"[4] – so jedenfalls erlebt es der Künstler. Er erfährt, dass etwas Neues in die Welt kommt, sich ein einmaliger Schöpfungsprozess vollzieht, der etwas mit ihm selbst und mit der Entfaltung seines Selbst zu tun hat, aber beileibe nicht nur durch bewusste Steuerung seines Selbst entstanden ist. Es ist etwas passiert, das mit mir selbst zu tun hat und aus mir selbst kommt, aber keinesfalls nur durch mich alleine in die Welt gesetzt ist. Genau dies wäre ein kreativer Prozess. Man kann leicht erkennen, wie diese Beschreibung auch religiösen Erfahrungen und ebensolchen Bildungsprozessen entspricht.

Hartmut Rosa hat entsprechende Prozesse in seiner Rezension zu Charles Taylors Buch „Ein säkulares Zeitalter" sehr pointiert auf den Punkt gebracht. Er betont, wie stark in religiöser Kommunikation die Aspekte der Transformation und der Transzendenz greifen. „Gleichsam als Quellen starker Wertungen fungieren für den Gläubigen die Horizonte der Transformation und der Transzendenz [...]. Nicht die Verwirklichung des Profanen, Fleischlichen selbst [...] ist das Ziel, sondern, wenn nicht dessen Überwindung, so doch dessen Überhöhung zu einer größeren oder tieferen Ganzheit. Die Transzendenzidee [...] führt in den moralischen Horizont der Akteure eine Wertquelle jenseits des menschlichen Wohlergehens ein: Gut und schlecht finden so eine [...] ideelle Validierung unabhängig vom [...] Subjekt."[5] Rosa bringt mit dieser Formulierung sehr schön die Funktionsweise religiöser Kommunikation und religiöser Prozesse zum Ausdruck. Tatsächlich führt die Erfahrung der Transzendenz, die Erfahrung Gottes, eine Wertquelle jenseits jedes menschlichen Wohlergehens in das menschliche Handeln ein, und auf diese Weise erfahren sich Menschen als verankert und getragen, unabhängig von dem konkreten Zustand der Situation, in der sie leben. Daraus mag dann der Antrieb zur Überwin-

4 Joas: Die Kreativität des Handelns, 115 und 121.

5 Rosa, Hartmut: Poröses und abgepuffertes Selbst. Charles Taylors Religionsgeschichte als Soziologe der Weltbeziehung, in: Soziologische Revue 35. Jg., 2012, 3-11, hier 5.

dung dieser Situation, aber höchstwahrscheinlich noch mehr zu deren Überhöhung, zu einer größeren und tieferen Ganzheit, wie Rosa schreibt, erwachsen. Dies wäre der Kern eines religiös kreativen Prozesses, der, so auch bei Charles Taylor formuliert, nicht durch Aktivität allein zustande kommt, sondern durch die Erfahrung der Einbettung dieser, meiner Aktivität, in einen größeren getragenen Kontext, der letztendlich meine Aktivität motiviert, begründet und überhaupt erst ermöglicht. Christenmenschen würden hier dann von der Beauftragung oder Bevollmächtigung durch Gott oder auch von der Begegnung mit Jesus Christus reden.
So weit diese Bemerkungen zum Kontext der folgenden Überlegungen. Nun aber konkreter zur Suche nach neuen Sozialgestalten des Glaubens. Wie stellt sich die Situation in größeren sozialwissenschaftlichen Studien dar?

II. Zur 5. Kirchenmitgliedschaftsuntersuchung

Die 5. KMU hat sich besonders auf die Frage nach religiöser Kommunikation fokussiert.[6] Dabei stellte sich zur Enttäuschung der beteiligten Forscher heraus, dass sich religiöse Kommunikation überwiegend im privaten Bereich mit ein oder zwei Personen vollzieht, was fragen lässt: Ist religiöse Kommunikation unter zwei oder drei Teilnehmenden im überwiegend privaten, persönlichen Bereich eigentlich eine Sozialform des Religiösen oder ist das der Abschied von einer Sozialform des Religiösen? Und wenn diese religiöse Kommunikation öffentlich wird, dann spielt sie sich vorwiegend in Kommunikation vor Ort ab, d. h., fast immer im kirchlichen Kontext. Die Frequenz religiöser Kommunikation außerhalb von Kirche ist jedenfalls relativ gering. Man kann in der KMU sogar fast eine Identität zwischen kirchlicher und religiöser Kommunikation feststellen. Jedenfalls war diese Identifizierung sehr viel stärker, als viele das erwartet hatten. Enttäuschend war weiter die Frequenz dieser Kommunikation: 2012 sagten 56 % der Kirchenmitglieder, dass sie nie über Religion sprächen, aber immerhin 44 % mindestens selten. Zieht man allerdings die Kategorie „selten" raus, sind es nur 22 % der Kirchenmitglieder, die über religiöse Themen miteinander kommu-nizieren. Die Situation wird noch drastischer, wenn man diese Zahlen mit ähnlich erhobenen Daten aus der ersten KMU 1972 ver-gleicht. Damals sagten nur 29 %, dass sie nie über Religion sprächen, aber 71 % mindestens selten.[7] Mithin

---

[6] Vgl. EKD: Engagement und Indifferenz. Kirchenmitgliedschaft als soziale Praxis. V. EKD Erhebung über Kirchenmitgliedschaft, Hannover 2014, 24 ff. Ein größerer Auswertungsband erscheint im Herbst 2015.

[7] Hild, Helmut (Hg.): Wie stabil ist die Kirche? Bestand und Erneuerung, Gelnhausen und Berlin 1974, 75ff.

hat sich hier innerhalb von 40 Jahren eine Halbierung des tatsächlichen Sprechens über Religion, d. h., wenn man es so deuten will, der aktiven Sprachfähigkeit in Religion, voll-zogen.

An diesen sehr nüchternen Ergebnissen ist immer wieder kritisiert worden, dass hier Religion durch den Aspekt der verbalen Kommunikation und der thematischen Zentrierung unzulässig kognitiv verengt worden sei. Und es ist in der Tat sehr wahrscheinlich, dass man bei der Frage nach religiösen Gefühlen oder auch nach religiöser Selbstreflexion, d. h. nach inneren, individuellen religiösen Selbstgesprächen, sehr viel mehr an Ergebnissen hätte gewinnen können. Allerdings bleibt gerade im Blick auf sozialgestaltende kreative Prozesse die Dimension der verbalen Kommunikation im System der Religion bzw. auch über religiöse Themen von ganz großer Bedeutung. Damit sich neue Sozialformen ergeben können, ist die verbale Kommunikation schlichtweg nicht zu ersetzen. Und insofern spielt das in der KMU erfasste Phänomen des Rückgangs dieser verbalen Kommunikation schon eine Rolle. Von Bedeutung ist in dieser Hinsicht dann eben auch die Kopplung dieser verbalen religiösen Kommunikation an das System Kirche und damit an gegenwärtige Sozialgestalten religiöser Kommunikation; mithin zumindest die Möglichkeit, dass die gegenwärtigen Sozialgestalten für eine Freisetzung religiöser Kommunikation vielleicht nicht gut genug funktionieren. Diese Vermutung lässt sich letztendlich nicht wirklich belegen, sie kann aber als eine Hypothese im Hinterkopf bleiben.

In der KMU wurde darüber hinaus noch einmal bestätigt, dass sich, was die tatsächliche Sozialgestalt von Religion anbetrifft, die Evangelischen nach wie vor im hohen Maße ihrer Kirchengemeinde verbunden fühlen: 44 % der Kirchenmitglieder fühlen sich ihr „sehr" und „ziemlich" verbunden und „etwas" dazu noch 24 %. Diese Zahlen entsprechen ziemlich genau auch der Verbundenheit mit der Evangelischen Kirche insgesamt, ja die Zahl der „sehr" verbundenen Mitglieder ist bei der Kirchengemeinde sogar insgesamt noch höher. Diese Zahlen waren ebenfalls insofern überraschend, als sich hier die Vermutung der Existenz einer sehr großen Gruppe Evangelischer, die sich zwar der Kirche, aber nicht ihrer Kirchengemeinde verbunden fühlen würden, so nicht bestätigt hat. Hinter dieser Vermutung steckt ein schon älteres Vorurteil gegenüber den Kirchengemeinden, diese als sozial randständig, überaltert, milieuverengt usw. vermeintlich abstempeln zu können. Diese Zahlen zeigen nun aber sehr deutlich, dass es hierzu keinen Grund gibt. Die überwiegende Sozialgestalt des christlichen Glaubens stellt nach wie vor die lokale Assoziation der Kirchenmitglieder dar. Die Verbundenheitsquoten gegenüber übergemeindlichen Diensten oder anderen Formen sind deutlich geringer.

Dies ist kein Argument gegen die Feststellung, dass es neue Sozialformen des Religiösen auch im „übergemeindlichen" Bereich gibt und dass sich dort möglicherweise auch neue Gemeindeformen heranbilden, aber es betont die – sozusagen – empirische Grundlast, die mit der Existenz des parochialen Systems in Deutschland gegeben ist. In dieses System fließen nach wie vor mit Abstand am meisten Ressourcen der Kirche (bis zu 70 % in den Landeskirchen). Es wäre deswegen auch wundersam, wenn sich die große Aufmerksamkeit und das Bindungsinteresse der Kirchenmitglieder nicht genau auf diese Ebene richten würden. Fragt man also nach neuen Sozialgestalten des Religiösen, so wird man nicht darum herumkommen, zunächst einmal auf dieser Ebene der Kirchengemeinde zu suchen, weil sich dort die mit Abstand meisten Evangelischen tummeln und insofern sich dort neues Interesse entwickeln könnte.

III. Studien zur Kirchengemeinde

Genau dies hat das Sozialwissenschaftliche Institut der EKD mit seiner Studie über Kirchengemeinden (1. Kirchengemeindebarometer[8]) getan. Diese Studie unternimmt (seit 50 Jahren zum ersten Mal wieder) den Versuch einer repräsentativen Erhebung aller Kirchengemeinden in Deutschland und analysiert sie vor einer spezifischen Konstruktion von Kirchengemeinde, die zwischen Organisation, Gemeinschaft und Markt changiert und nach spezifischen Inhalten der kirchengemeindlichen Arbeit zwischen religiös, sozial und kulturell differenziert. Das Modell erlaubt eine differenzierte Beschreibung der Kirchengemeinden und wird in Zukunft auch einen Vergleich in der zeitlichen Abfolge verschiedener Erhebungsstufen und Entwicklungstendenzen aufzeigen können.
Wenn man nun die Gesamterhebung zusammenfast und fragt, welche Gemeinden sich selbst als positiv und welche sich als weniger positiv einstufen, dann entsteht folgendes Ergebnis: Etwa 23 % der Gemeinden sehen ihre Entwicklung sehr positiv, weitere 33 % empfinden sie befriedigend. Gut 31 % sind zwar jetzt zufrieden, aber mit skeptischem Blick auf die Zukunft und etwa 14 % aller befragten Gemeinden sehen kein Licht mehr am Ende des Tunnels. Dabei handelt es sich bei den eher depressiven Gemeinden weitgehend um solche in ländlichen Situationen, die vom demografischen Wandel besonders gebeutelt sind. Bei den Gemeinden mit positiven Aussichten kommen oft Gemeinden in den Blick, die in privilegierten Situationen am Rande der Großstädte oder in Kleinstädten angesiedelt sind und von daher gute Möglichkeiten haben, auf ehrenamtliche und interessierte Mitglieder zurückzu-

[8] Rebenstorf, Hilke / Ahrens, Petra-Angela / Wegner, Gerhard: Potenziale vor Ort. Erstes Kirchengemeindebarometer, Leipzig 2015. Es wurden Kirchenvorsteherinnen und Kirchenvorsteher sowie Pfarrerinnen und Pfarrer befragt. Eine Befragung von Gemeinden insgesamt wäre zwar wünschenswert, wäre gleichwohl jedoch erheblich aufwändiger.

greifen, die aber darüber hinaus auch großen Wert darauf legen, auf ihre eigene Kraft zu setzen, sich nicht von Kirchenleitungsentscheidungen zu stark abhängig zu machen, und die dann – und dies scheint entscheidend zu sein – sich vor allem selbst gut organisieren. Die auf der nächsten Seite folgende Grafik[9] mit den zehn Typen von Gemeinden, in der wir unsere Ergebnisse noch einmal zusammengezogen haben, zeigt in großer Eindeutigkeit: Den Gemeinden, die in einem überdurchschnittlichen Maßstab moderne Managementmethoden anwenden, die sich Ziele setzen und diese evaluieren und sich ihre Arbeit entsprechend einteilen, geht es erkennbar besser als den anderen.

Auf einen Begriff gebracht: Diese „erfolgreichen“ Gemeinden wollen etwas und das scheint entscheidend zu sein. Wer in den Kirchengemeinden sozusagen nur vor sich hin werkelt und meint, er könnte im klassischen parochialen, staatskirchlichen Stil den vorhanden religiösen Bedarf verwalten und religiöse Erwartungen befriedigen, der wird nicht weit kommen. Erfolgreiche Gemeindearbeit hat, so kann man das vielleicht zusammenfassen, aber auch etwas überinterpretieren, damit zu tun, dass man sich in einer marktlichen, durchaus wettbewerbsgeprägten Umwelt mit anderen Anbietern empfindet und in dieser Situation um die Menschen wirbt, ihnen einen Weg zur Kirche und zum Glauben bewusst aufzuzeigen versucht.
Diese Gemeinden sind zu einem gewissen Teil in einem klassischen Sinn missionarisch aufgestellt, aber zu einem großen Teil auch sozial und kulturell profiliert. Die Begeisterungsfähigkeit der Kirchenmitglieder erstreckt sich offensichtlich in durchaus verschiedene Formen und Inhalte kirchlich religiöser Kommunikation. Deutlich wird in dieser Befragung auch, dass das eigentlich religiöse Engagement zwar immer irgendwie dabei ist, aber nicht immer im Vorder- und Mittelpunkt der Bestrebungen liegen muss. Das Neue, das entsteht, kann sich auch durchaus im Bereich des sozialen Engagements oder kultureller Aktivitäten bewegen. Es bleibt allerdings im Rahmen von Kirche angesiedelt und bietet in dieser Hinsicht Chancen, den Weg zu neuen kirchlichen Sozialformen zu bahnen. Dazu können aber auch Tafeln oder Schularbeitenhilfe für sozial benachteiligte Kinder ebenso gehören wie die Einrichtung neuer Gesprächskreise oder begeisternder Gottesdienste.

---

[9] Rebenstorf/Ahrens/Wegner: Potenziale vor Ort, 174.

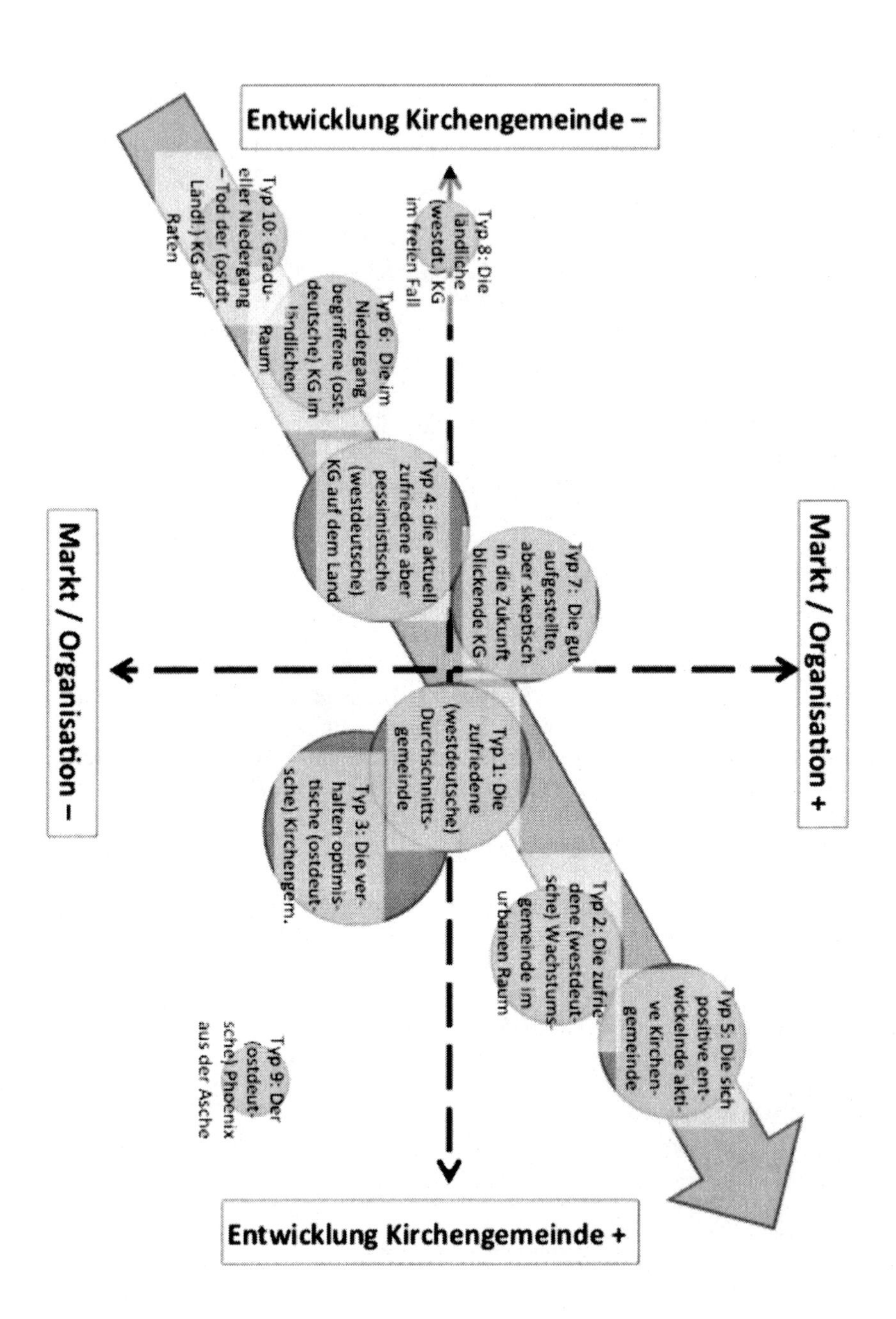

Erfolgreiche Gemeinden nach „Potentiale vor Ort“ (siehe Anm. 8)

IV. Entdeckungskontext: „Religiöse Entrepreneure"

Nun kann man der Frage, wie erfolgreiche Kirchengemeinden funktionieren, im Interesse der Suche nach neuen kirchlichen Sozialformen noch weiter nachgehen, indem man nach den Quellprozessen entsprechender Erneuerungen in Kirchengemeinden fragt. Solch eine Suche kann sich auf die bestehenden Kirchengemeindestudien stützen, so z. B. auf die Studie „Wachsen gegen den Trend. Analysen von Gemeinden, in denen es aufwärts geht"[10], aber auch: „Wie Kirchengemeinden Ausstrahlung gewinnen"[11], woran das Sozialwissenschaftliche Institut der EKD beteiligt war. Nicht zuletzt bietet hierzu auch die Studie des Sozialwissenschaftlichen Instituts „Mutig mittendrin: Gemeinwesendiakonie in Deutschland"[12] von Martin Horstmann und Elke Neuhausen erhebliches Material. Hier wird mal mehr, mal weniger intensiv danach gefragt, wie denn kirchliche Innovationen in Kirchengemeinden tatsächlich zustande kommen.

Deutlich wird immer wieder, dass solche Prozesse nicht durch gesamtkirchliche Vorgaben, durch spezifische Förderprogramme oder auch durch Sozialanalysen in den Kirchengemeinden starten – höchstens können sie von solchen Prozessen unterstützt werden –, sondern: Im Zentrum von kirchlichen Innovationen steht eine Art von Entrepreneurlogik. Im Quellgrund stehen Personen, die erfindungsreich, bissig und kreativ sind. Dabei kann es sich um Einzelne, es kann sich um Pastorinnen und Pastoren, aber auch um andere, zum Teil um kleinere Gruppen handeln. Äußerst selten wird es aber um größere Gruppen oder um ganze Bewegungen gehen. Vielfach sind es Einzelne, die sich hier engagieren und die dieses Engagement als etwas beschreiben, wozu sie sich selbst als angetrieben empfinden. Diese Personen lassen sich als Ergriffene oder als „Burning Persons" bezeichnen. Sie weisen spezifische sozialpsychologische Charakteristika auf, die einen Unterschied ausmachen. Es sind nicht selten eher expressiv eingestellte Personen, die zum Teil durchaus aggressiv nach außen in die Öffentlichkeit hinein operieren, die jedenfalls nicht regressiv in sich selbst hinein horchen.

Diese Struktur, die sich gar nicht selten identifizieren lässt, lässt sich als eine Art charismatischer Aktivierung in den Kirchengemeinden beschreiben. Das bedeutet, die Aktivitäten kommen nicht primär aus der Befriedigung bereits bestehender Bedürfnislagen zustande, sondern durch das Auftreten spezifischer Personen und den Beginn aktivieren-

---

[10] Härle, Wilfried u. a.: Wachsen gegen den Trend. Analysen von Gemeinden mit denen es aufwärts geht, Leipzig 2012.

[11] Elhaus, Philipp / Wöhrmann, Matthias (Hg.): Wie Kirchengemeinden Ausstrahlung gewinnen. Zwölf Erfolgsmodelle, Göttingen 2012.

[12] Horstmann, Martin / Neuhausen, Elke: Mutig mittendrin. Gemeinwesendiakonie in Deutschland, Berlin 2010.

der Prozesse werden Bedürfnisse überhaupt erst geweckt und es bilden sich Gruppen, die bereit sind, sich um neue Ideen und eine neue Wirklichkeitsgestaltung herum zu engagieren. Charismatische Personen unterscheiden sich deutlich von eher verwaltenden Personen. Sie bilden auch spezifische Herrschaftsformen aus, die sich von denen bürokratischer Herrschaft deutlich unterscheiden. Auch ist es nicht selten, dass bestehende demokratische Strukturen durchaus an die Grenze ihrer Tragfähigkeit geraten und es zu Konflikten kommt, die noch einmal zur Profilierung der entsprechenden charismatischen Aktivierung beitragen können, aber auch durchaus zu Spaltungen und Friktionen führen.
Wenn solche Spaltungen und Friktionen zu heftig werden, kann dies ein entsprechendes Projekt auch bedrohen und schließlich auch wieder zerschlagen. Aber Innovationen, die neue Strukturen schaffen, sind auch schwer denkbar, ohne dass alte Strukturen unter ihnen leiden. Unternehmerisches Handeln wird in seiner klassischen Form von Josef Schumpeter als „kreative Zerstörung" begriffen, d. h. als eine Form eines entschlossenen Handelns, das bestehende Zusammenhänge aufsprengt, um neue Zusammenhänge zu stiften und auf diese Weise einen Produktivitätsgewinn zu erzielen. In ähnlicher Weise gilt dies auch für charismatische Aktivierungsformen.
Damit ist natürlich längst nicht alles über solche Formen gesagt. Hier steht weitaus mehr Forschung an. Deutlich ist jedoch, dass im Mittelpunkt solcher Formen gerade Sozialcharaktere stehen, die nicht unbedingt als die sozial verträglichsten und integrativsten Typen gelten und damit in den bestehenden konsens- und kooperationsorientierten volkskirchlichen Formen auch mit großer Wahrscheinlichkeit eher an den Rand gedrängt werden. Nicht selten kommt es denn hier auch zu Konflikten, wo entsprechende Aktivierungsformen aus der Sicht der Kirchenleitungen sozusagen nur noch negativ einzuordnen sind und dann entsprechende Verfahren folgen.

V. Fallstudie: „Pastorale Pathologien" als Quellgrund von Kreativität?

Die nächste Frage ist nun, ob sich unter den Pastoren und Pastorinnen, die es zurzeit in den Landeskirchen in Deutschland gibt, eine größere Zahl solcher „Burning Persons" findet. Wenn dies der Fall ist, wäre dies ein Hoffnungszeichen dafür, dass es durchaus innovative Ressourcen innerhalb der bestehenden Gemeindestrukturen gibt und sich insofern bei einer weiteren Freisetzung dieses Potenzials auch Erneuerungsprozesse ausbreiten könnten.
Einer Antwort auf diese Frage kann man dadurch näherkommen, dass man die bestehenden Pastoren und Pastorinnenbefragungen entsprechend auswertet. Solche Studien über Pastoren und Pastorinnen existieren von den Evangelischen Kirchen von Hessen und Nassau, Kurhes-

sen-Waldeck, Hannover, Braunschweig[13] und den Vorgängerkirchen der jetzigen Evangelisch-Lutherischen Kirche in Norddeutschland (Pommern, Mecklenburg, Nordelbien). Die Studie „Pastor und Pastorin im Norden – Fragen, Antworten, Perspektiven“[14] ist besonders reichhaltig und bietet brilliantes Anschauungsmaterial, um dieser Frage nachzugehen. Analysiert man diese Studien, dann fällt sofort eine Art „Strukturpathologie“ des Pastorenberufs auf: Pasto-rinnen und Pastoren weisen eine hohe Berufszufriedenheit auf, die aber zugleich mit einem hohen Leidensdruck verbunden ist. Es ist nicht ganz deutlich, ob diese widersprüchliche Kombination spezifisch ist für den Pastorenberuf – sie wird sich ähnlich auch in pädagogischen und sozialpädagogischen Berufen finden – sie beschreibt jedoch ein spezifisches Syndrom, das sich trefflich in dem Satz zusammenfassen lässt: Pastoren verstehen sich als lustvoll überfordert. Sie erleben sich als beständig angefragt, leiden auch darunter, nehmen dies aber dennoch mit Lust hin. Es fragt sich, wie eine solche Situation psychologisch erträglich ist, und es fragt sich auch, ob nicht genau hier religiöse Ressourcen von ganz großer Bedeutung sind.
Fragt man nun näher, wie sich diese berufliche Strukturpathologie weiter aufschlüsseln lässt, so bietet sich eine Analyse in sechs Schritten[15] an.

1. Schritt
Zunächst einmal wird in den bestehenden Analysen immer wieder deutlich, dass die Selbstkonzepte von Pastoren wenig strukturiert bzw. fokussiert sind. Pastoren und Pastorinnen bezeichnen sich gerne als Seelsorger, als Verkündiger, als Begleiter, was allesamt eher diffuse und unpräzise Selbstkonzepte sind. Ihnen angesonnene Konzepte des bewussten Leitens oder gar eines Managerhandelns werden fast immer stark und ausgesprochen deutlich abgelehnt. Das bedeutet, dass eine moderne Organisationsausrichtung eher unbeliebt ist.

2. Schritt
Diese bemerkenswert deutliche Distanz zu modernen Organisationsmethoden zeigt sich u. a. daran:

- Das Setzen von Zielen und Evaluationen werden eher abgelehnt.
- Eine stärkere Leitung „von oben“ wird besonders stark abgelehnt.

---

[13] Vgl. neu Schendel, Günther: Arbeitsbelastung und Gestaltungsräume. Befragung der Pfarrerinnen und Pfarrer in der ev.-luth. Landeskirche in Braunschweig, Hannover 2014 (SI-Text).
[14] Nethöfel, Wolfgang / Magaard, Gothard (Hg.): Pastor und Pastorin im Norden. Fragen – Antworten – Perspektiven. Ein Arbeitsbuch zur Befragung der Pastoren und Pastorinnen der Ev.-Luth. Kirche Mecklenburgs, der Nordelbischen ev. luth. Kirche und der Pommerschen Ev. Kirche, Berlin 2011.
[15] Diese sechs Schritte können hier nur sehr knapp entwickelt werden.

- Es findet sich eine starke Kritik an Kirchenleitungen, insbesondere den jeweiligen Landeskirchenämtern (meist aber exklusiv der Bischöfe und insbesondere der Bischöfinnen, die wesentlich besser beurteilt werden).

Die Pastoren und Pastorinnen betonen so ihre eigene Autonomie auf Kosten der Gesamtorganisation der Kirche, aber auch der eigenen Organisationsfähigkeit bzw. einer entsprechenden Selbstleitung, z. B. durch eigenes Setzen von Zielen.

3. Schritt
Diese in sich bereits komplexe Situation wird nun noch dadurch gesteigert, dass es die betreffenden Personen oft ablehnen, die Erwartungen anderer, besonders von außerhalb der Kirche, aber auch aus der eigenen Gemeinde, zu erfüllen. Betont wird ein hohes Maß an Autonomiebewusstsein, besonders deutlich gegen Ansprüche moderner Ökonomie. Der eigene Erfolg wird primär selbstbezüglich über die eigene Zufriedenheit und über die Resonanz interagierender Gruppen gemessen.
Ein kleiner Exkurs: Interessant ist an dieser Stelle, dass die Stresserfahrung und das Entstehen von Burn-Out-Phänomenen stark mit der gestiegenen Arbeitsbelastung, aber dann an zweiter Stelle auch mit der Zunahme von Erwartungen aus der eigenen Gemeinde begründet wird. Die für die Kirche insgesamt so entscheidenden Phänomene, wie die Überalterung der Gemeinde, die Reduktion von Teilnehmerzahlen oder der allgemeine Geltungsverlust der Kirche in der Öffentlichkeit, spielen in dieser Hinsicht eine sehr viel geringere Rolle. Es ist nicht ganz deutlich, was genau hinter dieser Einschätzung steckt, es scheint aber so zu sein, dass Stresssituationen vor allen Dingen mit Defiziten in der eigenen Organisationsfähigkeit im Hinblick auf die bestehenden Erwartungen zu tun haben – viel weniger mit der Bewältigung des allgemeinen religiösen und kirchlichen Niedergangs. Es könnte auch sein, dass die Erwartungen der Kirchenmitglieder mittlerweile dermaßen gesteigert sind, dass Pastoren trotz aller Professionalität sie kaum noch erfüllen können. Wie dem auch im Einzelnen sei: Die Tatsache, dass Pastorinnen und Pastoren ein Problem im Umgang mit Erwartungen haben – die ja doch eigentlich etwas Positives sind! –, irritiert und unterstreicht die Diagnose einer strukturellen Pathologie. Es scheint so zu sein, dass sehr viel gearbeitet wird, aber dieses Arbeiten irgendwie seltsam diffus verbleibt.

4. Schritt
Pastoren und Pastorinnen sind in einer Authentizitätsfalle gefangen: Vieles, was geschieht, wird von ihnen als durch sie selbst bedingt erlebt. So gut wie nichts kann deswegen auf die Organisation zurückgeführt werden, und Organisationsdefizite führen nicht zu einer

Verbesserung der Organisation, sondern zu mehr persönlichem Engagement. Das eigene Handeln wird als entscheidend für alles angesehen. Gerade gesamtkirchliche Organisation – die landeskirchliche Verwaltung - erscheint eher als Einschränkung ihrer Tätigkeit denn als Hilfe.

5. Schritt
Die Situation führt dazu, dass Pastoren und Pastorinnen das Gefühl haben, dass sie die Überkomplexität bzw. Diffusität ihrer Aufgaben nur allein und mittels ihrer persönlichen Ressourcen bewältigen könnten. Deswegen vermeiden sie in der Regel auch die Frage, ob sie in ihrer Arbeit erfolgreich sind oder nicht. Hier scheint eine vorlaufende Enttäuschungssicherung eingebaut zu sein.

6. Schritt
Das zentrale Medium pastoraler Selbstrechtfertigung angesichts der lustvollen Überforderung ist das eigene Leiden, was sich in dieser Richtung dann auch gut erklärt:

- „Pastoren leiden gerne".
- Es gibt so etwas wie „Erschöpfungsstolz".
- Den Pastoren ist zwar durchaus bewusst: „Wer nicht leiden will, muss leiten." Aber nur wenige bekennen sich zu dieser Lösung.
- Insofern verdichtet sich im Leiden durch Nicht-Leiten pastorale Pathologie.

Ergänzend lässt sich an dieser Stelle aus der pastoraltheologischen Literatur noch einmal gut ableiten, dass Pastoren sich von der kirchlichen Leitung allein gelassen fühlen: „Sie haben das Gefühl, die Überkomplexität des Berufs auf sich allein gestellt, bewältigen und gestalten zu müssen."[16] Etwas distanzierter gesagt: Ein Gesamtbild an dieser Stelle zeichnet mithin Pastoren als professionell Tätige, die wesentlich mit der Performance ihrer selbst zu tun haben, mit der Bewahrung ihrer Autonomie und der Fähigkeit zu authentischen Selbsthandeln, und dabei die Eingriffe von anderen eher zurückweisen. Flapsig gesagt: Pastors are mostly performing themselves – and while doing this they are unfortunately disturbed by others. Das klingt etwas respektlos, vielleicht sogar zynisch, es beschreibt die Situation aber

[16] So Klessmann, Michael: Das Pfarramt. Einführung in Grundfragen der Pastoraltheologie, Neukirchen-Vluyn 2012, 117; Zur Authentizitätsfalle, Zitat S. 138. Mir scheint allerdings zumindest ein Teil des von Klesssmann zutreffend geschilderten Problems auch selbstkonstruiert zu sein. Denn Klessmann fokussiert in seiner Pastoraltheologie in einer Weise auf das Amt – und nicht auf den „tragenden" Kontext des Amtes, z. B. die Gemeinde –, dass zumindest bei mir der Eindruck entsteht, dass es da um eine fast isolierte Tätigkeit im Gegenüber zu allen anderen Akteuren geht. Würde man die pastorale Tätigkeit von vornherein stärker funktional in kirchliche und gesellschaftliche Strukturen einbetten, unter denen und in denen sie sich vollzieht, wäre der Authentizitätsdruck automatisch reduziert.

ganz gut. Die Frage ist, was dies im Blick auf religiöse Kreativität bedeutet. Es ist auf jeden Fall eine starke Verweigerung einer Haltung der Dienstbarkeit oder gar der Dienstleistung, wie sie in modernen ökonomischen Ansätzen eingefordert werden. Es könnte aber eben auch sein – und darauf kommt es an –, dass genau in dieser Haltung Quellgründe der Kreativität stecken: die Betonung der Autonomie als Freiheit zu etwas Neuem.

VI. Fazit

Die Frage ist also, wie sich das, was sich hier als Sozialcharakteristika der Pastorenschaft beschreiben lässt, zu interpretieren wäre: als professionelle Autonomie, als ein betont hohes Maß von Selbststeuerung, die tatsächlich aber nichts weiter ist, als der Reflex auf eine kirchensteuergeschützte Innerlichkeit? Ist dieses Pochen auf der Darstellung seiner Selbst also das Produkt einer ausgehenden kirchlichen Episode, die immer noch in Folge einer staatskirchlichen Beamtenmentalität eher die Bedürfnisse der Kirchenmitglieder abweist und auf Anstalt und Amt pocht? Ist dies folglich eher ein Zeichen des Niedergangs oder finden sich hier tatsächlich Quellgründe von Kreativität durch die Abweisung von Fremdansprüchen und die Betonung von Eigenaktivität und innerer Reflexion? Geht es hier letztendlich um eine gesteigerte Burnout-Gefährdung oder ist genau das Gegenteil der Fall, weil hier religiöse Resilienzfaktoren aufgebaut werden? Geht es hier wirklich letztlich um die Gestaltung von Aktivität „nach außen" oder reduziert sich heute immer mehr auf den Schutz des eigenen Familienlebens?
Auf jeden Fall geht es um eine starke Betonung pastoraler Autonomie, die durchaus etwas mit Kreativität zu tun hat: Ich kann nicht kreativ sein, wenn ich mich völlig abhängig mache von den Erwartungen anderer und nur für andere da sein will. Ich muss eigenen Raum gewinnen. Dies zeigt sich hier bei Pastorinnen und Pastoren und kann durchaus hinführen zu neuen Sozialformen des Religiösen.[17] Es geht zudem um eine hohe Wertigkeit von Interaktivität (Gemeinschaft) und um die Verweigerung von Ökonomisierung und Organisationslogiken, und man kann dies alles so interpretieren, dass es hier um ein Offenhalten für neue Ideen geht und damit um Kreativität, weil man sich von gesellschaftlichen Zwängen distanziert, weil interaktive Einfühlung

[17] Als ich auf einem internationalen Kongress einmal ähnlich Gedanken vorgetragen habe, sagte hinterher eine Kollegin aus Dänemark, die dort für die Ausbildung von Pastorinnen und Pastoren zuständig ist: „Was du da erzählt hast, ist bei den dänischen Pastorinnen und Pastoren noch viel ausgeprägter. Das sind alles verrückte Typen." Auf meine spontane Äußerung „Mit solchen Typen kannst du doch keine Kirche machen" erwiderte sie: „Nur mit solchen Typen kannst du Kirche machen." Das geht mir seitdem durch den Kopf und lässt fragen: Warum nicht diese Verrücktheit, diese Kreativität ausspielen?

einen großen Wert hat und weil auch die Eigenwertigkeit des Religiösen in der Betonung des eigenen Leidens ein ganz große Rolle spielt.
Stellen diese Charakteristika von Pastoren, kombiniert mit den Charakteristika erfolgreicher Gemeinden[18], möglicherweise gerade in der Spannung zwischen der Autonomie der pastoralen Performance und den notwendigen Organisationslogiken erfolgreicher Gemeinden ein interessantes Modell für die Zukunft dar? Diese Frage wird sich noch nicht letztendlich beantworten lassen. Aber eins allerdings lässt sich sagen: Wenn es überhaupt Perspektiven in die Erneuerung des Religiösen gibt, dann werden sie in der Richtung dieser durchaus spannungsvollen Einheit zu suchen sein.

[18] Vgl. hierzu nun Rebenstorf/Ahrens/Wegner: Potenziale vor Ort, 167ff.

Von dienstbarer Gestalt
Die Organisation und Ordnung einer missionalen Kirche*

Darrell L. Guder

Seit dem Anfang des nordamerikanischen Gesprächs zum Thema der "missionalen Kirche," das mit der Veröffentlichung des Forschungsbandes „Missional Church“ im Jahr 1998[1] signalisiert wurde, wird immer wieder gefragt, wie dieses theologische Verständnis des Wesens und Zieles der Kirche als "missional" sich in die Wirklichkeit und Praxen der organisierten Kirche übersetzen lässt. Wie sieht diese sogenannte "missionale Kirche" konkret aus? Wie wird eine solche Kirche organisiert?
So verständlich wie die Frage nach der organisierten Konkretion der missionalen Kirche ist, muss die Praxis einer solchen Kirche *theologisch* begründet und definiert werden. Die grundsätzlichen Inhalte dieses Gesprächs sind eben durch und durch *theologisch.* Sie sind in der Missio Gottes gewurzelt, d. h. in Gottes Handeln um der Heilung der Schöpfung willen. Es ist der trinitarische Glaube, der ihnen ihre Gestalt gibt; sie ergeben sich aus dem biblischen Zeugnis der Liebe Gottes, die seine Heilung der Welt begründet und verwirklicht. Die dogmatische Reflexion über die Kirche ist eine denkende Antwort auf die biblische Offenbarung des heilenden Handelns Gottes, der ein besonderes Volk beruft und bildet, um seiner Mission in der Welt zu dienen. Man kann die missionale Diskussion als die kontinuierliche theologische Untersuchung des Wesens und des Zieles der *missio Dei* verstehen. Missionale Theologie lässt sich als trinitarische Missiozentrizität definieren. Um zu artikulieren, was das eigentlich bedeutet, wird rigorose theologische Arbeit erfordert, die sich mit allen klassischen Bereichen der christlichen Dogmatik auseinandersetzt.

Bei aller Achtung der grundsätzlich theologischen Natur der missionalen Diskussion können wir die Tatsache nicht ignorieren, dass fortwährend die Frage nach der Gestalt und Praxis einer als "missional" definierten Kirche gestellt wird. Diese Frage nach der konkreten

---

* Dieser Vortrag unter dem Titel "In the Form of a Servant: Polity for the missional Church" wurde als jährliche 'Laidlaw Lecture' am Knox College, Toronto, am 11. März 2015 gehalten sowie am 13. Marz als 'Weber Lecture' an der Moravian Theological Seminary in Bethlehem, PA.

[1] Guder, Darell L.: Missional Church. A Vision for the Sending of the Church in North America, Grand Rapids 1998.

Gestalt und Praxis der missionalen Berufung wird durch die unumstrittene Tatsache intensiviert, dass das Erbe der europäischen Christenheit sich in einem Prozess des Auseinanderfallens und der Auflösung befindet. Die Zukunft der Kirche in Europa wie auch am andern Ufer des Nordatlantik ist selbst ein kontroverses Thema. Wir befinden uns in einem sogenannten Paradigmenwechsel, in dem die christliche Bewegung von der Mitte an den Rand der Gesellschaftsstrukturen gedrängt wird, die Christenheit ihre strukturenhafte Privilegierung als eine etablierte Kirche verliert und vom Mittelpunkt der öffentlichen Lebensordnungen in die Privatsphäre gewiesen wird. Das demographische Zusammenschrumpfen der institutionellen Traditionen der Christenheit ist das konkrete Zeichen dieser massiven Umordnung. Die Krise der Denominationenen stellt jetzt den Zusammenhang dar, in dem wir missionale Theologie treiben und versuchen müssen, ihre Bedeutung zu definieren. Aus diesem theologischen Prozess ergeben sich die dringlichen und oft verwirrenden Herausforderungen der Organisation der Kirche. Wenn die missionale Vision der Kirche richtig ist, dann müssen wir fragen, welche Form und Art der geordneten Kirche ihr entspricht. Wie nimmt sie öffentliche Gestalt an, wie regiert sie sich, wie engagiert sie die Wirklichkeiten ihres Kontexts, wie wird ihre Vocatio in aller Integrität praktiziert? Mit Karl Barths Begrifflichkeit ausgedrückt: Wie führt die versammelte Gemeinde ihre Sendung als das von Gott berufene Zeugnisvolk aus? Wie schließlich verhält sich die Organisation der Kirchen im heutigen Zusammenhang zu der Geschichte der westlichen Kirche mit ihren oft problematischen Organisationsformen?

David Bosch, in seinem meisterhaften Buch „Mission im Wandel“, bringt eine kurze Besprechung des Übergangs der frühen Kirche von ihrer anfänglichen Existenz als Bewegung zu ihrer kontinuierlichen Existenz als Institution. Er äußert eine kritische Sicht dieser Entwickliung. Er fragt sich, „wo die frühe Kirche versagte," und seine Antwort darauf lautet: „[Die Kirche] hörte auf, eine Bewegung zu sein, und wurde zu einer Institution."[2] Mit dieser Kritik drückt er ein Thema aus, das immer wieder in der langen Geschichte der Christenheit geäußert wird: das Sehnen nach einer anderen Art der Kirche, die sich von den sichtbaren Strukturen, die wir vererben, stark unterscheidet. Wieviele sogenannte Erneuerungsbewegungen werden von einer Vision der Kirche als einer organischen Spiritualität inspiriert, die den Fallen der institutionellen Organisation entgeht, also nicht vom Institutionalismus befangen wird?
Ich kann an diesem Punkt Boschs Kritik nicht teilen. Die Entwicklung zu einer Organisation oder Institution ist erstens soziologisch und historisch unvermeidbar. Bosch gibt das zu: „Zunächst müssen wir uns

[2] Bosch, David: Mission im Wandel, Gießen 2012, 58.

fragen, ob es fair ist zu erwarten, dass eine Bewegung als Bewegung überleben kann. Entweder löst die Bewegung sich auf oder sie wird zur Institution".[3] Wo immer eine Gruppe von Menschen sich ein zweites Mal versammelt, um das fortzusetzen, was sie bei ihrem ersten Treffen angefangen hat, hat sie den Vorgang der Institutionalisierung begonnen. Das ist eine unvermeidbare Wirklichkeit aller menschlichen Initiativen, die unter wirklichen beobachtbaren Menschen erfolgen.

Die Grundfragen sind aber nicht nur auf der Ebene der Soziologie und des historischen Realismus zu verorten. Wenn man die Entwicklung der christlichen Bewegung als eine organisierte und institutionelle Wirklichkeit nur beklagt, dann stellt man das Wesen der Kirche als ein wirkliches, historisches, konkretes, sichtbares Zeugnis des Evangeliums in Frage. Die Gefahr des ekklesiologischen Doketismus lauert immer am Rande der Debatten über die Frage, ob die Institution Kirche notwendig oder nicht notwendig sei. Solche Debatten, die laufend in der Kirchengeschichte stattfinden, belegen die Wichtigkeit wie auch die Zweideutigkeit der kirchlichen Organisationsformen. In englischer Sprache gibt es den Begriff "church polity", den wir als Oberbegriff benutzen, um alles zusammenzufassen, was mit Kirchenstrukturen und Organisationsformen zusammenhängt, die im Laufe der Zeit entstehen, damit die Kirche ihren Auftrag wahrnehmen kann. Der Begriff wird ja aus dem griechischen *Polis* hergeleitet und deutet darauf hin, dass die Kirche nicht nur, aber doch immer auch als ein Ausdruck der Polis lebt und handelt. Das meine ich, wenn ich hier von Organisation und Organisationsformen rede. Damit will ich all das zusammenfassen, was die versammelte Gemeinde an Strukturen und Ordnungen entfaltet, um ihrem Auftrag gerecht handeln zu können. Die Organisationsformen der Kirche bestimmen, wie die verschiedenen Kirchentraditionen Entscheidungen treffen, wie sie sich regieren, wie sie einen gemeinsamen Handlungswillen entwickeln. Sie verleihen den Führungsfunktionen nötige Struktur. Mit der Begrifflichkeit der missionalen Kirche ausgedrückt: Diese Organisationsformen, die Polities, haben damit zu tun, wie die Kirche ihren Auftrag in ihre Strukturen und Handlungen übersetzt, damit sie das Zeugnis des Evangeliums in einem bestimmten Kontext sein, tun und sagen kann. Die Organisation der Kirche dient dem grundsätzlichen missionalen Wesen der Kirche. Sie ist „dienende Gestalt" der missionalen Kirche.

Solche Organisationsfragen waren seit dem Anfang der apostlischen Mission auf der Tagesordnung. Die neutestamentichen Schriften dokumentieren, wie die apostolischen Gemeinden sich mit den Fragen und Problemen auseinandersetzten, die alle Organisationen herausfordern. Das Ziel der apostolischen Mission war die Gründung, Aufbauung und

---

[3] Ebd., 60.

Sendung von Zeugnisgemeinden. Ihr Zeugnis sollte die Liebe Gottes, die in Christus geoffenbart wurde, in allen Funktionen und Handlungen der versammelten, sichtbaren, wirklichen, konkreten Ortsgemeinden „inkarnieren". Sie sollten das Beweismaterial dafür sein, dass Gottes gnädiges und heilendes Reich jetzt in und durch den auferstandenen Herrn Jesus Christus einbrach, sich näherte. Sie sollten Christi Zeugen in Jerusalem, Judäa, Samarien, und bis ans Ende der Erde sein. Das alles umgreifende Thema der heiligen Schriften war dann eben die Fortsetzung der Zurüstung dieser apostolischen Missionsgemeinden für ihre Berufung als Zeugen. Als Ergebnis der apostolischen Mission wussten diese Gemeinden, dass es ihr Auftrag, ihr Ziel war, Zeugen des Evangeliums, des hereinbrechenden Reiches Gottes in Jesus Christus zu sein. Sie wussten, dass ihr Zeugnis öffentlich sein musste und dass es von ihnen verlangen würde, dass sie stets mit den Herausforderunges des Kontextes ringen mussten, in den sie gesandt waren.

Die biblischen Schriften belegen in vielerlei Weisen, dass die apostolischen Gemeinden organisiert waren, dass sie Organisationsformen entwickelten. Es ist aber theologisch schon provozierend, dass diese notwendigen Organisationsformen nie das zentrale oder dominante Thema ihres versammelten Lebens werden. In der neutestamentlichen Schilderung der Entwicklung der christlichen Kirche von einer Bewegung zu einer Institution gibt es eine bemerkenswerte Zweideutigkeit im Blick auf die Fragen der Organisation. Wie gesagt, gibt es viele Andeutungen, dass Organisation im Werden war und dass sie notwendig war, bloß geschieht das ohne große Betonung; diese Dinge waren zwar notwendig, aber gehörten nicht zum Wesen und Ziel der Kirche. Für die Verfasser von Kirchenverfassungen ist das Neue Testament eine Enttäuschung. Es steht aber ohne Zweifel fest, dass es für diese Urgemeinden von großer Wichtigkeit war, *wie* sie ihre Praxis der Entscheidung und der Selbstregierung gestalteten.

Ohne jeden Anspruch, hier eine umfassende exegetische Argumentation zu entfalten, möchte ich einige Beispiele dafür nennen, wie die neutestamentlichen Dokumente die Fragen der Organisation ansprechen, ohne sie zum Hauptfokus zu machen. Ein Hauptthema der kirchlichen Organisation ist das „Amt", ein problematischer Begriff, dessen heutige Bedeutungen eigentliche keine Entsprechung in der biblischen Sprache haben. Wohl ist eine Ordnung der „Diener" oder „dienenden Führer" der Gemeinde eine Wirklichkeit in den frühen Gemeinden. In seiner Anrede an die Philipper erwähnt Paulus „die Heiligen in Christus Jesus, die in Philippi sind, samt den Vorstehern und Dienern" (Phil 1,1b). Es ist einer der sehr wenigen paulinischen Hinweise auf solche „Amtsträger" der Gemeinde; sie tauchen aber interessanterweise im Philippierbrief nicht wieder auf. Es gab sie, aber es ist deutlich, dass sie nicht seine Priorität waren. Das „Kirchenamt", so wie wir es in der langen Geschichte der Christenheit kennen, ist kein paulinisches Thema. Was solche Amtsträger zu tun haben und wie sie sich zum Auftrag der ganzen berufenen Gemeinde an einem Ort zu verhalten haben, wird schon betont. Gegen Ende seines ersten Briefes redet Petrus die „Ältesten" in den Gemeinden, an die er schreibt, an. Das, wofür sie wichtig sind, ist aber ihr Handeln und wie sie ihre Aufgaben wahrnehmen: „Weidet die Herde Gottes, die bei euch ist, nicht gezwungen, sondern freiwillig, wie Gott es will! Auch nicht aus schändlicher Gewinnsucht, sondern in Hingebung; auch nicht als Herrscher über die, welche euch zugeteilt sind, sondern als solche, welche Vorbilder der Herde werden." (1Pet 5,2-3) Ihre Verantwortung umfasst die Formung und Pflege der Gemeinde, der sie als Berufenen dienen. Sie sollen Vorbilder für die Gemeinde sein. Sie sollen dem Wohl der Gemeinde dienen, indem sie sie dafür ausrüsten, dass sie „die herrlichen Taten dessen verkündigen, der sie aus der Finsternis zu seinem wunderbaren Licht berufen hat" (1Pet 2). Ähnlich lauten die Weisungen des Paulus an die Ältesten der Ephesergemeinde, die er in die Hafenstadt Milet kommen lässt, um sein Abschiedszeugnis zu hören, ehe er nach Jerusalem weiterreist. Er ermahnt sie: „Habet Acht auf euch und auf die ganze Herde, in der euch der heilige Geist zu Vorstehern gesetzt hat, die Gemeinde des Herrn zu weiden, die er sich erworben hat durch sein eigenes Blut." (Apg 20,28) Diese Aufgabe der Zurüstung lässt sich mit der Herausforderung Jesu an Petrus bei ihrer letzten Begegnung vergleichen, wie das im Johannesevangelium geschildert wird. Dreimal fragt Jesus Petrus, ob er ihn liebe, um damit klarzumachen, dass Petri Bestätigung seiner Liebe zu Jesus ihren Ausdruck darin finden soll, dass er Jesu Herde liebevoll weidet und pflegt. Die Betreuung der ganzen Gemeinde ist die Berufung und die Verantwortung der Ältestenschaft und, wie auch immer dieses „Amt" organisiert wird, seine Ordnung soll dem Gesamtauftrag der Gemeinde dienen. Sogar die bekannten Beschreibungen der „Amtsträger" in den Pastoralbriefen mit ihren Auflistungen der „Eigenschaften" des „Bischofs" und des „Diakons" befassen sich hauptsächich mit der Integrität ihres lebendigen Zeugnises und ihrer Ehrenhaftigkeit, als sie der Gemeinde dienen bei der Ausführung ihres Auftrags.

Die geistliche Dynamik der frühen Gemeindeordnungen wird im Gebet des Paulus für die Philipper treffend zusammengefasst: „Und um das bete ich, dass eure Liebe immer noch reicher werde an Erkenntnis und allem Verständnis, damit ihr zu prüfen vermögt, was recht und was unrecht ist" (Phil 1,9). Grundlegend für dieses Gebet ist die Überzeugung, die Paulus und seine Freunde in Philippi teilen, dass sie „vom ersten Tag an bis jetzt" (Phil 1,5) als Partner im Evangelium mit ihm verbunden sind. Sie haben Anteil an der ihm verliehenen Gnade „sowohl in [seinen] Fesseln als bei der Verteidigung und Bekräftigung des Evangeliums insgesamt." (Phil 1,7) Ihre missionale Vocatio wird in kraftvoller Weise in Vers 27 zusammengefasst, wo Paulus die Philipper ermahnt, „[n]un führet euren Wandel untereinander würdig des Evangeliums von Christus." Dieser Imperativ ist bekanntlich schwierig zu übersetzen. Der Kernbegriff des Verbums ist wieder das griechische *polis*, und die Formulierung hat mit der Art und Weise zu tun, wie die Philippergemeinde das Evangelium vor der Öffentlichkeit ihrer Umwelt mit ihrem ganzen gemeinsamen Leben und Handeln und eben dann ihrer Ordnung und Organisation bezeugt. Es ist kein niedriger Maßstab, der hier gesetzt wird: Dem Evangelium Christi soll das versammelte Leben und Handeln dieser Gemeinde würdig sein. Ihre Organisation soll mit ihrer Glaubensüberzeugung in deutlicher Übereinstimmung entwickelt werden. Darum geht es eigentlich auch in seinem Gebet. Die Liebe, die sie als Gemeinde berufen und versammelt hat, soll nun unter ihnen wachsen und reifen, von Erkenntnis und Verständnis geprägt. Diese wachsende, reifende Liebe ist das Ergebnis ihrer kontinuierlichen Bekehrung. Es ist eine Bekehrung zur Vocatio der Christengemeinde als Zeuge des Heils, das ihr Leben schon verwandelt hat. Indem sie zunehmend entdecken, was das Evangelium eigentlich ist und bedeutet, werden sie von ihm geformt, sodass jede Dimension ihres Lebens Gottes heilende Liebe darstellt und bezeugt. Sie werden immer wieder mit Herausforderungen konfrontiert, für die es keine explizite apostolische Weisung gibt. Das Ergebnis dieser wachsenden und erkenntnisreichen Liebe wird ihr gemeinsames Vermögen sein, miteinander zu entscheiden, was recht und unrecht ist, ja, was „würdig des Evangliums" ist. Das muss bedeuten, dass die Organisation ihres gemeinsamen Lebens, ihre Praxis des Entscheidens, ihre Ordnungen und Strukturen, selber ein Zeugnis des Evangeliums wird. Sie hat dem Missionsauftrag der Gemeinde zu dienen.

Der sogenannte Jerusalemer Rat, von dem Apostelgeschichte 15 berichtet, stellt die Praxis einer so konzipierten Ordnung des Gemeindelebens dar. Die versammelten Verantwortlichen der Gemeinden diskutieren ihr Thema; sie praktizieren das christliche Streiten miteinander, als sie die diversen Ansichten der jüdischen und der heidnischen Gemeindeglieder anhören. Unter der Leitung des Heiligen Geistes erreichen sie einen Konsens, eine Entscheidung, die ab jetzt die Organisation und Praxis der Gemeinde überall bestimmen soll.

Das Prinzip, das diese frühen Schritte in Richtung einer Gemeindeorganisation leitet, ist eben die missionale Berufung der Gemeinde. Es ist die ganze Gemeinde, jeweils an ihrem Ort, die von Jesus dazu berufen wird, seine Zeugen zu sein. Ihr Verhalten, ihr Umgang miteinander, ihr Engagement in ihrer Umwelt, ihr Gespräch, und ihre öffentliche Verkündigung sollen insgesamt ihrer umfassenden Vocatio dienen. Die Kirche der apostolischen Mission ist nie ein Ziel an sich. Sie ist nicht die Pointe und das Ziel des Heilshandelns Gottes. Sie ist nicht eine Versammlung der ähnlich Gesinnten, deren Ziel es ist, die geistlichen Bedürfnisse ihrer Teilnhemer zu befriedigen. Sie ist etwas viel Größeres, etwas Kosmischeres, etwas Revolutionäreres: „Ihr seid das auserwählte Geschlecht, die königliche Priesterschaft, das heilige Volk, das Volk des Eigentums, damit ihr die herrlichen Taten dessen verkündigen sollt, der euch aus der Finsternis zu seinem wunderbaren Licht berufen hat." (1Pet 2,9)

Ich fasse die biblische Argumentation zusammen: Die Organisation der apostolischen Missionskirche ist geprägt von, bestimmt durch, gestaltet von der missionalen Berufung der Kirche. Das Ziel ihrer Strukturen und Ordnungen ist es, ihrer missionalen Berufung „würdig des Evangeliums von Christus" zu dienen. Die Organisation der Zeugnisgemeinde ist von grundsätzlicher Bedeutung für ihre öffentliche Bezeugung des Evangeliums von Christus. Die biblischen Schriften sind das Hauptinstrument des Geistes Gottes für die Bildung und Formung solcher Zeugnisgemeinden einschließlich der Entfaltung ihrer organisatorischen Strukturen. Die missionale Organisation der Gemeinde folgt dem Vorbild Christi, der „sich selbst entäußerte, indem er Knechtsgestalt annahm" (Phil 2,7). Solche Organisationsformen sollen die institutionelle Kirche dazu befähigen, das dynamische Zeugnis der Christenbewegung, die zu Pfingsten begann, fortzusetzen.

Die Interpretation der missionalen Rolle der kirchlichen Organisation wird zunehmend komplexer, wenn nicht überwältigend, als die apostolische Missionsbewegung sich allmählich institutionalisiert. Es gibt erste Zeichen eines Wandlungsprozesses schon in der nachapostolischen Literatur des zweiten Jahrhunderts. Die Entwicklung zeigt sich dann u. a. im Hervortreten des monarchischen Bischofs, in der Formulierung festgesetzter Praxen im Rahmen des werdenden Kirchenkalenders und in den vielen Formen, in denen die Kirche sich intellektuell kontextualisierte, um in der griechisch-römischen Umwelt ihr Zeugnis fortzusetzen. Das Ergebnis der formellen Etablierung der christlichen Kirche in den juristischen und kulturellen Strukturen der römischen Welt des vierten und fünften Jahrhunderts ist eine radikale Wandlung der Theologie und Praxis der kirchlichen Organisationsformen.

Die allmähliche Kontextualisierung der Kirche in den europäischen Kulturen führt über lange Zeit zu einem Komplex kirchlicher Organisationsformen, die von problematischen Anpassungen, Reduktionen und sogar Gefangenschaften gekennzeichnet wird. Jede Auseinandersetzung mit der Zukunft der Kirche in Europa (und auch in Nordamerika!) muss sich mit der missionalen Rolle und Relevanz jenes historischen Komplexes kirchlicher Organisationsformen in unseren gegenwärtigen nordatlantischen Kontexten befassen. Diese Zukunft wird in vielen Weisen von den fast zwanzig Jahrhunderten europäischer Kirchengeschichte bestimmt. Die Gefahr ist groß, dass diese Diskussion vereinfachend und oberflächlich wird. Eine Klärung wichtiger Begriffe ist auch sicherlich nötig. Dieser historische, kulturelle und politische Prozess wird oft zusammenfassend mit dem Begriff „die westliche Christenheit" beschrieben. Auch der lateinische Begriff *corpus Christianum* kann hier hilfreich sein. Weniger hilfreich ist die Verwirrung, die die englische Begrifflichkeit verursacht: Hier entspricht der englische Begriff „Christendom" der deutschen „Christenheit", während „Christianity" in der Regel das deutsche „Christentum" übersetzt. Wenn ich also von der „westlichen Christenheit" spreche, meine ich die vielschichtige kulturelle und politische Wirklichkeit, die aus der konstantinischen Etablierung der Kirche hervorgeht. Auf Englisch sagen wir „Christendom", wenn wir mit einem Begriff die komplizierte Geschichte und Gestalt des konstantinischen Projekts meinen.

Unsere Deutung dieser Wirklichkeit kann aber heute nur unter Berücksichtigung des Paradigmenwechsels der Auflösung der westlichen Christenheit erfolgen. Die Aufgabe solcher Interpretation muss mit Vorsicht und Respekt ausgeführt werden. Es ist schon der Fall, dass das Ende der westlichen Christenheit in vielerlei Hinsicht uns an die Situation der Kirche in den ersten drei Jahrhunderten unserer Geschichte näher heranbringt, als wir seitdem je waren. Seit sehr langer Zeit haben wir in der westlichen Christenheit den Text im 1. Petrusbrief, wo er seine Gemeinden als „Pilger und Fremdlinge[n]" anredet, einfach nicht verstanden. Die Kirche der westlichen Christenheit konnte schon von Pilgerschaft als geistliche Praxis reden. Aber die mächtigen Kircheninstitutionen unseres Erbes waren nicht Fremdlinge in unseren Gesellschaften, sondern die Herrschenden. Heute erkennen wir ohne Weiteres diese petrinische Schilderung unserer Wirklichkeit als zutreffend. Die zeitgenössische Desetablierung der Kirche ermöglicht wieder eine Sicht der Gemeinsamkeiten, die uns mit der frühen christlichen Bewegung verbinden. Wir können aber dabei nicht so tun, als ob die dazwischen liegenden Jahrhunderte nicht da wären. Wir dürfen nicht einfach behaupten, dass wir nun in die Lage der vorkonstantinischen Christenheit zurückkehren könnten. Solche Behauptungen wurden oft gemacht und tauchen immer wieder in verschiedenen Bewegungen innerhalb der globalen christlichen Bewegung auf. Man kann in gewisser Hinsicht ihre Energie und ihre Sehnsucht, die Probleme der christlichen Erbschaft zu ignorieren, mit Sympathie und Verständnis wahrnehmen. Es ist nicht schwer, Kritiker der institutionellen Christenheit zu sein. Es ist aber aus wichtigen theologischen Gründen notwendig, solche Kritik, wie gesagt, vorsichtig und respektvoll zu formulieren. Eine dialektische Herangehensweise wird geboten. Unser Kontext ist von der Vorsehung Gottes und menschlicher Verwirrung gekennzeichnet, wie Karl Barth uns lehrt. Eine solche Strategie der Interpretation ist dann besonders wichtig, wenn es um das Verständnis und die Praxis der missionarischen Berufung der Kirche während der Epoche der westlichen Christenheit geht.

Die allmähliche Etablierung der Kirche, die mit Konstantin anfing, hat die apostolische Missionsstrategie der Kirche stark beeinflusst. Die Kirche hat sich weiterhin als Gottes berufenes und gesandtes Volk verstanden. Das Evangelium wurde weiterhin als gute Nachricht für die ganze Welt verkündigt. Christus wurde weiterhin in vielerlei Weise bezeugt, während die Ausweitung und die institutionelle Sicherung der Kirche unter dem kaiserlichen Patronat vorangingen. Das theologische Verständnis der christlichen Mission wandelte sich aber mit tiefgreifender Wirkung. David Bosch bemerkt einmal, dass Joh 3,16 das Missionsverständnis und die Missionspraxis der östlichen Orthodoxie zusammenfasst: Es geht um Gottes Liebe für die Welt, die in der Sendung Jesu erschlossen wird. Wenn es aber um das mittelalterliche Paradigma der Mission in der westlichen Christenheit geht, die nun von den Privilegien und Ansprüchen ihrer organisationellen Etablierung definiert wird, dann regt er an, Lk 14,23 als den Schlüsseltext zu sehen: „Nötige sie, hereinzukommen." Es geht bei seinem Vorschlag wohl um die schicksalhafteste Wandlung im Lauf der Kontextualisierung der westlichen Kirche als Staats- und Kulturreligion: ihre Aufnahme und Übernahme der Gewalt, politische, wirtschaftliche, und kulturelle Gewalt. Die nun bevollmächtigte institutionelle Kirche war immer noch dabei, die Mission zu praktizieren, aber ihr Missionieren schloss nun die Möglichkeit ein, die Mission zu nötigen, die sognenannte Christianisierung der Kulturen mit Zwang durchzuführen.

Parallel zur kirchlichen Übernahme der Gewalt mit deren Konsequenzen für die Kirchenorganisation, verschwindet die Mission allmählich als die bestimmende Theologie der Kirche. Der amerikanische Missiologe Wilbert Shenk hat einmal diese Entwicklung mit dem Satz zusammengefasst: „Das Christenheitsmodell der Kirche darf als Kirche ohne Mission charakterisiert werden."[4] Obgleich ich die Grundtendenz seiner Behauptung bejahe, würde ich sie dahingehend ändern und betonen, dass die westliche Christenheit Ekklesiologien, Kirchenlehren, entfaltet, in denen die Mission als Wesen, Bestimmung und Praxis der Kirche nicht angesprochen wird. Im Mittelalter wurde das Handeln der Mission fortgesetzt, oft in sehr eindrucksvollen Formen. Man denke an Patrick und die irische Mission, die zur schottischen Mission führte, woraus die nordeuropäische Mission eines Bonifatius entstand. Man denke an die Slavenmission eines Kyrill und

---

[4] Shenk, Wilbert R.: Write the Vision. The Church renewed, Leonminster 1995.

Methodius oder an die Bekehrung der Russen um die Jahrtausendwende. Es gibt im europäischen Mittelalter ein reiches Missionswerk. Aber den Ekklesiologien, die das Selbstverständnis der Kirche zum Ausdruck bringen und reflektieren, fehlt die Mission als bestimmender Fokus, als Zentrum der theologischen Reflexion. Die neutestamentliche Gemeinde verstand sich als „gesandt" – der Grundbegriff der Missio. Der bestimmende biblische Text für die apostolische und nachapostolische Kirche war Jesu Anrede in Joh 20,21: „Wie mich der Vater gesandt hat, sende auch ich euch." Während aber die westliche Christenheit langsam sich bildet, verschwindet die Vorstellung der Mission als das, was Kirche- und Christsein grundsätzlich bestimmt. Alle sind nun Christen; alles ist schon christlich.

Die Folge der Abwesenheit der missionalen Theologie ist ein theologischer Reduktionismus, der das Verständnis des Evangeliums, des Zieles der Kirche, und die Praxis der Kirche prägt. Das Evangelium der westlichen Christenheit wird zunehmend eine Botschaft, die sich auf das persönliche Heil konzentriert, auf die Sorge um die Heilsgewissheit und die himmlische Zukunft. Die Kirche, die dieses Evangelium des individuellen Heils verkündigt, wird zunehmend eine Institution, die sich mit dem Geheiltsein der Geheilten befasst. Die entsprechende Entwicklung der Sakramente versteht sie als die kirchlichen Mittel, die die *Beneficia* des Heils verwalten oder wiederherstellen, wenn sie gefährdet werden. Die kirchliche Aneignung und Ausübung der Macht war dann eben nicht nur politischer und gesellschaftlicher Natur, sondern auch und vorwiegend geistlicher Art. Die organisierte Kirche konnte die Gnade Gottes entweder verteilen oder sie zurückhalten.

Dieser theologische Reduktionismus hatte für die Organisation der Kirche bedeutsame Auswirkungen. Die institutionelle Kirche der westlichen Christenheit wurde eine theologische Notwendigkeit, deren Tragweite mit Cyprians klassischem Lehrsatz treffend ausgedruckt wurde: *extra ecclesiam nulla salus*. Nur die organisierte Kirche verfügte über die Mittel, die einem Christen die Gewissheit des eigenen ewigen Heils vermitteln konnte. Die Exkommunikation war eine Machttat, die ewige Auswirkungen hatte. Die Amtsträger der organisierten Kirche wurden zu Personen, die geistliche Mächte hatten, von denen alle abhängig waren. Besonders problematisch war die wachsende Kluft zwischen dem Klerus und den Laien, eine Scheidung, die uns heute noch sehr herausfordert.

Es gab selbstverständlich immer wieder theologisch-kritische Reaktionen und Widerstand diesen Reduktionismen gegenüber. Erneuerungsbewegungen waren nicht selten. Während die Verkündigung der Mission des Evangeliums weiterhin von Ekklesiologien begleitet wurde, die die Mission gar nicht erwähnten, wurde die organisationelle Etablierung der Kirche der westlichen Christenheit oft in prophetischer Weise in Frage gestellt. Die wichtigsten Zeugen dieser Dialektik waren die monastischen Orden und Kommunitäten, die seit ihrer Gründung und schneller Verbreitung eine Suche nach alternativen Formen der Kirche darstellten, die dem Evangelium und der *Imitatio Christi* treu waren. Es gab auch sogenannte Kirchenfürsten, die in der Tat lobwürdige Diener der Kirche waren. Es gab zahllose Ortspriester, die ihren Gemeindegliedern dienten, indem sie sie zurüsteten, Diener Christi zu sein. Es gab Märtyer, deren Missionstreue ihren Tod bedeutete. Es gab auch großartige Zeugnisse des Evangeliums, die in Kunst, Architektur, und Musik kraftvollen Ausdruck fanden. Wir sind von einer Zeugenschar umgeben, die Christi Berufung ernst nahm.

Wie hat das theologische Schweigen im Blick auf die Mission, das die westlichen Ekklesiologien charakterisiert, die Bildung der Kirchenorganisation durch die Jahrhunderte bedingt? Wir haben betont, dass man diese Geschichte mit vorsichtiger dialektischer Empfindsamkeit lesen und deuten soll, und wir haben auch anerkannt, dass trotz aller menschlichen Schwächen Gott treu geblieben ist und das Evangelium immer verkündigt wurde. Wir können aber heute nicht verschweigen, dass die Organisationsformen dieser sehr menschlichen Kirche des Westens von einer missionalen Perspektive hoch problematisch waren und sind. Man kann schwerlich behaupten, dass die Organisationsformen der etablierten Christenheit der Kirche so dienen, dass sie für ihr Gesandtsein zugerüstet wird. Wenn ich vorhin sagte, missionale Organisationsformen sollen die institutionelle Kirche dazu befähigen, das dynamische Zeugnis der Christenbewegung, die zu Pfingsten begann, fortzusetzen, habe ich weder unsere historische noch unsere zeitgenössische Wirklichkeit beschrieben. Stattdessen haben die Organisationsformen der Christenheit tief verwurzelte Muster des evangeliumsbezogenen und ekklesialen Reduktionismus geschaffen, die ich beschrieben habe. Diese Muster wirken weiter gerade in der christlichen Bewegung im Westen, die sich schon länger deutlich auflöst. Wenn die Organisationsformen der Kirche, ihre Ordnungen der Leitung und der Entscheidungsfindung in der Tat der Mission Gottes dienen sollen, dann müssen diese problematischen Gegebenheiten unserer Wirklichkeit erkannt, konfrontiert und verwandelt werden. Es geht um die kontinuierliche Bekehrung von kirchlichen Strukturreformen, damit sie wieder „von dienender Gestalt" werden. Wir beobachten aber heute, wie diese nun sehr alten und institutionell abgesicherten Strukturen den Widerstand gegenüber einer missionalen Treue fördern können.

In den Jahren der Diskussion seit der Erscheinung unseres Forschungsprojekts „Missional Church" 1998 habe ich immer wieder erlebt, dass unsere missiologische Analyse eine ziemlich starke Resonanz hervorruft. Man erkennt die beunruhigende Phase, in der wir uns befinden, als die Auflösung der westlichen Christenheit, „the end of Christendom", wenn auch die Begrifflichkeit dafür recht divers ist. Es gibt eine wirkliche Angst in unseren Gemeinden; als unsere Glieder versuchen sie zu verstehen, wieso und warum unsere Gesellschaft sich so schnell wandelt. Trotz vieler Formen der organisierten Religiösität in Amerika ist es jetzt doch berechtigt, von der schnellen Ausbreitung postchristlicher Kulturen zu sprechen. Es ist fragwürdig geworden, nordamerkanische Kulturen als „christlich" zu bezeichnen. Das missionale Gespräch wird aber dann schwieriger, wenn es von den Fragen der Wandlung unseres Kontextes weitergeht und die Grundfragen des Wesens und des Zieles der Kirche aufgreift. Wenn wir den Anspruch melden, dass die Probleme von grundsätzlich theologischer und biblischer Art sind und dass wir uns auf Gottes Missio in der Welt konzentrieren müssten und dass wir berufen und zugerüstet werden, ihr zu dienen, dann hakt es mit der Gesprächsbereitschaft. Der Widerstand wächst, wenn das Gespräch Fragen zur eigentlichen Funktion der Kirche als Institution betrifft. Was wir dabei erleben, belegt unsere Behauptung, dass die defizienten Missionstheologien der westlichen Christenheit Organisationsmuster gefördert haben, die eine antimissionale Wirkung haben. Ich möchte nun einige Grundüberzeugungen, die den Widerstand zur missionalen Vision der Kirche bedingen, zusammenfassen.

Ein besonders problematisches Ergebnis der Entwicklung der Christenheit ist die theologische und ekklesiologische Behauptung, dass die Kirche Ziel an sich ist. Das Ziel der Selbsterschließung Gottes in der Menschheitsgeschichte sei, dass es Kirche geben soll. Die Existenz und Fortsetzung der Kirche als heilige Institution bilde den Kern und die Substanz der Missio Gottes. Eng damit verbunden ist die Behauptung, dass das versammelte liturgische Handeln der Kirche ihr höchster Sinn sei. Dort, wo die Kirche Selbstzweck ist, das Ziel an sich, wird ihre Organisation eine heilige Institution, die auch als Ziel an sich existiert und weiterexistieren soll. Wenn dann dieser Institution die Mittel der politischen und wirtschaftlichen Macht gegeben werden, wird sie anfällig für die Hybris, für den Missbrauch der Macht und für Kompromisse mit der rebellierenden Welt, deren Machtstrukturen von der Kirche schnell angenommen werden. Trotz der langen Geschichte der kulturellen Gefangenschaft der Kirche mit ihren fragwürdigen Kompromissen ist diese Grundvorstellung der Kirche als Ziel an sich immer noch einflussreich. Sie wirkt als Hindernis für die missionale Verwandlung.

Die Kirchenordnungen definieren Mitgliedschaft: Wer ist Glied der Gemeinde? Wie wird man ein solches Glied? Wie wird diese Gliedschaft über die Zeit erhalten? Wie verhält sich die institutionelle Kirche zu ihren Gliedern? Die Organisationsformen, die in der westlichen Christenheit die Kirchenmitgliedschaft regeln, sind theologisch sehr beunruhigend. Sie zeigen, wie problematisch die ekklesiologiche Organisation wird, wenn das grundsätzlich missionale Wesen und Ziel der Kirche ihre konkrete Gestalt und Praxis nicht bedingt.

Im Jahre 1974 veröffentlichte der römisch-katholische Theologe Avery Dulles sein Werk „Models of the Church“, das in kurzer Zeit eine klassische Quelle für die ekklesiologische Diskussion wurde. Er analysiert dort die fünf Grundmodelle der Kirche, die er im Laufe der Christenheitsgeschichte entdeckt. Seine Analyse besteht aus Fragen an alle Modelle. Was sind zum Beispiel die Beneficia der Kirche in einem bestimmten Modell und wer sind die Nutznießer dieser Beneficia? Die Analyse der ersten drei Modelle, die zusammen die römisch-katholische Ekklesiologie bestimen (die heilige Institution, die mystische Communion, und das Sakrament), zeigt mit großer Klarheit die dominante Ekklesiologie der Christenheit und die Organisation, die ihr dient. Die Beneficia sind das persönlich Heil und das ewige Leben; die Nutzniesser sind eben die Glieder der Kirche. Die Kirche existiert also für ihre Glieder und nicht für die Welt, in die sie gesandt wird, oder, wenn das schon, dann als zweitrangige Zieldefinition. So denkt das etablierte Christentum, das sich in der westlichen Christenheit entfaltet. Wenn die Kirche so aufgefasst wird, gibt es wenig Achtung der Missio Dei. Die Kirche ist eben Ziel an sich und es gehört zu ihrem Ziel, die religiösen Bedürfnisse ihrer Glieder zu befriedigen. Ihre Organisation verwirklicht in ihrer Praxis diese tief verwurzelte Denkweise über die Kirche.

So die Kirche zu verstehen und zu erleben, führt zu den verfestigten Mustern der westlichen Christenheit, die bis heute noch beherrschend sind. Wenn typische Amerikaner „church shopping” machen, suchen sie in der Regel eine Ortsgemeinde, die „ihre Bedürfnisse befriedigt”. Es ist ohne Zweifel so, dass jeder Mensch des heilenden Evangeliums „bedarf”, das uns von der Sünde und ihren Folgen rettet und uns vor Gott rechtfertigt. Es geht hier aber um ein Evangelium, das zu klein ist, dessen Begriff von Gottes kosmischen Zielen der ganzen rebellierenden Kreatur gegenüber zu eingeengt ist. Als Folge dieser Konzentration auf die Bedürfnisse und das Heil ihrer Glieder kann eine solche Kirche es ablehnen, in die Welt hinauszugehen, in die sie gesandt wird. Stattdessen wartet sie darauf, dass die Welt zu ihr kommt. Sie versteht sich dann als „Anziehungskirche.” Im englischen Sprachgebrauch geht es um „attractional churches”. Solche Denkweisen, deren Verwurzelung in der Christenheit schon sehr weit zurückreicht, fördern den Widerstand der missionalen Berufung gegenüber, den wir oft in unseren Gemeinden entdecken. Ein anderes vererbtes Muster, das die missionale Treue negativ bedingt, ist die dauernde Herausforderung der Unterscheidung zwischen den Laien und dem Klerus, der Pfarrerschaft. Wenn die Kirche sich als Ziel an sich versteht, dann produziert sie oft eine Ordnung des geistlichen Dienstes, der theologisch notwendig wird, d. h. zum Wesen der Kirche gehört. Die Mehrzahl der Gemeindeglieder handelt dann als Empfänger der göttlichen Gnade, die ihnen von den ordinierten Amtsträgern der Kirche vermittelt wird. Den Konsumenten der Beneficia der Kirche gegenüber nehmen sie bestimmte Funktionen und Aufgaben wahr, zu denen nur sie berechtigt sind. Es gibt also keine gültige Eucharistiefeier ohne die zentrale Rolle des Priesters, der bevollmächtigt ist, sie zu einem gültigen Ritus zu machen aufgrund seiner (nie „ihrer”) Ordination in einer Folge von heiligen Amtsträgern, die über Generationen von Bischöfen zur Urgemeinde der Apostel zurückführt.

Als Erben der Reformation haben wir unsere Theologien des Amtes revidiert und uns für das „Priestertum aller Gläubigen” eingesetzt. Unsere Erfahrung in vielen missionalen Gesprächen in Gemeinden macht aber klar, dass diese uralten Amtsstrukturen heute noch in vielen Gliedern recht lebendig sind. Es ist immer noch so, dass die Ordination eine besondere Kaste bestimmter Menschen schafft, die bestimmte Kompetenzen haben, die normale Christen nicht haben und nicht haben dürfen. Wenn der Pastor den Besuch im Krankenhaus nicht persönlich macht, dann hat die Kirche versagt. Sogar unsere Sprache beteiligt sich am Problem. Als Kinder der Reformation reden wir wohl nicht von Priestern, wenn wir unsere Amtsträger meinen. Der Begriff “Priester” stammt etymologisch vom neutestamentlichen *presbyteros* („Ältester“) ab, welcher wohl die häufigste Bezeichnung für den anerkannten Leiter der Gemeinde in den ältesten Organisationsformen der Kirche war. Mit der Zeit wurde der Begriff presbyteros/Ältester mit dem Inhalt eines anderen Amtsbegriffs gefüllt, und zwar des griechischen *hiereus*, des lateinischen *sacerdotes*, der der kultische Diener in den alten nahöstlichen Religionen war. Wenn wir Priester sagen, meinen wir also nicht mehr den *presbyteros*, den Ältesten, sondern eine Mischung vom altestamentlichen Priester und Kultpriester der alten Religionen. Die Evolution der Sprache, wie die Entwicklung der kirchlichen Organisation, zeigt an, wie die Formen durch den geänderten Inhalt umgestaltet werden – mit Auswirkungen, die bis heute unsere Gemeinschaften beeinflussen.

Diese Bespiele mögen dafür genügen, die Problematik der organisierten Christenheit aufzuzeigen, die uns begleitet und belastet, wenn wir nun die Frage nach der Zukunft der Kirche in Europa stellen. Wir befinden uns bei dieser Diskussion nicht auf einem neutralen Gebiet, sondern als die Erben einer langen und sehr komplexen Geschichte, deren Nachwirkungen sowohl unsere theologische

Reflektion wie auch unsere Praxis erschweren. Das ist umso mehr der Fall, wenn nun das missionale Ziel und Handeln der Kirche unsere Untersuchung der Zukunft der europäischen Kirche gestalten und leiten sollen. Die Zukunft der Kirche soll jetzt im Rahmen der Missio Dei angedacht werden. Sobald man aber diesen theologischen Weg einschlägt, entfaltet sich die Diskussion in einer doch ganz anderen Weise als bisher üblich. Die Zukunft der Kirche ist nicht primär eine Frage der Erhaltung von Institutionen und der Sicherung von Organisationen. Sie haben gewiss wichtige Rollen zu spielen, aber das lässt sich erst herausfinden, wenn wir den Auftrag der apostolischen Mission neu entdecken und darauf antworten. Wir müssen in unserem radikal anders gewordenen Missionsgebiet neu hören, was es heißt, berufene Zeugen Jesu Christi zu werden, und wie diese Zeugenschaft in unserem Kontext jetzt zu erfolgen hat. Es wird unsere Aufgabe sein, die gute Nachricht vom anbrechenden Reich Gottes in unsere nun anders werdende Kulturen zu übersetzen, damit der Heilige Geist immer wieder neue Zeugnisgemeinden stiftet und ermächtigt, die apostolische Mission fortzusetzen. Diese Fortsetzung der apostolischen Mission wird sich dann immer wieder mit der Frage ihrer konkreten Organisation auseinandersetzen müssen. Die Organisationsgeschichte der westlichen Christenheit kann dabei eine wichtige Quelle der Einsichten und Erfahrungen sein, die dazu betragen, dass die sich neu entfaltenden Organisationsformen „von dienender Gestalt" seien.

Das ganze Unternehmen soll und kann von der trostreichen Überzeugung geleitet werden, dass das Ende der westlichen Christenheit nicht den Tod der Kirche bedeutet. Wir dürfen mit Paulus darauf vertrauen, dass „der, welcher in euch ein so gutes Werk angefangen hat, es vollenden wird bis zum Tage Christi Jesu" (Phil 1,6). Wir können in aller Ehrlichkeit zugeben, dass wir „diesen Schatz in irdenen Gefäßen" haben, „damit die überragende Größe der Kraft Gott angehöre und nicht von uns stamme" (2Kor 4,7). Unsere Wirklichkeit wird nicht vom Erfolg unserer kirchlichen Bemühungen bestimmt, sondern von der Treue Gottes, dessen Verheißungen gewiss sind. Die apostolische Zurüstung für unsere Vocatio als Zeugen ist immer radikal realistisch. „In allem werden wir bedrängt, aber nicht in die Enge getrieben, in Zweifel versetzt, aber nicht in Verzweiflung, verfolgt, aber nicht verlassen, zu Boden geworfen, aber nicht vernichtet." (2Kor 4,8-9) Die Gewissheit, die uns in die Zukunft begleitet, wird dann vom Paulus so formuliert: „Denn alles geschieht um euretwillen, damit die sich mehrende Gnade durch die größere Zahl der Erretteten die Danksagung überfließen lasse zur Ehre Gottes." (2Kor 4,15)

Als Erben der westlichen Christenheit befinden wir uns auf einer Pilgerschaft, die jetzt eine massive Wende macht. Diese Wende muss im Gesamtkontext der globalen christlichen Bewegung gesehen werden. Die nordatlantische Christenheit wird heute zunehmend marginalisiert, während die ehemaligen sogenannten Missionskirchen heute die Zentren der Aussendung von Missionaren in alle Richtungen geworden sind. Wir sind im Westen schon längst Empfänger von Missionaren, die unsere Schwesterkirchen zu uns senden.

Der britische Missionstheologe Andrew Walls hat darauf hingewiesen, dass die Geschichte der christlichen Kirche ein Weg mit vielen überraschenden Wenden ist. Er vergleicht die massiven Wandlungen der Weltchristenbewegung heute mit der Bewegung der Kirche aus Nordafrika nach West- und Mitteleuropa als Folge der Islamisierung jener Gebiete im frühen Mittelalter. Die Zeltkirche der Israeliten ist die Organisationsform, die für diesen dynamischen Weg am ehesten geeignet ist. Die Tempelkirche hat es viel schwerer, ihrem Herrn zu folgen, wenn er neue Wege geht. Es ist wohl ein Lernergebnis unserer westlichen Geschichte, dass wir ab dem vierten Jahrhundert primär eine Tempelkirche wurden, zu der die Menschen kommen mussten, um die frohe Botschaft zu hören. Nun werden wir durch die großen Wandlungen unseres Zeitalters befreit, wieder zu Zeltkirche werden. Wesentlich für unsere Zukunft als Kirche in Europa und Nordamerika wird unsere Offenheit dafür sein, dass wir diesen Wandel mitvollziehen.

Das wird eine radikale Offenheit sein müssen. Unsere alten und sicheren Denkweisen und Strukturen werden herausgefordert, Experimente zuzulassen, Kirchenverfassungen aufzulockern, neue und fremde Formen der charismatischen Begabung anzuerkennen, eine Vielfalt der Gemindebildungen zu begrüßen, und dabei ungewohnten Formen der Leitung der Gemeinde Platz zu machen. Die Einheit der Kirche als wesentlicher Bestandteil ihres Zeugnisses muss neu gedacht werden, nicht als Uniformität der Kirchenordnungen, sondern als Praxis der Herrschaft Christi, der uns zu Kindern Gottes und so zu Geschwistern macht. Gerade als Erben der westlichen Christenheit haben wir den Reichtum und die Problematik unserer Traditionen zu schätzen und als hilfreiche Quellen der Weltkirche weiterzugeben.

„Von dienstbarer Gestalt ...“
Response auf Darrell L. Guder

Martin Reppenhagen

Ich stimme den Ausführungen von Darrell Guder voll zu – und zwar besonders insofern, als Guder eine *theologische Begründung* von Kirche entfaltet. Ich erlebe eine zunehmende Sehnsucht unter Kolleginnen und Kollegen nach einem erneut theologischen Arbeiten. Dies geschieht vor dem Hintergrund vieler Strukturdebatten und -reformen, die man als zutiefst untheologisch erlebt. Eine zutiefst theologische Gründung und Begründung von Kirche im Wandel wird gefordert. Man ist es leid, dass Adiaphora die Bedeutung von Bekenntnissen bekommen. Oder anders formuliert: Die aktuellen Strukturreformen von Kirche haben nichts mit dem Evangelium zu tun.
Darrell Guders Rede von einer nach-christentümlichen Gesellschaft, im Englischen „post-Christendom“, stößt bei mir auf offene Ohren. Michael Herbst, Gerhard Wegner und Paul Zulehner lassen sich für den deutschsprachigen Kontext hier heranziehen. Gerade die Ergebnisse der letzten Kirchenmitgliedschaftsuntersuchung lassen den Leiter des Sozialwissenschaftlichen Instituts der EKD, Gerhard Wegner, vom „Ende des liberalen Paradigmas“ von Kirche reden.[1] Änderungsbedarf wird angezeigt! Ein Paradigmenwechsel ist angesagt. Dabei gebe ich gern zu, dass es auch namhafte Vertreter anderer Deutungen wie Bernhard Dressler und Jan Hermelink gibt, die das volkskirchlich-liberale Kirchenmodell noch lange nicht am Ende sehen.
Doch vielleicht ist ja gerade diese Widersprüchlichkeit Ausdruck einer Zeit des Umbruchs, in der wir uns bereits seit Längerem befinden. Denn schon 1935 schreibt Karl Barth, „das christlich-bürgerliche oder bürgerlich-christliche Zeitalter“ sei abgelaufen und damit sei auch „das Christentum in seiner bisher uns bekannten Gestalt“[2] zu Ende gegangen. Karl Barth lamentiert nun nicht darüber, sondern konstatiert: „Die Welt nimmt (...) ihre Freiheit (gegenüber der Kirche) zurück (...) Eben damit ist aber auch dem Evangelium seine Freiheit ihr gegenüber zurückgegeben.“ Mit diesem Umbruch hat die Kirche nun wieder die „Freiheit in der Welt“.[3]

---

[1] Wegner, Gerhard: Religiöse Kommunikation und Kirchenbindung. Vom Ende des liberalen Paradigmas, Leipzig 2014.

[2] Barth, Karl: Das Evangelium in der Gegenwart, München 1935, 33f.

[3] Zit. in Busch, Eberhard: Die große Leidenschaft. Einführung in die Theologie Karl Barths, Gütersloh 1998, 179.

Was Karl Barth hier vor 80 Jahren postuliert, ist ein Vorgang, der noch immer nicht abgeschlossen ist. In unterschiedlicher Ausprägung kann von einem spät- oder nachvolkskirchlichen Kontext gesprochen werden, in dem sich ein gesellschaftlicher Relevanzverlust oder wenigstens ein Rückgang von gesellschaftlicher Relevanz der Kirchen zeigt.

Doch diese Prozesse verlaufen in sehr unterschiedlichen Geschwindigkeiten. In meinem Kirchenbezirk erfährt Kirche noch ein großes öffentliches Interesse. Wer sich hier in den Dörfern um Karlsruhe herum zum Bürgermeister wählen lassen will, wird die gute Zusammenarbeit mit der Kirche hervorheben und selbst die eigene Christlichkeit nicht unterschlagen. Hier lassen sich nicht nur die evangelischen Jugendlichen konfirmieren, selbst Konfessionslose aus dem Osten lassen ihre Kinder taufen, weil die Konventionen noch eindeutig kirchenfreundlich sind.

Doch auch das wird man sagen müssen: In zunehmender Weise sind die als evangelisch benannten Dörfer mehrheitlich eben nicht mehr evangelisch, sondern konfessionslos. In manchen Orten ist die Gruppe der Konfessionslosen bereits jetzt schon zahlenmäßig größer als die der Evangelischen. Dieser Prozess geschieht schleichend und wird in aller Regel nur sehr selten kirchlich oder öffentlich wahrgenommen.

Es ist die Gleichzeitigkeit von volkskirchlichen, spät- und nachvolkskirchlichen Zeiten, die unsere Umbruchsituation ausmacht. Damit sage ich auch, dass wir noch nicht in einem neuen Zeitalter angekommen sind. Dabei will ich nicht verhehlen, dass wir uns darauf zubewegen. Aber noch sind wir nicht soweit. Und selbst die Rede von postmoderner, postsäkularer, postsozialistischer, post-irgendwas Zeit signalisiert doch auch, dass wir zwar etwas verlassen oder gar verlassen haben, aber noch nicht angekommen sind.

Hinzu kommt eine Ambivalenz, die wir mit der christentümlichen Prägung Europas geerbt haben. Da sind die nicht zu leugnenden und hoffentlich zu preisenden Errungenschaften einer christlichen Durchdringung, die bis auf den heutigen Tag Einfluss auf Politik, Bildung, Wirtschaft und Gesellschaft haben und nicht unterschätzt werden sollen. Zum anderen gilt aber auch, was der französische Religionssoziologe Jacques Ellul wie folgt benannt hat: „Christendom astutely abolished Christianity by making us all Christians. (...) In Christendom there is not the slightest idea what Christianity is."[4]

---

[4] Ellul, Jacques: The Subversion of Christianity, Grand Rapids 1986, 36. Ebenso der ehemalige Erzbischof von Paris, Jean-Marie Lustiger: „One of the dramas of Christian civilisation is to become atheist and to maintain its pretension to remain Christian. In other words, it transforms Christ into an idol, into a Son without the Father – and therefore without the Spirit, the only Spirit being finally man's spirit." (Zit. in Heller, Karin: Missio Dei. Envisioning an Apostolic Practical Theology, in: Missiology 37 (2009), 47-61, 52.)

Und noch etwas scheint mir gerade auch im Unterschied zu Religion in den USA bemerkenswert zu sein: Ich kann noch nicht ganz erkennen, dass in Europa Religion zu einer Frage der persönlichen Wahl geworden ist. Die „choice theory" ist nicht ganz so leicht auf den deutschen Kontext anzuwenden. Traditionen und Konventionen haben weiterhin für die Mehrheit der Kirchenmitglieder eine große Bedeutung. Das große Thema ist nicht religiöse Wahl, sondern religiöse Indifferenz – Letzteres sehr wohl auch in der Kirche.
Bevor ich nun mit drei Thesen fortfahre, muss ich ein nicht-theologisches Argument benennen, das m. E. in dieser Umbruchsituation nicht unerheblich ist und vor dem wir m. E. unsere Augen nicht verschließen dürfen. Es macht einfach einen Unterschied, ob ich als direkt Betroffener über kirchliche Veränderungsnotwendigkeiten rede oder nicht. Ein A12- bis A15-Gehalt als Beamter ist ein gewichtiges Argument, das sich nicht so leicht wegdiskutieren lässt. Das sind auch die Errungenschaften einer christentümlichen Geschichte von Kirche.

I. Machen wir uns nichts vor: Es wird weniger an Mitgliedern, an Finanzkraft, an Hauptamtlichen!

Konnten Kirchen bislang der Plausibilität der Mehrheit folgen, schwinden in zunehmender Weise diese Möglichkeiten. In der Regel ist ein Mehrheitsverhalten plausibel, da es die Mehrheit hat. Es muss sich nicht extra begründen. Die Mehrheit ist Begründung per se. Hier sind wir mitten in Wandlungsprozessen. Dies zeigt sich sehr schön am Umgang mit Kirchenaustritt und Konfessionslosigkeit. War beides noch bis in die 1980er Jahre hinein tabuisiert bzw. geschah im Stillen, ist Kirchenaustritt und Konfessionslosigkeit bekenntisfähig geworden. Man bekennt sich offen dazu. Hinzu kommt, dass Niklas Luhmann wohl recht hat: „Es gibt keine außerreligiösen Gründe mehr, religiös zu sein."[5] Jenseits von Kirche wird Religion immer indifferenter. Dabei zeigen sich in der Kirche selbst gewisse Tendenzen, die man mit Polarisierungsprozessen benennen kann. So gibt es ein stärkeres Auseinandergehen zwischen den Verbundenen und den nicht Verbundenen. Die kirchliche Mitte schwindet. Das sind jene, auf die man in der Vergangenheit besonders gesetzt hat. Man wird grob skizziert sagen dürfen: Je mehr die Menschen mit Kirche verbunden sind, desto religiöser, sozialer, diakonischer, engagierter, mehr an Verkündigung interessiert sind sie. Selbst politischer sind sie und auch das bürgerschaftliche Engagement ist ausgeprägter. Umgekehrt gilt auch: Je weniger sie verbunden sind, desto traditioneller, unpolitischer, indifferenter sind sie. Nur sozial sind sie gleich. Es gibt also durchaus

[5] Luhmann, Niklas: Die Religion der Gesellschaft, Frankfurt am Main 2000, 136.

Korrelationen zwischen kirchlicher Verbundenheit, Glaubenspraxis und Glaubensaussagen. Aber das Ganze ist nicht mehr mehrheitsfähig. Kirche war vielleicht mal die „Seele Europas" und manche Konzepte einer Neuevangelisation wollen diesen Zustand wiederherstellen, doch zu fragen ist, ob wir von solchen Vorstellungen einer Rechristianisierung, die auf Mehrheiten blicken und Länder für den christlichen Glauben zurückgewinnen wollen, Abschied nehmen müssen.[6] Das wäre der Versuch, wieder zurück in eine christentümliche Gesellschaft zu kehren.[7] Gleichzeitig verbietet die Rede von Deutschland als Missionsland Versuche der hermeneutischen „Selbstvergewisserung einer kulturell zutiefst vom Christentum geprägten Welt."[8]
Der bereits jetzt empfundene Mangel oder der für die Zukunft prognostizierte Mangel darf nicht zum apokalyptischen Szenario werden, er kann vielmehr zum Ort einer Neuorientierung werden. Nach Hans Weder legt das Neue Testament sehr wohl nahe, „Mangel auch Möglichkeiten zuzutrauen (…). Es bedeutet für modernes Empfinden eine nicht geringe Provokation, dass die Seligpreisungen Jesu genau denen gelten, die Mangel haben."[9] Vielleicht liegt gerade hier eine große Chance für die Kirche!

II. Was macht einen Christen zum Christen?

Darrell Guder fragt in seinem Vortrag nach dem Mitgliedschaftsverständnis. In Deutschland haben wir ein weltweit beispielloses System kirchlicher Mitgliedschaft: Kirchenmitglied ist, wer getauft ist, als Erwerbstätiger Kirchensteuer zahlt und nicht austritt. Damit finanzieren wir eine noch durchaus gut funktionierende Kirche. Im Süden der Republik erleben wir momentan gar das Kuriosum, dass die Kirchen zwar weiterhin an Mitgliedern verlieren, aber an Finanzkraft gewinnen. Präsenz oder Partizipation spielen für den finanziellen Erhalt von Kirche keine oder nur eine sehr geringe Rolle. Blicken wir nach Holland oder England zeigt sich dort ein ganz anderes Bild. Mitgliedschaft wird deutlich klarer über Präsenz und Partizipation begründet. Wir tun gut daran, uns zunehmend daran zu orientieren –

---

[6] Verschiedene Konzepte zur Neu-Evangelisierung Europas hat Friedemann Walldorf einer kritischen Würdigung unterzogen; vgl. Walldorf, Friedemann: Die Neuevangelisierung Europas. Missionstheologien im europäischen Kontext, Gießen 2002.

[7] Ustorf, Werner: Art. Missionswissenschaft I. Geschichte der Disziplin, RGG^4 Band 5 2002, 1327-1328: 1327.

[8] Vgl. Bedford-Strohm, Heinrich: Kirche – Ethik – Öffentlichkeit. Zur ethischen Dimension der Ekklesiologie, VuF 51.2/2006, 4-19: 5.

[9] Weder, Hans: Möglichkeiten des Mangels. Neutestamentliche Zugänge zu einem ökonomischen Grundproblem, in: Ruh, Hans (Hg.): Theologie und Ökonomie, Zürich 1992, 55-74: 55f.

und dies nicht rein aus finanziellen, sondern aus theologischen Gründen gerade mit Blick auf eine missionarische Kirche. Denn „weder Organisationen noch Institutionen missionieren. Die Organisation macht attraktive Angebote und die Institution schafft Räume der Beheimatung. Mission hingegen ist Bewegung und Leidenschaft für die Sache Jesu. Um für sie zu werben, braucht es Anhänger, bewegte und begeisterte Menschen, die sich einsetzen.“[10]
Hier müssen m. E. die Ergebnisse der jüngsten Kirchenmitgliedschaftsuntersuchung erschrecken, wenn herausge-funden wird, dass die Nähe zur eigenen Kirche über den Kontakt zum Pfarrer definiert wird. „Volkskirche ist Pastoren- und Kasualkirche“,[11] hat Isolde Karle es einmal benannt. Ist das Segen oder Fluch, müsste man nach Guders Vortrag fragen und wohl den Fluch wählen. Eine deutlich stärkere Verbindung von Kirchenmitgliedschaft und Partizi-pation ist daher geboten. Hier ist die Notwendigkeit „kontinuierlicher religiöser Kommunikation als Voraussetzung für die individuelle Religion“ zu betonen[12] und die „Entkopplung von kirchlicher Mitgliedschaft und Beteiligung in der Gemeinde“, wie sie bislang hochgehalten wurde, zu überwinden.[13] Es geht um eine „leiblich-physische Interaktion“.[14] Diese sollte dann aber auch an verschiedenen Orten und in verschiedenster Gestalt verlässlich möglich werden. Denn die Gestaltung von Kirche liegt doch an jenen, die „sich aktiv und damit auch verantwortlich an der Gestaltung des Gemeindelebens und an der Erfüllung kirchlicher Aufgaben beteiligen“.[15] Hier darf es m. E. nicht überraschen, dass Nachfolge oder englisch formuliert „discipleship“ in aktuellen Kirchentheorien kaum von Bedeutung ist. Warum eigentlich?

III. Weder Reformstress noch Rückbau ist angesagt!

„Was an der Haltung beider Landeskirchen auffällt, ist ihre heraushängende Zunge. Atemlos jappend laufen sie hinter der Zeit her, auf

---

[10] Kunz, Ralph: Keine Kirchenreform ohne Taufreform? Chancen und Fallstricke des tauforientierten Gemeindeaufbaus in der Postmoderne, in: Reppenhagen, Martin / Herbst, Michael (Hg.): Kirche in der Postmoderne, Neukirchen-Vluyn 2008, 161-182: 168.

[11] Karle, Isolde: Volkskirche ist Kasualien- und Pastorenkirche, Artikel im Deutschen Pfarrerblatt 12/2004. Www.pfarrerverband.de/pfarrerblatt/index.php?a=show&id=1562 [12.10.2015].

[12] Kunz: Keine Kirchenreform ohne Taufreform?, 287 mit Verweis auf die Position von Isolde Karle.

[13] Kunz: Keine Kirchenreform ohne Taufreform?, 162.

[14] Thomas, Günter: 10 Klippen auf dem Reformkurs der Evangelischen Kirche in Deutschland. Oder: Warum die Lösungen die Probleme vergrößern, in: EvTh 67 (2007), 361-387, 365.

[15] Hauschildt, Eberhard / Pohl-Patalong, Uta: Kirche, Gütersloh 2013, 281.

dass ihnen niemand entwische."[16] (Kurt Tucholsky, Anfang der 1930er Jahre)
Man könnte beinahe meinen, dass so manche Aktionen oder Reaktionen einer schrumpfenden Kirche als manisch-depressiv bezeichnet werden können. Mit „Kirche der Freiheit" wurde 2006 die manische Phase eingeleitet und „Reformstress"[17] erzeugt. Mittlerweile sind wir stärker in einer depressiven Phase, in der noch deutlicher der Rückbau bzw. die Konzentration von Kirche und die Erfolglosigkeit missionarischer Anstrengungen herausgestellt werden.
Ich würde mir wünschen, dass eine missionarische Ekklesiologie, wie sie Darrell Guder skizziert hat, uns weder manisch noch depressiv werden lässt, sondern Kirche eben missionarisch zukunftsorientiert aufstellt – und das nicht um ihrer selbst willen, sondern um Gottes willen.

---

[16] Tucholsky, Kurt: Braut- und Sportunterricht, in: Die Weltbühne 15 (8.4.1930), 540. Das Zitat verdanke ich Henning Wrogemann.
[17] Karle, Isolde: Kirche im Reformstress, Gütersloh 2010.

Thinking about Mission and the Development of the Church within the Secular Context of the Czech Environment

Pavel Cerny

I. Historical, Sociological and Cultural Context

Speaking from the perspective of mission within the Czech Republic, I have to mention our usual prerogative. Our country is considered to be the most secular and atheistic country in the world.[1]
The index of Christianity is also very low, and according to the statistics we hold the last position within the European Union, behind Sweden, Denmark and Belgium.[2]
Only a very small proportion of people profess faith in God, specifically only 21 % of Czech citizens. Czech atheism is considered to be very particular. According to sociological research as well as practical church experience, there are not many convinced atheists in the Czech Republic. Still, according to the statistics, the Czech Republic holds the fourth position in the EU in their use of superstition (magic, astrology, possibility of foretelling the future by means of horoscopes, faith in various transcendental powers, etc.). However, these many statistics as well as a recent census in 2011 are not convincing regarding atheism, because almost half of the population did not answer the questions touching religion and Christian churches.[3]
I agree with religionist Pavel Hošek, who says: "It is interesting to note that Czech atheists do not seem to be particularly orthodox in their atheism, either. According to a number of surveys, those citizens of the Czech Republic who either profess themselves to be atheists or say that they are without religious affiliation (which does not have to be the same thing), admit the existence of supernatural phenomena and take an interest in them."[4]

---

[1] Http://www.osacr.cz/2012/05/16/potvrzeno-cesi-jsou-nejateistictejsi-stat-na--svete/ [01-05-2015].

[2] Hamplvá, Dana: Náboženství v české společnosti na prahu 3. století (Religion on the Treshold of the Third Millenium), Praha 2013, 74.

[3] Cf. www.czso.cz

[4] Hošek, Pavel: Discerning the signs of the times in the post-communist Czech Republic. A Historical, sociological and missiological analysis of contemporary Czech culture, in: A Czech Perspective on Faith in a Secular Age. The Council for Research in Values and Philosophy, ed. Halík, Tomáš / Hošek, Pavel, Washington D.C. 2015, 26.

II. Religion and the Czech Society: A Brief Historical Development

Many theories have been developed about why Czechs are so indifferent to religion, especially to Christian churches and organized religion. Some historians speak about the longterm influence of the horrible events of the Thirty Years' War (1618-1648). This war was followed by 150 years of severe counter-reformation. Many negative attitudes of contemporary Czech citizens to the Church correspond with forcible re-Catholicization of the predominantly Protestant nation. The Habsburgs have been connected with three hundred years of religious, political and nationalistic violent pressure.

After the break-up of the Austro-Hungarian state in 1918, the leaders of free Czechoslovakia interpreted the meaning of Czech history. The past history of the Hussite movement and the tradition of the Old Unity of Czech Brethren have been highlighted. This interpretation of history was definitely anticlerical. The First Czechoslovak Republic put a lot of stress on non-Catholic forms of church. Many people (about 3 million) left the Roman-catholic Church after 1918. This has been known as the movement "away from Rome." Some of them just left, some established the new denomination called the Czechoslovak Hussite Church and some joined other Protestant denominations. What began as a political ambition to "break from Vienna" continued as a movement "away from Rome," because the Austro-Hungarian empire was politically connected with the Roman Catholic ideology and religious oppression. Unfortunately, many of these changes were motivated by nationalism and politics and not by spiritual reasons.

During the Second World War and after it, the alienation between the Church and a large part of the Czech nation increased. There was a strong shift of many Czech intellectuals towards leftist ideology. Some of them became communists while others inclined to a more moderate form of leftwing philosophy. The working class considered Czech churches to be more linked with factory-owners, i. e., not being interested in unfavorable working conditions. The working class movement often accepted hostile attitudes towards the Church. The Communist ideology of Marx-Leninism provided "substitute religion" for its adherents. But still in the 1950s more than 90 % of Czech citizens had some sort of Church affiliation.

The Communist regime came into power in 1948 and the Church was subjected to various forms of persecution. A strong anti-Church policy was introduced. In the 1960s, the situation between the state and the Church improved a bit. All hopes for more improvements and regular dialogue between state and the Church were then buried by the invasion of the Warsaw Pact troops on 21st August 1968. The communist regime continued to push the Church into church buildings. It led to the development of an isolated subculture. All churches were controlled and infiltrated by agents and informers of the secret police.

The break-up of the Soviet bloc and the collapse of the communist regime in 1989 brought full political and religious freedom with new opportunities to spread the Gospel. After the socalled Velvet Revolution, the Churches were viewed in a positive light because of their certain opposition to communist ideology and the suffering of many pastors, priests and other Christians. In 1991 44 % of the population professed some form of church affiliation. However, this rate of popularity for the Church did not last long.[5] Apparently, the hopes that had been placed on the Church were not realized and the traditional distrust of religious institutions quickly followed. The Czechs have a deeply-rooted distrust of all institution and also the Church. "A typical assumption of a large part of Czech society is the suspicion that institutions do not pursue the interests of the citizens they are supposed to serve, but in reality just serve themselves and only pursue their own interests in the form of power and money. The Czech distrust of religious institutions is a specific example of this general phenomenon."[6] Czech society does not want a rich and powerful Church. People expect the Church to be humble and ready to serve. The Church should be modest and self-sacrificing. Then, the Church lost additional popularity due to prolonged negotiations with the state regarding property confiscation by the communist regime. It took 22 years to solve that problem, the Czech Republic being the last one to do so out of all post-communist countries. Czech society would like to see the Churches caring for old, sick and dying people and taking care of historical sites.[7] Long-term political disputes over the restitution of Church property severely damaged the reputation and credibility of the Czech Churches.

Censuses in 2001 and in 2011 showed a dramatic decrease in membership of the three largest Churches. On the other hand, there was certain growth in some of the smaller protestant Churches, with some of them experiencing considerable growth. It is true that more formal membership in churches has dropped, nevertheless, their Church attendance has not declined dramatically in the last few years. I think the so-called "Volkskirche" is slowly dying due to professing forms of Church.

---

[5] Cf. www.czso.cz [12-10-2015].

[6] Hošek: Discerning the signs of the times in the post-communist Czech Republic, 23.

[7] Nešpor, Zdeněk: Příliš slábi ve víře. Česká (ne)religiozita v evropském kontextu (Too weak in Faith. Czech (Non)religiosity in European Context), Praha 2010, 99.

	1950	1991	2001	2011
Roman Catholic Church	76,3 %	39 %	26,8 %	10,3 %
Czech Brethren Evangelical	4,5	2,0	1,1	0,5
Czechoslovak Husstie Church	10,6	1,7	1,0	0,4
Other churches	2,4	1,0	3,2	2,8
Believers without Church Affiliation	-	-	-	6,7
Without Religion	5,8	39,9	59,0	34,2
Not answered	0,3	16,2	8,8	45,1

Christianity in percentage according to the Czech Statistical Office.[8]

III. Secularization or the Return of Religion?

Friedrich Nietzsche foretold the death of God and many after him monotonously repeated "God is dead". But it seems that the phrase "God is back" or "gods are back" would fit the current situation better. Everything points towards the fact that the global trend of secularization has stopped. In 1990, 67% of people professed one of the world's four largest religions (Christianity, Islam, Buddhism and Hinduism). In 2005, it was already 73 %. According to estimations, it will be 80 % of the world's population by 2025.
In the 1960s and 1970s, many theological documents considered secularization irreversible. European theology in particular has been strongly affected by the concept of secularization as church membership declined year after year and as Christianity gradually became a minority religion. Unquestionably, certain waves of secularization have taken place. On the other hand, it is also true that on a global scale the process of secularization has not been as successful. Be it the effect of population migrations or the spreading of the postmodern paradigm of spirituality and its desire for transcendence, we can now speak about the "return of gods" in Europe and in the Czech Republic as well.
Zdenek R. Nešpor offers a thorough sociological analysis of secularization trends and their opposites in his recently published book, Too Weak in Faith: Czech (Non)religiosity in European Context.[9] He strongly challenges Europe's understanding of secularization. The publication gathers material which strongly shakes the stereotypes of our understanding of secularization. For a long time many have thought that the whole world would develop according to the Western secularization model. However, the idea of science and technology replacing and destroying the religious realm faded away. Nešpor does

8 Czech Statistical Office. Http://vdb.czso.cz/ [12-10-2015].
9 Nešpor: Příliš slábi ve víře.

not hesitate to talk about the "secularist ideology", which represented a fundamental misunderstanding of religion and its function.[10] In the current Czech situation, it is more than important to push the "secularist ideology" out of our society, which relied on the wrong presuppositions of a decline in religiosity.
Nešpor concludes: "Contemporary Czech society is still not as atheistic as it might like to 'proudly' think and claim for itself. It is rather anti-clerical. Generally speaking, Czechs refuse the Christian God, but they do not cease to believe in something, identifying it occasionally with the structures of the fragmentary Christian memory tucked in [their] social consciousness."[11] He adds, "Czechs have chosen the path of progressive de-religionization, which they have not managed to pursue properly yet, and the effects of their ambiguous relation to religion have been apparent until today".[12]
In bookstores, it is possible to see a large number of books dedicated to religion and various spiritualphilosophical paths. Many people buy and read books about an immaterial explanation of life and reality. This tendency reveals itself in many alternative lifestyles, medicinal approaches and diets, physical fitness programs and ecological living modes that seek to be in harmony with nature and cosmic forces. According to the 2011 census, there are 750 000 people in the Czech Republic who consider themselves believers but who refuse for various reasons to associate with any Church.[13] This makes them the second largest religious group in the country.
Commercialized spirituality is simply a market economy issue. It offers what the people are asking for. The production and distribution of such religious and pseudoreligious goods is more costefficient than of goods with material value.

IV. Missional Situation

The current missional situation is actually much closer to that of the 1st century AD than to that of four or five decades ago. Today we also encounter polytheism, myriads of mystery cults and various forms of old and new religions. It is quite obvious that communist totalitarian ideology also had its religious content and character. From this point of view, it is quite surprising that emphasis on the rational aspects of Christian faith still prevails over religious experience in many Protestant churches. The Gospel is very often presented as a system of beliefs which must be accepted by human reason. On the other hand,

[10] Cf. ibid., 34-35.
[11] Ibid., 188.
[12] Ibid., 190.
[13] Cf. www.czso.cz.

the contemporary situation shows human hunger for religious experiences. Charismatic, Pentecostal and even Roman Catholic emphases on religious experience seem to be the complement to traditional Protestant emphases on rational aspects of our Christianity.

Due to the fact that it has often been misused by various ideologies and deformed by incorrect historical interpretations, the term mission evolved into a word with pejorative connotations. Nevertheless, the mission of the church is closely related with the practice of the Gospel within the secular environment of the Czech Republic. Through a new understanding, which springs from re-reading the Bible with a missionary perspective and a radical contextualization of the Gospel of Christ, mission inspires ecumenical dialogue, helps churches in their orientation, and leads to cooperation in improving current Gospel practices.

The Gospel of Christ, which crosses all human boundaries, connects, unifies and overcomes differences, contradictions and disputes. How can the Gospel of Christ influence the Christian churches' theology of mission and their practice of the Gospel in the secular environment of the Czech Republic?

First of all we need to admit that in the Czech Christian environment the words mission and evangelization are not commonly used anymore. It may be the result of the long life of our churches in the totalitarian era, when very limited and restricted religious freedoms were preserved, with a focus mainly on the performance of liturgical acts inside churches, chapels and prayer rooms. The churches were not allowed to appear in public. Thus churches and congregations, little by little, got used to caring more for themselves than for missionary work and evangelization outside their communities. Even now, some Christians react antagonistically upon merely hearing the terms mission or evangelization and consider them to be anachronistic relics of the past. Our understanding of mission has been helped recently by WCC mission document Together Towards Life,[14] The Cape Town Commitment of the Lausanne Movement[15] and by Evangelii Gaudium[16] by Pope Francis. All of these documents strongly support the importance of Church-based mission and evangelism in these days.

However, the development and application of an active model of the church that is based on mission and evangelization is rather problematic in the Czech environment. For, it needs to approach people, search for a comprehensible language, disrespect any

---

[14] Together Towards Life. Mission and Evangelism in Changing Landscapes. A New WCC Affirmation on Mission and Evangelism. Presented to the 10th General Assembly of WCC, Busan 2013.

[15] The Third Lausanne Congress on World Evangelization, 2010.

[16] Apostolic Exhortation on the Proclamation of the Gospel in Today's World, 2013.

limitations and disturb the self-confidence of an isolated island of a few rescued souls. This is exactly the point where we have to deal with serious questions of our understanding of the Church's missionary calling. I dare to pick only four of the most pressing questions from this vast and multi-layered issue.

V. Czech Specific Environment

According to sociological research, Czech people are not so much against religion in various forms but against organized religion. Evangelical Theologian Pavel Hošek suggests moving "from traditional believers – nonbelievers paradigm to the more illuminating and adequate seekers – dwellers paradigm".[17] The Czech situation completely differs from all the neighboring countries (Austria, Germany, Slovakia, Poland). All of those countries have a much higher number of people with positive attitudes towards faith and membership in a church. In the Czech Republic, the so-called "grey zone" between traditional believers and convinced atheists continues to grow.

Roman Catholic theologian and sociologist Tomáš Halík underlines that our Churches must focus their outreach on this "grey zone" of seekers. It is obvious given Czech historical and cultural development, that the faith of seekers tends to be very shy.

In this specific Czech situation Halík and Hošek argue for a kenotic hermeneutics of contemporary culture, guided by the biblical metaphor of "discerning the signs of the times".[18] Their missional suggestions for the Churches "include[s] listening attentively to, trying to understand the actual questions people are asking, as they are articulated in one way or another in art, in philosophy, in the climate of society, in changes of public opinion in media and so on".[19]

VI. Mission in a Multi-Faith-World

Peaceful coexistence of world religions and philosophies is very important and inter-religious dialogue is deeply rooted in the ground of the theology of mission. Nevertheless, it is important to discern what exactly we expect from this dialogue. I believe that proselytizing

---

[17] Hošek, Pavel: Towards a kenotic hermeneutics of contemporary Czech culture, in: A Czech Perspective on Faith in a Secular Age. The Council for Research in Values and Philosophy, ed. Halík, Tomáš / Hošek, Pavel, Washington D.C. 2015, 2f; Charles Tayler has offered this distinction in: Taylor, Charles: The Secular Age, Cambridge, 2007.

[18] Matt 16,2-3. Halík, Tomáš / Hošek, Pavel: A Czech Perspective on Faith in a Secular Age, 5.

[19] Ibid.

among Christian churches has been overcome and nearly eliminated in our country. Churches mutually respect one another's understandings of the Savior's grace and the diversity of the Spirit's gifts. Is it possible, however, to adopt such a stance also towards other religions? Is it not the case that we should proselytize among members of those religions so as to give them the same chances?
Isn't it rather important to grasp anew from theological reflection what Christian churches worship and serve as well as what other religions do? Theological research should help us make a clear decision regarding whether we want partnership or religious association with other religions or whether we should try to proselytize among them – on the assumption that the other religions will do the same.
There is no doubt we must respect other religions and treat them with dignity, but it does not mean that our testimony of Jesus Christ should be concealed as an esoteric teaching. In an inter-religious dialogue it is the very integrity of our faith which is tested. A dialogue with a partner who hides the most precious possession they have soon ceases to be interesting. Members of other religions very often express disdain and mockery for those unable or unwilling to confess their faith.
The Czech Professor of Practical Theology Pavel Filipi warns about a danger of confessional vagueness.[20] False tolerance, which defends itself with such vagueness, is not a positive value. Interreligious dialogue should not be taken as a "warehouse" of diverse beliefs. Friendly relations among people of different religions should not be an obstacle to confessional forthrightness in the context of the universalism of a Christian understanding of salvation.

VII. Dialogue and Cooperation with Churches of Other Languages

Today immigrants of various nationalities who are non-native English speakers prevail among participants in Sunday worship in London. This phenomenon illustrates the fact that some European cities are experiencing the increasing influence of immigrants within their church communities. The Czech Republic still does not have as many immigrants as Western Europe. However, Korean, Russian, Ukrainian, Vietnamese, Japanese and multinational congregations have emerged on Czech soil. Some of these churches belong to traditional denominations while some of them are independent. I suppose this is a great chance for theological dialogue and mutual enrichment in the field of mission.
At a time when the European concept of multiculturalism is in decay or even in ruins, Christian churches should be able to manifest their

[20] Cf. Filipi, Pavel: Církev a církve. Kapitoly z ekumenické eklesiologie (Church and Churches: Chapters out of Ecumenical ecclesiology). Brno: CDK, 2000, 21.

ability to overcome ethnocentrism and cultural differences. New churches are beginning to evangelize among Czech citizens and are spreading their faith in a country which to them is foreign. Will Czech Christians be able to create a favorable environment for newly contextualized missionary church models? Will they be open to dialogue that can positively influence the missionary work of existing churches? This still remains an open question.

VIII. Culture

Missiologist and theologian Jonathan J. Bonk wrote, "theology can be liberated from cultural bounds only through mission".[21] This understanding is hardly new. We can verify its validity on the pages of Scripture itself, depicted in the development of the early church. An archetypical bearer of this missionary task is the Apostle Paul, who in preaching the Gospel connects Jewish and Greek thought. His theology is shaped by his mission which entails a spiritual struggle to contextualize the Gospel in a foreign cultural environment.
The Czech Roman Catholic Priest Jan Regner reported at a 2010 European Jesuit conference, which interpreted secular culture as a challenge for new evangelization: since modernity stood on two pillars – the development of science and a new self-understanding of individualism, the postmodern era brings religion back on the stage, even though it has the shape of a wide pluralism. Irish Jesuit Gallagher describes postmodernity as "cultural hopelessness and inconsolability", but on the other hand, it also means "new openness to faith".[22]
A rationale for missionary efforts very often shines through writings of the Old and New Testament authors. To approach the biblical text without any knowledge of the missionary quest of Israel and that of the early church means giving too much space to modern culture.[23]

IX. New Ecclesiological Forms – Fresh Expressions of the Church

According to sociological research, the influence of sects and cults has reached its peak. Various sects flourished mostly in the 1990s, filling a spiritual vacuum after the communist period. In these days, people are more open to eastern religions, the New Age movement and various

---

[21] Bonk, Jonathan J.: Missions and the Liberation of Theology, in: International Bulletin of Missionary Research 34 (No. 4, 2010), 194.
[22] Regner, Jan: Evangelizace v sekularizovaném světě (Evangelization in Secular World), in: Universum XXI (No. 4, 2011), 30-31.
[23] ČERNÝ, Pavel. The Relationship between Theology and Missiology. The Missiological Hermeneutics, in: European Journal of Theology XIX (No. 2, 2010), 104-109.

spiritualties connected with yoga, transcendental meditation and a healthy lifestyle. It means that many seekers are open to connecting with Christians from non-formal and non-traditional Churches.

In the Czech-specific situation, traditional churches can address some "seekers" by preaching, liturgy and evangelistic outreach. Other seekers show such a deep antagonism to organized religion that new ecclesiological forms are needed. Due to our situation, we support the importance of new missional expressions within the Church. Smaller protestant denominations, which committed themselves to church-planting programs, have been able to approach Czech seekers in a different way. Some of them experienced positive developments in mission work, which resulted in conversions and church growth. The Gospel, brought in non-formal and fresh ways, can speak to Czech anti-clerical attitudes and shy seekers.

This approach is nothing else than a missiological strategy of the Apostle Paul to be a Jew to the Jews, to win the Jews, to those under the law to become like one under the law, to win those under the law, for the weak to become weak, to win the weak.[24]

X. Conclusion

The decline in the influence of religious institutions brings a big lack of orthodoxy among believers. Various surveys show that Czech Christians are very non-orthodox. Likewise, Czech atheism is very much non-atheistic.[25] Tomáš Halík likes to speak about "something-ists," i. e., adherents of a more or less clearly expressed conviction that there must be "something" above us. Most of these people do not feel the necessity to give it a concrete outline or form.

The dialectical theology of Karl Barth and others definitely fulfilled a role in confronting slushy theological liberalism. Today, though, it seems to me that we need more of an emphasis on religious experience and the practical living out of our faith. It is quite well-known that a person makes new decisions, and changes his own system of values due to the influence of certain experiences. This may be the influence of postmodernity. It remains questionable whether Barthian dialectical theology and neo-orthodoxy (very influential in Czech University Theological education) have not somehow contributed to the communication barrier prevalent in Czech church missions. In contrast, narrative theology and symbolic language seem to have risen in popularity and have proven to be very vital mediators in contemporary preaching. The subjective experience of faith, which has been

---

[24] Cf. 1Cor 9,20-22.

[25] Václavík, David: Náboženství a moderní česká společnost. (Religion and Modern Czech society), Praha 2010, 162f.

overlooked and neglected in European Protestant theology for a long time, is also experiencing a massive revival. American sociologist Peter L. Berger notes: "[H]ope that explosive pluralism of our times can lead to the rebirth of a new theological synthesis does not seem in any way exaggerated".[26]

We have to admit that there is no real secularism in our country. Various "gods" are back. The Czech society is not secular in religious terms.[27] Many seekers long to taste and experience something transcendental. The Czech Churches will have to struggle with a chronic distrust of the Church within Czech society. There is no other way than to further develop the Church's incarnational mission and spirit of servanthood.

It is true that "Czech society follows the general trend of a move away from Czech religiosity and the weakening of the influence of normative interpretation of tradition".[28] Even Czechs who are Christians often do not accept the Church's teaching on what and how to believe.

Czech society is very diverse and the supermarket mentality is quite typical. People tend to very much enjoy the free market system in spiritual things as well. After having been exposed to various spiritual offers and non-ending spiritual possibilities, people became frustrated as they experience a loss of orientation and "centrum securitatis", as Jan Amos Comenius spoke about many years ago. They tried and tested many things but they are not sure what to believe and accept. They do not want to be forced or manipulated, but they find themselves often lost and insecure. Christians can accompany such seekers, stay in dialogue with them and pray for them. Some people appreciate being helped to get to know the Gospel.

People of the contemporary Czech society very often long for the Sacred. That is what naturally religious people long for. There is a certain business offering "the sacred" as a product. More and more people in the Czech culture look for such spiritual goods, including rituals, spiritual experiences, meditation courses and spiritual literature. According to statistics, there is a growth of religiosity and a decline of atheism. Sociologist Vaclavík shows that the Czech society has a lower number of people believing in a personal God but a growing number of

---

[26] Berger, Peter: L. Vzdálená sláva. Hledání víry ve věku lehkověrnosti. Prague, Barrister and Principal, 1997. 69.

[27] Roubik, Pavel: The Myth of the `Nonreligious Age`. A Sociocultural Transformation of Religion in Modernity. In: Halík, Tomáš / Hošek, Pavel: A Czech Perspective on Faith in a Secular Age, 61-82.

[28] Cf. Roubik, Pavel: The Myth of the `Nonreligious Age`. "That is why Protestantism is particularly affected by the consequences of the epochal transformation process of the modern communication." Cf. Barth, Ulrich: Säkularisierung und Moderne. Die soziokulturelle Transformation der Religion, in: Religion in der Moderne, Tübingen 2013, 155.

people having faith in some higher power or spiritual strength.[29] No doubt many people make their own syncretistic approach to the sacred. Hošek rightly says, "a fundamental transformation of religious motivation is taking place, aptly described as shift 'from obligation to consumption,' and 'from organized religion to personal spirituality' or 'from responsible membership in institutions to a free association of friends.'"[30]

To stay in dialogue with people means to accept that science does not have all the answers and that there is a spiritual dimension to understanding mankind, nature and the meaning of life. Our Christian faith must not be proclaimed as a set of general assertions. The God of the Bible is not a system of teaching. He is a relational being and He comes to us in the story of the Old Testament and in the story of the Messiah and His Gospel. Jesus' real and sacrificial loving kindness is something that contemporary Czechs need. Many people feel lonely, rejected, even betrayed by society. Functioning, loving Church fellowship can model Christ's incarnational mission to this world. There is a need to build up and develop new ecclesiological forms and expressions of the Church and to renew traditional Churches. There is a great power in the fellowship giving and approving someone's identity in Christ. Many people struggle with serious problems of guilt. Sensitive pastoral care can help to see and understand God's mercy. In a loving Church fellowship people can get to know that there is no real private faith. We have been created for relationship with God and with other people. The Church can find a new inspiration as an icon of the Trinity, being relational.

For many years, Europeans have played a leading role at theological conferences; now it is their time to show humility and accept the missionary call of non-European churches even in Europe. It is not easy to learn from those whose Christianity still has a young history. We should pay attention to the cultural study of the present epoch in which we live. Culture determines way more than we are willing to admit. That being the case, theological schools should make what we might call a "missionary audit" of their curricula and ethos to improve their service to the church's missionary quest and to answer the challenges of today. Theology that does not account for the church's missionary imperative is in danger of escapism, can lose its relevance, and can blind itself to the necessity of evangelization and the social mission of the church. Materially saturated Europe has been manifesting a spiritual hunger in recent years. Just "google" the words Europe and spirituality and four million links will appear. Despite the fact that many of the items are links to occultism or paranormal

---

[29] Václavík, David: Náboženství a moderní česká společnost. 159ff.

[30] Hošek, Pavel: Discerning the signs of the times in the post-communist Czech Republic, 31.

phenomena, we still can recognize that many millions of Europeans sense that there might be something more than material life. People seek answers to their difficult questions. They crave spiritual experience and search for meaning in life. What will be the answer of theology – and practical theology and missiology in particular – to this spiritual need?

"Thinking about Mission and the Development of the Church..." Response auf Pavel Cerny

Hans-Jürgen Abromeit

Pavel Cerny ist sehr zu danken für seine Einführung in die kirchliche Situation in Tschechien. Dabei berücksichtigt er historische Entwicklungen, um gegenwärtige Phänomene zu deuten. Das ist sehr aufschlussreich, denn es hilft trotz vieler Gemeinsamkeiten zur Situation der Kirche in den östlichen Bundesländern Deutschlands, auch die Unterschiede darin wahrzunehmen. Darüber hinaus greift er die theologischen und soziologischen Debatten der vergangenen Jahre auf und ordnet die Situation in Tschechien darin ein. Darauf aufbauend wagt er die mutige These, dass es im Grunde genommen keine wirkliche Säkularisierung in Tschechien gibt, und sieht Chancen für die Mission der Kirche. Darauf werde ich am Ende noch einmal zurückkommen. Doch zuerst möchte ich einige Unterschiede und Gemeinsamkeiten zur Situation im Osten Deutschlands benennen.

I. Unterschiede und Gemeinsamkeiten

1. Die Situation in Pommern ist in vielerlei Hinsicht der in Tschechien ähnlich. An erster Stelle ist die gemeinsame Vergangenheit in der Zeit des Kommunismus in der Mitte Europas zu nennen. Der daraus resultierende Atheismus hat die gleichen Wurzeln. Auch die Erfahrungen in der Nachwendezeit verbinden uns. Die neue Freiheit brachte eine gesellschaftliche Vielfalt hervor. In religiöser Hinsicht zeigt sich diese Pluralität ebenso. Das ist eine neue Situation, mit der wir erst lernen müssen umzugehen. Dann nennt Cerny die Skepsis gegenüber Institutionen. Davon ist nicht nur die Kirche betroffen. Auch Parteien, Gewerkschaften und andere Großinstitutionen leiden unter dem Vertrauensverlust. Dies gilt allerdings nicht nur für den Osten, sondern auch für den Westen Deutschlands. Die Kirchen sind hier also von einem allgemeinen Trend mitbetroffen.
Cerny beklagt die Kopflastigkeit des protestantischen Glaubens. Das Phänomen ist bekannt und nach Paul Zulehner ein Grund für die bleibende Schwäche der evangelischen Kirche in den postsozialistischen Regionen Ostdeutschlands und Tschechiens. Ich bin jedoch froh, dass wir inzwischen viele Ansätze und Möglichkeiten haben, die versuchen, diese Kopflastigkeit zu überwinden. Ich denke dabei an die von ganz

unterschiedlichen kirchlichen Richtungen gemeinsam erkannte Notwendigkeit, Gemeindeaufbau als Arbeit am Gemeinwesen zu betreiben, an erfahrungsorientierte Arbeit in der Erwachsenenbildung, die sich u. a. in Glaubenskursen, wie z. B. dem Kurs „Stufen des Lebens" niederschlägt. In der Gottesdienstgestaltung sind erfahrungsbezogene Elemente durch die Frömmigkeit aus Taizé oder die Thomasmessen aus Finnland vorhanden. Nicht zuletzt durch das IEEG hat die Fresh-Expressions-Bewegung aus England in Deutschland und vereinzelt auch in Pommern Anhänger gefunden. Das Projekt „nebenan" des Pommerschen Kirchenkreises unter der Begleitung des IEEG in Bergen-Rotensee ist nur ein Beispiel.

2. Eine weitere Gemeinsamkeit sehe ich in der Hoffnung der Nachwendezeit. Doch in Tschechien wie in Pommern ist das erhoffte Aufblühen der Volkskirche nach der friedlichen Revolution ausgeblieben. Allerdings scheinen die Entwicklungen doch unterschiedlich zu sein. In Pommern gab es noch volkskirchliche Restbestände, die nun langsam abschmelzen. Insgesamt waren 2011 noch 23,7 % der Bevölkerung in Mecklenburg-Vorpommern Christen. 3,4 % sind katholisch, 17,7 % sind evangelisch und ca. 2,5 % gehören kleineren christlichen Gemeinschaften an.[1] Für Tschechien hat Cerny gezeigt, dass zu der größten Konfession, also der römisch-katholischen Kirche, nur noch 10,3 % der Bevölkerung gehören. Die hussitische Kirche ist von 10 % (1950) auf 0,4 % (2011) geschrumpft. Sie ist damit quasi zur Freikirche geworden. Die unterschiedliche Geschichte Tschechiens im Vergleich zu Ost- und Westdeutschlands ist hier zu beachten. Bei uns gab es keine 150 Jahre strenger Rekatholisierung nach dem 30-jährigen Krieg. Das Verhältnis der Konfessionen hat sich in Deutschland anders entwickelt. Und gerade die schrecklichen Erfahrungen des Zweiten Weltkriegs führten bei uns zu einer Versöhnung zwischen den Konfessionen.

3. Noch einen Unterschied möchte ich nennen. Cerny weist ebenfalls darauf hin. In Tschechien finden wir eher einen diffusen Atheismus, aber keine besondere Mehrheit an überzeugten Atheisten. 45 % machen keine Angaben zur Religion. Nur 34 % sehen sich demgegenüber als nicht-religiös. Zudem gibt es einen weitverbreiteten Aberglauben. In Mecklenburg-Vorpommern liegt der Anteil der Konfessionslosen bei 75 %. Nur ca. 3 % davon sehen sich als religiös an. Aberglaube und Esoterik gibt es auch bei uns. Insgesamt wäre ich aber skeptisch, eine große religiöse Suchbewegung innerhalb des konfessionslosen Spektrums abzuleiten. In den Studien zur Konfessionslosigkeit wurde ja

[1] Zensus 2011, Statistisches Bundesamt Wiesbaden 2013: https://www.destatis.de/DE/PresseService/Presse/Pressekonferenzen/2013/Zensus2011/soziodemo_excel.html. [15.06.2015].

festgestellt, dass Konfessionslosigkeit und religiöse Indifferenz sich weitervererben.[2]

II. Weiterführende Gedanken

Einige weitere Aspekte des Vortrags möchte ich noch einmal kurz hervorheben:

1. Wichtig fand ich den Hinweis darauf, dass Mission von kultureller Enge befreit. Dies gilt in doppelter Perspektive. Sowohl die missionarische Gemeinde überwindet in der Mission ihre eigenen kulturellen Grenzen. Von der Soziologie haben wir in den letzten Jahren gelernt, wie unterschiedlich die kulturellen Milieus auch innerhalb unseres eigenen Landes sind. Mission hat also etwas Grenzüberschreitendes und den eigenen Horizont Öffnendes. Umgekehrt gilt dies nun auch. Wo das Evangelium angenommen wird, wird nicht Kultur zerstört, wohl aber geöffnet für das Evangelium und seine Wirkungen.

2. Am Ende des Vortrags ruft Cerny dazu auf, die Mission der Migrantengemeinden ernst zu nehmen. In Tschechien spielt das zwar noch nicht so eine Rolle wie in Westeuropa, doch unübersehbar sind in Tschechien Migrantengemeinden entstanden. In Pommern ist das Phänomen bisher ein Randphänomen. Doch durch die Arbeit mit Flüchtlingen und Asylbewerbern entstehen Kontakte zu Migranten, sowohl christlichen als auch muslimischen oder anderen Glaubens. Jedoch sind daraus bisher kaum Migrantengemeinden hervorgegangen. Seit gut einem Jahr gibt es in Greifswald einen monatlichen englischsprachigen Gottesdienst in der Johanneskirchengemeinde. Für die Nordkirche ist dies jedoch ein wichtiger Punkt, denn in Hamburg gibt es zahlreiche Migrantengemeinden. Cerny legt Wert darauf, dass wir Migrantengemeinden nicht in die Rolle von kleinen, ethnisch oder kulturell definierten Gemeinden abschieben. Vielmehr sollten wir annehmen, dass diese Gemeinden einen Auftrag von Gott nicht nur für andere Migranten, sondern für die Christenheit in unserem Land überhaupt haben. Darum sind sie in ihrer Mission ernst zu nehmen. Im Gegenzug bedeutet dies natürlich, dass Migrantengemeinden von den traditionellen Kirchen lernen können und sich nicht im Gegensatz zu ihnen verstehen sollten. Hier liegt in der Tat ein Aufgabenfeld mit wachsender Bedeutung vor uns, in dem für die Mission in unseren Ländern Chancen liegen. Wir sollten unbedingt versuchen, die vielen Migranten und Migrantinnen in unsere gewöhnlichen Ortsgemeinden

---

[2] Vgl. Pickel, Gerd: Konfessionslose, in: Engagement und Indifferenz. Kirchenmitgliedschaft als soziale Praxis, V. EKD-Erhebung über Kirchenmitgliedschaft, hg. von der EKD, Hannover 2014, 80-82.

zu integrieren, und verhindern, dass sie sich auf Dauer in eigenen Gemeinden sammeln. Vielleicht werden wir eines Tages sagen müssen: „Die Migranten haben unsere Gemeinden verändert und gerettet."

3. Wirklich überrascht hat mich jedoch etwas Anderes: „We have to admit that there is no real secularism in our country", sagt Cerny.[3] „Wir haben anzunehmen, dass es keine wirkliche Säkularisierung in unserem Land gibt." Ich kann zwar die Situation in Tschechien nicht so gut beurteilen wie Cerny, doch auf dem Hintergrund meiner Erfahrungen aus Pommern und darüber hinaus bin ich skeptisch in Bezug auf diese These. Das Phänomen der Säkularisierung scheint mir darin in seiner Tiefe nicht ernst genommen zu sein. Einerseits muss man sagen, dass Säkularisierung durchaus positive Wirkungen für die Gesellschaft, für die Menschen und die Kirche hat. Schon die Reformation war gegenüber der römischen, mittelalterlichen Kirche eine Bewegung der Säkularisierung. Priester durften heiraten oder das Werk der Magd am Herd war vor Gott genauso angesehen wie das Gebet der Mönche. Das Weltliche gewann Relevanz in der Kirche. Die Entflechtung von weltlicher und geistlicher Macht ist ein Gewinn der Säkularisierung. Säkularisierungsprozesse sind also nicht per se negativ zu bewerten, sondern immer vom Evangelium her zu beurteilen. Sie sind Ausdruck einer Befreiung von klerikaler Bevormundung hin zu eigener Verantwortung (Wolfgang Huber). Umgekehrt gesehen bringen Säkularisierungsprozesse einen Verlust kirchlicher Macht mit sich. Das betrifft dabei nicht nur die Institution der Kirche, sondern auch die christliche Durchdringung der Gesellschaft. Unumstritten ist dabei, dass der Einfluss des Christlichen in der Gesellschaft schwindet. Nicht nur die Mitgliederverluste seit dem Zweiten Weltkrieg zeigen dies, sondern auch die Debatten um die Sterbehilfe, den Sonntagsschutz oder das Tanzverbot an den Stillen Tagen. In den Diskussionen wird immer deutlicher nicht nur gegen den gesellschaftlichen Einfluss der Kirche, sondern auch gegen den Glauben selbst Einspruch erhoben. Säkularisierung in positiven wie negativen Erscheinungsformen ist zumindest in Deutschland eine Realität, deren Bestreitung ich skeptisch sehe.

Zudem erscheint es mir zu oberflächlich, die Säkularisierung als solche zu verneinen, weil es auch unter konfessionslosen und religiös indifferenten Menschen Sinnsuche und Interesse an religiösen Fragestellungen gibt. Eine neuerliche Offenheit für religiöse Fragen hebt nicht die Folgen der Säkularisierung auf.

Detlef Pollack und sein Mitarbeiter Gergely Rosta haben im April eine neue Studie zur Religion in der Moderne vorgelegt.[4] Sie weisen darin

---

[3] Vgl. seinen Beitrag in diesem Buch, S. 110.

[4] Pollack, Detlef / Rosta, Gergely: Religion in der Moderne. Ein internationaler Vergleich, Frankfurt am Main 2015.

auf, dass der Bedeutungsverlust des christlichen Glaubens in Europa nicht unmittelbare Folge eines verfehlten kirchlichen Handelns sei. Vielmehr seien es äußere Faktoren, denen die Kirche ausgesetzt sei und denen sie nur wenig entgegenzusetzen habe. In unseren plural ausdifferenzierten Gesellschaften hat der Glaube an sich an Plausibilität verloren. Es gibt genügend an alternativen Modellen, das eigene Leben zu deuten und zu gestalten. Dass dies so sei, sehen Pollack und Rosta u. a. als Folge einer gelungenen kirchlichen Arbeit. Religion gewinne immer dann an Bedeutung, „wenn sie außerreligiösen Bedürfnissen" entspreche.[5] Wenn diese Bedürfnisse erfüllt seien, werde sie wieder schwächer. Aktuelles Beispiel sei der Erfolg der Orthodoxen Kirche in Russland, die „nationalistisch und politisch aufgeladen" sei und „Funktionsdefizite anderer Bereiche" übernehme.[6] Der Relevanzverlust des christlichen Glaubens in Europa lässt sich demnach nicht durch ein immer Mehr an kirchlicher Aktivität aufhalten. Es ist gut, wenn Pastorinnen und Pastoren homiletisch fortgebildet werden und lebensnaher und ansprechender predigen. Es ist gut, wenn Gottesdienste lebendiger werden. Die christliche Gemeinde muss diakonisch, politisch und missionarisch aktiv sein. Aber, so verstehe ich die Studie, das alles wird keine Trendwende bringen, weil es Faktoren gibt, die nicht in kirchlicher Hand liegen.
Ein „Wachsen gegen den Trend" ist aus dieser Sicht eine Überforderung. Christliche Gemeinden und kirchliche Mitarbeiter sind aufgefordert ihren Dienst vom Evangelium her zu verstehen. Ihr Auftrag ist nicht die Wiederherstellung der Volkskirche, sondern an ihren Orten Zeugen für das Evangelium zu sein. In diesem Sinn ist kein Aktionismus geboten. Geboten ist aber an den Orten, an die Gott uns stellt, verantwortungsvoll das Evangelium zu bezeugen. Mission ist deswegen – und darin folge ich Cerny – eine Gesamtorientierung der kirchlichen Arbeit.

Ich fasse zusammen: In weiten Teilen erkenne ich Gemeinsamkeiten zwischen der Situation in Tschechien und in Vorpommern. Dabei gibt es Unterschiede, die aus der Geschichte herrühren. Die Herausforderung einer pluralen Gesellschaft, in der Religion nur noch eine Nebenrolle spielt, aber nicht mehr das zentrale die Gesellschaft zusammenhaltende Band ist, besteht hier wie dort. Als Kirchen sind wir immer noch dabei, uns auf diese gravierende gesellschaftliche Veränderung einzustellen. Der Mission kommt dabei eine entscheidende Bedeutung zu.

---

[5] Kamman, Matthias: Kirchen können Glaubensschwund nicht stoppen; in: Die Welt vom 23. Mai 2015, 6.
[6] Vgl. Ebd.

Migrationskirchen in Deutschland

Bianca Dümling

Um die Frage nach der „Zukunft der Kirche in Europa" zu stellen, muss zuerst die Frage nach den Menschen gestellt werden, die diese Zukunft gestalten sollen. Ohne Menschen gibt es keine Kirche bzw. Gemeinde.

Wie sieht die Zukunft unserer Gesellschaft aus? Wer wohnt in unserem Land?

Dies ist natürlich von dem jeweiligen europäischen Land abhängig. Aber gerade Westeuropa hat eines gemeinsam: Die Bevölkerungsentwicklung ist durch Migration geprägt. Die demographische Veränderung ist unumkehrbar. Ohne Einwanderung würden die Bevölkerung und auch die Wirtschaftsleistung vieler Länder schrumpfen.

Ungefähr 20 Prozent der in Deutschland gemeldeten Menschen besitzen einen Migrationshintergrund. Jedes dritte Kind unter fünf Jahren kommt aus einer solchen Familie.[1]

In Deutschland findet die Diskussion um Migration und Integration oft im Kontext des Islams statt. Die mediale Öffentlichkeit lässt vermuten, dass die Mehrheit der Zuwanderer einen muslimischen Hintergrund hat.

Oft wird dabei vergessen, dass bundesweit über 50 % der Zuwanderer dem Christentum angehören. In einer Studie von 2010 fand man heraus, dass in Hessen sogar 74 % der Menschen mit Migrationshintergrund einer christlichen Kirche angehören.[2] Es sind syrisch-orthodoxe Gläubige, finnische Lutheraner, brasilianische und nigerianische Pfingstler, koreanische Presbyterianer oder polnische Katholiken. Der weltweite Leib Christi ist in unserer Nachbarschaft angekommen.

Nicht nur unsere Gesellschaft, sondern auch die kulturelle Zusammensetzung der Christinnen und Christen in Deutschland hat sich verändert. Die Zukunft der Kirche in Europa kann nur interkulturell gedacht werden.

---

[1] Vgl. www.bpb.de/nachschlagen/zahlen-und-fakten/soziale-situation-in-deutschland/150599/migrationshintergrund-iii [21.02.2015].

[2] Vgl. Hessisches Ministerium der Justiz, für Integration und Europa (Hg.): Integration nach Maß – Der hessische Integrationsmonitor, Wiesbaden 2010, 103f.

In urbanen Zentren zeichnet sich ab, dass die meisten Menschen, die sonntags einen Gottesdienst besuchen, einen Migrationshintergrund besitzen.
Nur ein geringer Prozentsatz dieser Christen ist jedoch als aktives Mitglied in unseren deutschen Kirchengemeinden anzutreffen. Viele Christen mit Migrationshintergrund fühlen sich in deutschen Gemeinden nicht wohl. Sie gründen ihre eigenen Kirchen, also Migrationskirchen. Kulturelle und theologische Aspekte spielen dabei eine große Rolle, aber auch die Erfahrung, nicht willkommen zu sein.
Betrachten wir die Zukunft der Kirche vor dem Hintergrund der demographischen Veränderung, stellt sich die Frage, wie sich die kulturelle Vielfalt in unseren Kirchen widerspiegelt. Migrationskirchen sind eine Folge dieser Veränderung. Aber was bedeutet die kulturelle Vielfalt in unserer Nachbarschaft für die Volkskirche, die evangelischen Landeskirchen? Wie bereiten sie sich auf den weiter voranschreitenden demographischen Wandel vor? Welche Rolle spielt dabei die Beziehung zu den Migrationskirchen?

Auf diese Fragen gibt es keine einfachen Antworten. Interkulturelle Öffnung ist ein langer Prozess. Der demographische Wandel beeinflusst die kirchliche Landschaft sehr unterschiedlich. Es gibt nicht *den einen* Weg, darauf zu reagieren. Zum einen ist die Entstehung von Migrationskirchen zu beobachten, die eine gewisse Parallelwelt hervorruft. Dann bietet der Wandel die Möglichkeit zur Kirche in interkultureller und ökumenischer Partnerschaft sowie zu interkulturellen Kirchen bzw. Gemeinden.
Diese drei Ansätze werde ich in meinem Vortrag beleuchten, wobei der Schwerpunkt auf den Migrationskirchen liegt. Die beiden anderen Formen stehen in ihrer Entwicklung noch ganz am Anfang.
Bevor ich nun zu der Bedeutung und Perspektive von Migrationskirchen komme, möchte ich noch eine Sache bemerken. Als deutsche Diakoniewissenschaftlerin kann ich nicht *die* Perspektive der Migrationskirchen wiedergeben, sondern nur meine Beobachtung und Interpretation dieser Perspektive. Da ich zwar Mitglied der evangelischen Kirche bin, aber nicht in ihrem Auftrag handle, war und ist es für mich leichter, Vertrauen zu Pastoren und Mitgliedern von Migrationskirchen zu gewinnen. Ich habe viel Insiderwissen, aber es bleibt immer ein Blick von außen.
Dieser Vortrag gibt Ihnen einen Einblick in die Komplexität von Migra-tionskirchen in Deutschland. Der Dialog über die Bedeutung und Perspektiven der Migrationskirchen muss jedoch mit ihnen selbst stattfinden.

I. Migrationskirchen

Es gibt keinen wirklich guten Begriff für Migrationskirchen, der keine Fremdzuschreibung ist. Im landeskirchlichen Kontext werden sie Gemeinden anderer Sprache und Herkunft genannt. In anderen Kontexten heißen sie internationale oder interkulturelle Gemeinden. Ich verwende im Folgenden Migrationskirchen.

Generell kann man sagen, dass Kirchen Migrationskirchen sind, wenn sie von einem Pastor mit Migrationshintergrund gegründet wurden, die Hauptsprache nicht Deutsch ist und über 75 % der Mitglieder einen Migrationshintergrund haben.

Über die Anzahl der Migrationskirchen in Deutschland gibt es keine genauen Angaben. Viele Gemeinden entstehen oft unbemerkt in Wohnzimmern oder Gemeinschaftsräumen. Heute schätzt man sie auf 2000-3000 und geht davon aus, dass die Anzahl der Gemeinden weiter zunimmt. Dies zeigt zum Beispiel die Statistik des „Bund freier Pfingstkirchen". 1992 gehörten 13 Migrationskirchen dem Bund an. 2011 waren es 264, also 34,9 % aller Mitgliedskirchen. 2013 stieg die Anzahl der Migrationskirchen mit 285 auf 36,4 %.[3]

Migrationskirchen entstehen oft parallel zu den Einwanderungswellen in Deutschland. Tamilische Gemeinden gründeten sich zum Beispiel vermehrt durch Flüchtlinge, die während des Bürgerkriegs in Sri Lanka in den 1980er Jahren nach Deutschland kamen.

Die migrationskirchliche Landschaft in Deutschland ist sehr komplex. Claudia Währisch-Oblau[4] hat diese vor einigen Jahren kategorisiert. Die Kategorisierung ist natürlich idealtypisch und greift nicht die ganze Komplexität auf.

- „Etabliert-denominationelle Diaspora-Gemeinden" sind monoethnisch und wurden meist in Absprache mit Heimatkirche und Kirchen in Deutschland gegründet, zum Beispiel die finnisch-lutherische Kirche. Ebenfalls gehören die Orthodoxen Kirchen und katholisch muttersprachliche Missionen zu dieser Kategorie.
- „Freikirchliche Missionsgemeinden" sind monoethnische Gemeinden mit jeweils Mitgliedern aus China, Türkei, Iran oder ara-bischen Staaten. Sie wurden mit Unterstützung von deutschen freikirchlichen Gemeinden und Missionswerken gegründet, um so Brücken zu den „geschlossenen" Heimatländern für Evangelisation zu bauen.
- „Gemeinden reverser Missionskirchen" sehen sich als internationale Gemeinden. Ihre Mitglieder kommen hauptsäch-

[3] Http://www.bfp.de/pages/wir-ueber-uns/statistik-zahlen.php. [13.10.2015]

[4] Vgl. Währisch-Oblau, Claudia: Migrationskirchen in Deutschland. Überlegungen zur strukturierten Beschreibung eines komplexen Phänomens, in: Zeitschrift für Mission 31. Jahrgang (2005), Nr. 1-2, 19-39.

lich aus Zentral- und Westafrika, aber auch aus Korea. Sie sind Pentekostale oder Afrikanisch-Unabhängige Kirchen mit starken Verbindungen zu den überseeischen Mutterkirchen. Sie wünschen sich jedoch auch deutsche Mitglieder. Deutschland ist für sie ein „Missionsfeld“, das mit dem Evangelium erreicht werden muss.

- „Unabhängige, nicht-denominationelle neue Missionskirchen“ haben ihren Ursprung ebenfalls oft in Zentral- und Westafrika. Auch sie sehen sich als internationale Gemeinden und wünschen sich deutsche Mitglieder. Sie sind pentekostal-charismatisch und haben nur lockere Kontakte zu ihren Herkunftsländern. Sie sehen Deutschland ebenfalls als „Missionsfeld“.

Ich möchte noch eine weitere Kategorie hinzufügen, die hoffentlich in Zukunft noch an Gewicht zu nehmen wird.

- Interkulturelle Gemeinden mit dem Schwerpunkt auf der 2. Generation. Sie sind keine klassischen Migrationskirchen, werden aber oft von Pastoren der 2. Generation geleitet. Ein Beispiel ist das „Hope Center“ in Berlin. Der Pastor hat einen ghanaischen Hintergrund, wurde aber in Berlin geboren. Seine Gemeinde besteht hauptsächlich aus Jugendlichen und jungen Erwachsenen mit Migrationshintergrund.[5] Ein weiteres Beispiel ist das „Batik“, eine Nachbarschaftsgemeinde, die von einem Pastor mit russischem Migrationshintergrund und einem multikulturellem Leitungsteam geleitet wird. Eine junge Frau mit eritreischem Hintergrund hat extra Theologie studiert, um in Frankfurt eine Gemeinde für junge Leute der zweiten Generation zu gründen.

Viele Migrationskirchen existieren in der ersten Generation, das heißt der Gründungspastor leitet noch die Gemeinde. Die große Herausforderung in Zukunft ist, ob und wie sie den Leitungs- und Generationenwechsel schaffen. Die Mehrheit der Migrationskirchen fokussiert sich auf die Bedürfnisse der ersten Generation. Die zweite Generation und ihre interkulturelle Lebensrealität wird nur wenig beachtet.

In den USA entstehen deshalb viele Zweite-Generation-Gemeinden. Die Gottesdienstsprache ist dort Englisch, aber die meisten Mitglieder haben einen Migrationshintergrund. Sie fühlen sich weder in den monoethnischen Gemeinden ihrer Eltern wohl noch in den klassisch weißen amerikanischen Gemeinden. Diese Entwicklung ist in Deutschland erst ansatzweise zu erkennen, da es kaum Pastoren der 2. Generation gibt.

Aber ich hoffe, dass die Anzahl dieser Gemeinde in Zukunft steigen wird, da in ihnen ein großes Potential liegt.

---

[5] Www.hopecenter.de [13.10.2015].

II. Missionen der Migrationskirchen

Die Kategorien verweisen schon auf unterschiedliche Schwerpunkte der Migrationskirchen. Ich möchte aber noch einmal einzelne Aspekte bzw. die Unterschiede der jeweiligen Mission verdeutlichen.

- Sammlung der Gläubigen in der Diaspora: Diese Gemeinden sehen es als ihre primäre Aufgabe, eine geistliche und soziokulturelle Heimat für die jeweilige christliche Diaspora zu schaffen. Dabei sind die ethnische und nationale Zugehörigkeit sowie die Sicherung der eigenen kulturellen Identität in der Fremde sehr wichtig. Ein Beispiel dafür ist die Armenische Kirche.
- Evangelisation unter den eigenen Landsleuten: Auch hier fokussiert sich die Gemeinde auf die eigene Diaspora, aber vor allem auf ihre nicht christlichen Mitglieder, um ihnen das Evangelium nahe zu bringen. Es besteht keine Absicht, sich für deutsche Mitglieder zu öffnen. Der Fokus einer chinesischen Gemeinde in Berlin zum Beispiel sind die chinesischen Studierenden.
- Evangelisation unter den Deutschen: Die Mission gerade vieler charismatisch-pentekostaler Gemeinden afrikanischer und brasilianischer Prägung ist die Evangelisation der Deutschen. Sie sehen Deutschland als Missionsfeld. Im Hinblick auf diese Mission gibt es zwei unterschiedliche Sichtweisen: entweder die Betrachtungsweise, dass die deutschen Kirchen Hilfe brauchen, damit das Evangelium im „ungläubigen Deutschland" vollmächtiger verkündet werden kann. Oder aber, dass die deutsche Kirche selbst, vor allem die Landeskirche, als Missionsfeld angesehen wird. Diese Einstellung ist sehr umstritten und stößt zurecht auf Ablehnung. Eine nigerianische Pastorin aus Bonn erzählte mir, dass vor 500 Jahren durch Martin Luther die evangelische Kirche voll vom Heiligen Geist gewesen sei. Dieser Heilige Geist, so die Pastorin, sei nicht mehr da. Diese Aussage ist theologisch natürlich sehr bedenklich bzw. schlichtweg falsch. Dies ist eine Extremposition mit einem sehr beschränkten Verständnis, wie der Heilige Geist wirkt. Solche Aussagen zeigen aber, wie viel Konfliktpotential in den Begegnungen liegt, die nicht einfach ignoriert werden können und sollen.
- Evangelisation unter den Migranten. Wenigen Migrationskirchen gelingt es, deutsche Mitglieder zu gewinnen. Deshalb scheint sich der Schwerpunkt auf die Evangelisation von Migranten zu verschieben. Ein afrikanischer Pastor aus Berlin erklärte mir, dass seine Gemeinde eigentlich Deutsche mit dem Evangelium erreichen wollte. Aber irgendwie funktionierte das nicht. Dafür kämen auf einmal Muslime aus afrikanischen Ländern zu ihnen und würden zum Christentum konvertieren.

III. Funktion der Migrationskirchen[6]

Im Selbstverständnis vieler Migrationskirchen spielt die Mission im Sinne einer Evangelisation eine entscheidende Rolle. Gleichzeitig erfüllen sie allein durch ihre Existenz verschiedene Funktionen. Viele davon sind natürliche Bestandteile des Gemeindelebens. Andere Funktionen werden bewusst initiiert und umgesetzt.

- Migrationskirchen sind die geistliche und soziokulturelle Heimat für ihre Mitglieder in der Fremde. Sie leben oft ohne ihre Familie und ihre sozialen Netzwerke in Deutschland. Die familienähnliche Gemeinschaft ist ein ganz natürlicher Bestandteil dieser Gemeinden.
- Diakonisches Handeln ist im Gemeindeleben integriert. Die Mitglieder unterstützen sich gegenseitig in ihren oft sehr schwierigen Lebenslagen.
- Migrationskirchen nehmen eine wichtige Integrationsfunktion für ihre Mitglieder ein. Die Beziehungen dort helfen ihnen, in Deutschland anzukommen und sich im Alltag zurechtzufinden. Immer mehr Migrationskirchen nehmen ihre Rolle als Brückenbauer ernst. Sie initiieren Integrationsprojekte, bieten Hausaufgabenhilfe an und engagieren sich in ihrer Nachbarschaft.
- Migrationskirchen sind Partner in der Ökumene. Diese Partnerschaften entstehen jedoch nicht natürlich. Sie müssen initiiert werden und sind von großen Herausforderungen begleitet. Aber gerade in diesen interkulturellen Partnerschaften liegt eine große Chance zur Integration, denn durch sie können Brücken in die deutsche Gesellschaft gebaut werden.
- Schließlich sind Migrationskirchen Akteure in der Entwicklungszusammenarbeit. Zum einen unterstützen die Mitglieder ihre Familien im jeweiligen Herkunftsland, zum anderen haben einige Migrationskirchen eigene Hilfsprojekte in Übersee, zum Beispiel den Bau einer Schule.

IV. Realität von Migrationskirchen

Diese unterschiedlichen Funktionen verdeutlichen, welchen wertvollen gesellschaftlichen Beitrag Migrationskirchen oft im Verborgenen leisten. Die Realität vieler Migrationskirchen hindert sie oft jedoch daran, das Potential, welches in ihnen liegt, auszuschöpfen. Einige davon sind:

---

[6] Detaillierte Ausführungen zu diesem Thema sind in meiner Dissertation zu finden: Dümling, Bianca: Migrationskirchen in Deutschland. Orte der Integration, Lembeck 2011.

- Die Lebenssituation vieler Mitglieder ist prekär. Sie sind Flüchtlinge oder Migranten, die nur durch Schicht- und Sonntagsarbeit ihren Lebensunterhalt verdienen können. Dies beeinflusst die Verbindlichkeit und Kapazität vieler Mitglieder.
- Die mangelnde Finanzkraft der Gemeinden resultiert daraus, dass viele Mitglieder oft selbst mit dem Überleben kämpfen. Eine große Anzahl von Pastoren bekommt für ihre Tätigkeit kein Gehalt.
- Die finanzielle Lage führt auch zu einem Mangel an Räumlichkeiten, in denen das Gemeindeleben stattfinden könnte.

Diese strukturellen Unsicherheiten bremsen die Möglichkeiten der Migrationskirchen sowie ihre Kapazität sich nach außen zu öffnen.

Obwohl Migrationskirchen natürlich in erster Linie ihrer eigenen Mission und den Bedürfnissen ihrer Mitglieder nachgehen, haben sie eine Bedeutung für die Zukunft der Kirche in Europa über ihre eigenen Grenzen hinweg.

- Migrationskirchen erreichen Menschen mit Migrationshintergrund ganz natürlich mit dem Evangelium. Der Zugang zu dieser Bevölkerungsgruppe ist deutschen Gemeinden oft verwehrt. Migrationskirchen greifen den demographischen Wandel auf. Sie sind Teil davon.
- Etabliertere und kontextualisiertere Migrationskirchen vor allem afrikanischer und südamerikanischer Prägung scheinen ebenfalls einen besseren Zugang zu der deutschen sozial schwächer gestellten gesellschaftlichen Gruppe zu haben, als die Landes- und Freikirchen. Es gibt keine Studien, die diese Beobachtung belegen. Es wäre jedoch spannend, dieses Phänomen zu erforschen.
- Migrationskirchen und ihre Mitglieder sprechen in der Öffentlichkeit mit großem Selbstverständnis von ihrem Glauben. Ihr geistliches Leben und ihre Glaubenserfahrung ist ein selbstverständlicher Teil ihres Alltags, über den sie in jedem Kontext sprechen. Die Art und Weise, wie diese öffentliche Proklamation des Evangeliums oft geschieht, kann sehr befremdlich sein. Bedeutend daran ist jedoch, dass sie sich nicht dem Druck der gesellschaftlichen Säkularisierungstendenzen unterwerfen, ihren Glauben im Verborgenen zu leben oder gar zu verheimlichen.
- Migrationskirchen haben in Partnerschaft mit deutschen Gemeinden das Potential die gesellschaftliche Relevanz der Kirche im Integrationsprozess bzw. der Integrationsdebatte zu stärken.

Migrationskirchen werden eine bedeutende Rolle in der Zukunft der Kirche in Europa spielen. Ihre Anzahl nimmt zu, sie werden größer und stabiler. Die Frage ist jedoch, ob Migrationskirchen durch die Beziehung und die Partnerschaft mit den evangelischen Gemeinden gestärkt werden oder ob sie sich unabhängig davon entwickeln, also in gewisser Weise eine Parallelwelt entsteht.

V. Kirche in interkultureller und ökumenischer Partnerschaft vor Ort

Um einer Parallelwelt der Migrationskirchen entgegenzuwirken, müssen von deutscher sowie migrationskirchlicher Seite Brücken gebaut werden. Es muss Gemeinschaft entstehen, die über die eigene konfessionelle und kulturelle Identität hinausgeht. Ich meine damit nicht, dass jede Gemeinde ihre Identität, Gottesdienstform oder Frömmigkeitsstile aufgibt. Es geht darum, regelmäßige, verbindliche Begegnungspunkte zu haben, so dass auch nach außen eine klare Partnerschaft erkennbar ist.
Ich bin davon überzeugt, dass es uns in Zukunft nur gemeinsam gelingt, eine geistlich, sozial und gesellschaftlich relevante Kirche zu gestalten als ein Leib mit vielen Gliedern. Wir brauchen einander.
Aber dann betrachte ich die Realität und frage mich, ob das überhaupt möglich ist. Ich sehe harte Fronten, Anschuldigungen und Misstrauen. Dem einen wird der Glauben abgesprochen, die anderen als Sekte bezeichnet. Die Musik ist zu laut bzw. zu leise und so weiter.
Aber es gibt auch einige Beispiele, die Mut machen. In Hamburg gibt es das Afrikanische Zentrum Borgfelde.[7] Eine evangelisch-lutherische Gemeinde und eine afrikanische Gemeinde kooperieren eng miteinander. Die Konfirmandenarbeit wird zusammen gestaltet und es gibt monatlich einen gemeinsamen internationalen Gospelgottesdienst. Nun entstand das Bedürfnis, auch offiziell zusammenzugehören. Die Mitglieder der afrikanischen Gemeinde traten in die Landeskirche ein und stellten einen Fusionsantrag. Ob das kirchenrechtlich möglich ist, ist eine andere Frage. Symbolisch setzt es jedenfalls ein Zeichen. In einigen Städten und Stadteilen gibt es ebenfalls regelmäßige Gottesdienste und Begegnungsmöglichkeiten. Interkulturelle Partnerschaften entstehen und festigen sich, hier und dort bewegt sich etwas und es entstehen inspirierende Modellprojekte. Aber es kann noch nicht ansatzweise von einer interkulturellen Öffnung der Kirchen gesprochen werden.

Wenn ich über die Situation der Landes- und Migrationskirchen nachdenke, erinnere ich mich an die Analogie vom Pferd und Wagen, die aus der Erfahrung des Emmanuel Gospel Center[8] in Boston

[7] Www.stgeorg-borgfelde.de/Im_stadtteil/Afrikanisches_Zentrum_Borgfelde [13. 10.2015].
[8] Www.egc.org [13.10.2015].

entstanden ist. Es ist natürlich ein wenig überspitzt und existiert oft nicht in dieser Reinform, aber es widerspiegelt, meiner Meinung nach, die Realität.
Ein Bauer möchte sein Heu vor dem Regen in die Scheune bringen. Dazu stehen ihm ein Pferd und ein Wagen zur Verfügung. Das Pferd steht für die lebendigen Elemente, die Menschen, ihre Beziehungen und ihre Vitalität. Der Wagen steht für die Infrastruktur, die Organisationsstrukturen, das Wissen über Kultur und Gesellschaft, den Ausbildungsgrad und den Zugang zu Ressourcen.
Im Idealfall sieht das so aus: Das Pferd ist gesund und der Wagen intakt. Der Bauer kann sein Heu ohne Schwierigkeiten einbringen. Die Realität ist jedoch oft von diesem Idealfall entfernt.

Abbildung 1: © 2012 Emmanuel Gospel Center, Boston, USA

Die Situation der Migrationskirchen ähnelt häufig diesem Bild:

Abbildung 2: © 2012 Emmanuel Gospel Center, Boston, USA

Das Pferd ist oft stark, die Gemeinden vital und die Menschen engagiert. Aber der Wagen ist mehr oder weniger auseinandergebrochen. In Berlin gibt es höchstens 5-10 protestantische Migrationskirchen, die eigene Räume besitzen. Nur weitere 5-10 Migrationskirchen können

Räume komplett anmieten. Die anderen Migrationskirchen feiern ihren Gottesdienst oft zu Gast in Landes- oder Freikirchlichen Gemeinden, aber selbst da können sie sich kaum die Miete leisten. Hinzukommt, dass die wenigsten Gemeinden ihren Pastor bezahlen können. Das Jahresbudget einer frankophonen afrikanischen Gemeinde in Berlin liegt bei 6000 €, das meiste davon ist für die Miete. Der Pastor arbeitet vollzeitlich und leitet die Gemeinde ehrenamtlich. Die Mitglieder vieler Migrationskirchen verfügen über keine große finanzielle Kapazität. Als Flüchtlinge dürfen sie nicht arbeiten. Als Migranten werden ihre Abschlüsse oft nicht anerkannt. Es bleiben ihnen nur schlecht bezahlte Jobs. Ich kenne einige Pastoren, die als Lastwagen- oder Taxifahrer ihren Lebensunterhalt verdienen, in Restaurants oder Putzkolonnen.

Hier ist nun das Bild, das eher die Situation der Landeskirchen beschreibt:

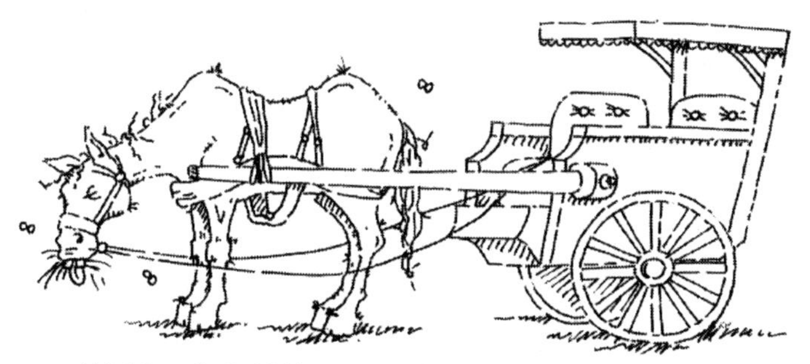

Abbildung 3: © 2012 Emmanuel Gospel Center, Boston, USA

Mir ist bewusst, mit welchen finanziellen Herausforderungen die Landeskirchen zu kämpfen haben. Im Gegensatz zu den Migrationskirchen haben sie jedoch einen gut funktionierenden Wagen, starke Organisationsstrukturen und Zugang zu einer Vielzahl von Ressourcen. Hier ist es eher das Pferd, das Unterstützung braucht. Die Realität der Landeskirchen ist, dass es nur eine geringe Anzahl von aktiven Mitgliedern in den Gemeinden gibt und die allgemeine Anzahl der Mitglieder stetig abnimmt.
Deutlich wird an diesem Bild, dass sowohl der Bauer mit dem kaputten Wagen als auch der Bauer mit dem schwachen Pferd Schwierigkeiten haben, das Heu vor dem Regen in die Scheune zu bringen.

Wie kann der Wagen der Migrationskirchen gestärkt und wie das Pferd der Landeskirchen aufgepäppelt werden? Den Anderen zu stärken heißt nicht, alles besser zu wissen, ihn zu bevormunden oder sich selbst aufzugeben. Es bedeutet auch nicht, dass der eigene Wagen hinter das Pferd des Anderen gespannt werden kann. Das schlappe Pferd braucht neue Nahrungsmittel, die aber nicht identisch mit denen anderer Pferde

sein müssen. Es gibt ja auch so etwas wie Nahrungsmittelunverträglichkeiten! Außerdem können unterschiedliche Werkzeuge nötig sein, um den Wagen zu reparieren. Je nach Begebenheit des Geländes bedarf es einer unterschiedlichen Ausrüstung.
Wie kann nun eine Partnerschaft vor Ort gelebt werden, die sich gegenseitig stärkt, voneinander lernt und die nach außen sichtbar ist? Welche theologischen Klärungsprozesse sind in einer Partnerschaft vor Ort wichtig? Welche Vorurteile müssen überwunden werden? Wo bedarf es Buße und Versöhnung?

Wir brauchen einander. Ich bin davon überzeugt, dass Migrationskirchen die Beziehungen zu deutschen Kirchen brauchen, um in der deutschen Gesellschaft anzukommen. Sie sind darauf angewiesen, dass wir ihnen die Tür zur deutschen kirchlichen Landschaft öffnen, damit sie ihr Potential ausschöpfen können. Den deutschen Kirchen würde es sicher nicht schaden, sich von der Glaubensfreude und der Liebe zur Bibel, die in Migrationskirchen oft herrscht, anstecken zu lassen.
Trotz der Tatsache, dass wir einander brauchen, ist auf beiden Seiten ein großes Bedürfnis der Abgrenzung spürbar. Die Parallelwelt entsteht nicht nur durch die Selbstisolierung der Migrationskirchen, sondern wird auch durch die fehlende Anerkennung von Seiten der Landeskirchen begünstigt. Ich war Anfang des Jahres auf einer Veranstaltung und habe noch die Aussage eines evangelischen Theologen im Ohr: Es sei nicht möglich, mit Pastoren oder Gemeindeleitern, die nicht akademische Theologie studiert haben, einen ökumenischen bzw. theologischen Dialog zu führen. Dafür gebe es keine Grundlage.
Eine solche Aussage verhindert meines Erachtens jegliche Partnerschaft vor Ort, da es an Respekt und Wertschätzung für einander fehlt.
Bei einer interkulturellen und ökumenischen Partnerschaft geht es nicht darum, die Gemeinden zu harmonisieren, die theologischen Überzeugungen zu teilen oder fremde Frömmigkeitsstile zu übernehmen, sondern darum, Gemeinschaft zu leben.
Aber bis jetzt wurde wenig Bereitschaft gezeigt oder Modelle entwickelt, wie es gehen könnte, Kirche in interkultureller und ökumenischer Partnerschaft vor Ort zu leben. Es ist an der Zeit, Dinge auszuprobieren, zu experimentieren, mutige Schritte zu gehen, die auch scheitern können.

VI. Interkulturelle Gemeinden

Neben den Migrationskirchen, die eine Parallelstruktur zu den deutschen Gemeinden bilden, und der Kirche in Partnerschaft bleibt noch eine interkulturell integrierte Kirche als Möglichkeit, den demographischen Wandel aufzugreifen.

In der Praxis wird interkulturelle kirchliche Begegnung oft mit der Integration interkultureller Elemente in deutsche Abläufe gleichgesetzt. Die Unterschiede zwischen deutscher Struktur und interkultureller Flexibilität scheinen oft unüberbrückbar und führen zu Frustration und Missverständnissen. Traditionelle Strukturen, sowohl deutsche also auch im Migrationskontext, lassen nur wenig Raum für gleichberechtigte interkulturelle Gemeinschaft.
In einer multikulturellen Gesellschaft übersehen monoethnische deutsche oder Migrationskirchen vor allem die Realität der zweiten Generation. Da sie in der deutschen Kultur aufwachsen und gleichzeitig durch ihre Erziehung von der Herkunftskultur ihrer Eltern geprägt sind, integrieren sie täglich, innerlich sowie äußerlich, kulturelle Unterschiede. Sofern sie die Möglichkeit bekommen, können sie Brücken bauen, die der ersten Generation aus kulturellen und sprachlichen Barrieren unmöglich erschienen.
Eine interkulturelle Gemeinde kann nicht durch eine monoethnische Leitung entstehen, weder auf deutscher noch auf migrationskirchlicher Seite. Wirklich interkulturelle Gemeinden, die ich kenne, werden meist von einem interkulturellen Ehepaar geleitet oder von einem gleichberechtigten interkulturellen Leitungsteam, von denen es aber nicht so viele gibt. Andere Gemeinden haben sich auf einen bewussten Prozess der interkulturellen Öffnung eingelassen. Sie haben das Potential, sich zu einer interkulturellen Gemeinde zu entwickeln, sofern nicht nur unter den Mitgliedern, sondern auch auf Leitungsebene die kulturelle Vielfalt sichtbar werden wird.
Es gibt noch wenige Gemeinden, die von Pastoren oder Leitern der zweiten Generation geleitet werden. Durch ihre Lebensrealität sind sie jedoch besonders qualifiziert, interkulturelle Gemeinden aufzubauen.
Die Erfahrungen mit interkulturellen Gemeinden in Deutschland sind noch sehr begrenzt. Auch hier bleibt es mir nur zu sagen, dass es an der Zeit ist, Dinge auszuprobieren, zu experimentieren, mutige Schritte zu gehen, die auch scheitern können.

Abschließend möchte ich noch einmal betonen, dass die Zukunft der Kirche in Europa nur interkulturell gedacht werden kann. Der demographische Wandel fordert uns heraus, unsere monoethnischen Gemeinden, sowohl auf deutscher als auch auf migrationskirchlicher Seite, zu überdenken.
Die Motivation zur Entwicklung von interkulturellen Gemeinden darf jedoch nicht allein auf der demographischen Veränderung basieren, sondern auf der Überzeugung, dass das der Leib Christi zur Einheit in der Vielfalt berufen ist.
Das Pfingstwunder verdeutlicht die interkulturelle Grundlage der urchristlichen Gemeinde. Der Heilige Geist ermöglicht es Menschen aus aller Welt, das Evangelium in ihrer Muttersprache zu hören (Apg 2,9-11). Aus den in Jerusalem ansässigen Judenchristen mit

verschiedenem kulturellen Hintergrund formte sich die erste Gemeinde:
„Die nun sein Wort annahmen, ließen sich taufen; und an diesem Tage wurden hinzugefügt etwa dreitausend Menschen. Sie blieben aber beständig in der Lehre der Apostel und in der Gemeinschaft und im Brotbrechen und im Gebet. (…) Alle aber, die gläubig geworden waren, waren beieinander und hatten alle Dinge gemeinsam. Sie verkauften Güter und Habe und teilten sie aus unter alle, je nach dem es einer nötig hatte.“ (Apg 2,41-45)
Diese Verse skizzieren das Wesen der interkulturellen Gemeinschaft im Leib Christi, die auch auf den Ausgleich von materiellen wie spirituellen Ressourcen unter den Mitgliedern abzielte.
Vom Beginn der christlichen Gemeinschaft möchte ich nun den Blick auf die eschatologische interkulturelle Gemeinschaft richten. Jesus beschreibt sie als ewige Tischgemeinschaft: „Und es werden kommen von Osten und von Westen, von Norden und von Süden, die zu Tisch sitzen werden im Reich Gottes.“ (Lk 13,29)
Johannes verweist auf die interkulturelle Anbetung: „Danach sah ich, und siehe, eine große Schar, die niemand zählen konnte, aus allen Nationen und Stämmen und Völkern und Sprachen; die standen vor dem Thron und vor dem Lamm, angetan mit weißen Kleidern und mit Palmzweigen in ihren Händen, und riefen mit großer Stimme: Das Heil ist bei dem, der auf dem Thron sitzt, unserm Gott und dem Lamm.“ (Offb 7,9-10)

Der Leib Christi begann als interkulturelle Gemeinschaft und wird als solche in Ewigkeit bestehen. Deshalb gibt es für die Zwischenzeit keine Alternative, außer an ihrer eschatologischen Vision festzuhalten und diese in allen Lebensbereichen anzustreben.
Ich möchte die interkulturelle Gemeinschaft nicht idealisieren. Es bleibt eine Herausforderung, und doch kann die Zukunft der Kirche in Europa nicht ohne interkulturelle Öffnung gedacht werden, sowohl demographisch als auch geistlich. Interkulturelle Öffnung muss von Seiten der deutschen sowie Migrationskirchen stattfinden. Von einer Parallelwelt weg, hin zu interkulturellen und ökumenischen Partnerschaften, aus denen in der Zukunft hoffentlich interkulturelle Gemeinden entstehen.
Ich glaube und hoffe, dass auch heute noch der Heilige Geist die kulturellen und konfessionellen Grenzen überwinden kann, dass er unter uns wirkt, dass es dieser Geist ist, der durch uns die Zukunft der Kirche in Europa gestalten wird.

„Migrationskirchen in Deutschland“
Response auf Bianca Dümling

Rainer Kiefer

Ich bin dankbar für die Gelegenheit, den heutigen Tag mit Ihnen hier in Greifswald zu verbringen, und freue mich über die vielen interessanten Überlegungen zur Zukunft der Kirche(n) in Europa.
Es hat mich wirklich gefreut, dass in der Planung des Symposiums das Phänomen der Migrationskirchen Berücksichtigung gefunden hat. Frau Dr. Dümling hat uns mit ihrem Beitrag wichtige Hinweise gegeben, die uns helfen, die Migrationskirchen in ihrer Bedeutung für die kirchliche Landschaft in Europa einzuordnen. Hilfreich sind die Kategorien, die Sie anwenden, liebe Frau Dr. Dümling, und interessant sind Ihre Erläuterungen zur missionarischen Perspektive der Migrationskirchen aus dem Süden der Welt.

I. Erfahrungen aus landeskirchlicher Perspektive

Ich verstehe meinen Beitrag heute Nachmittag als „Momentaufnahme“ aus der Perspektive einer Landeskirche. Sie wissen, dass die Evangelisch-lutherische Landeskirche Hannovers eine Flächenkirche ist. Wir verfügen nicht über Metropolen wie Hamburg oder Berlin – unsere Gemeinden sind zum großen Teil ländlich oder kleinstädtisch geprägt.
Das Interesse an der Zusammenarbeit mit Menschen aus den Migrationskirchen hat sich in meiner Landeskirche in den vergangenen zehn Jahren erst zögerlich und dann mit immer größerer Dynamik entwickelt. Am Anfang standen oft zufällige Kontakte, die dann zu unterschiedliche Fördermaßnahmen für einzelne Gemeinden und Gruppen geführt haben.
So gibt es seit vielen Jahren eine Vereinbarung mit der finnischsprachigen Gemeinde und ein begleitendes Seelsorgeangebot für Menschen aus dem Iran und Afghanistan, die bei uns Heimat finden wollen. Wir unterstützen die vietnamesische Gemeinde und fördern in Zusammenarbeit mit der landeskirchlichen Gemeinschaft ein Projekt arabischsprachiger Christen.
Spätaussiedler aus der ehemaligen Sowjetunion haben inzwischen auch Anschluss an unsere landeskirchlichen Gemeinden gefunden. Bei den religiös besonders geprägten Russlanddeutschen ist es uns allerdings nur zum Teil gelungen, sie in unsere Gemeinden zu integrieren. Viele

freie Brüdergemeinden/-versammlungen zeugen davon. Bei den nicht religiös geprägten Menschen haben wir es besser verstanden, sie über Amtshandlungen und Partizipation einzubinden.
Schon diese kleine Auswahl an Kontakten macht deutlich, wie unterschiedlich die Kontexte sind, über die wir sprechen; dies gilt für Sprache und Kultur, gelebte Frömmigkeit, Konfession und kirchliche Organisationsform. Es muss also um Differenzierungen gehen. Hieraus ergeben sich Chancen und Herausforderungen.
Uns ist bewusst, dass andere Landeskirchen zum Teil über größere Erfahrungen in der Zusammenarbeit mit Migrationskirchen verfügen; wir haben uns im Austausch mit anderen in den vergangenen Jahren anregen lassen und tatsächlich manches gelernt.
Dies gilt natürlich auch und in erster Linie für die Begegnungen mit Vertretern und Vertreterinnen der Migrationskirchen, die wir im Laufe der Zeit kennengelernt haben und mit denen wir heute verstärkt zusammenarbeiten.
Aus dem „Reden über“ ist ein „Reden mit“ geworden; wir lernen voneinander und miteinander; wir entdecken Gemeinsamkeiten und erleben aber auch gleichzeitig manches, was uns fremd ist – das macht uns neugierig, manches, was wir erleben, bleibt uns aber auch fremd. Ich glaube, diese Erfahrung gilt für alle Beteiligten. Es ist aber wichtig, dass wir auch die Fremdheitserfahrung thematisieren und miteinander darüber sprechen.
Tatsächlich reden wir in Hannover im Kontext der Migrationskirchen von „Gemeinden anderer Sprache und Herkunft“. Ich weiß, dass dieser Terminus von manchen kritisch gesehen wird und es lohnt sich sicher, weiter darüber nachzudenken, wie angemessenere Bezeichnungen lauten könnten.
Erlauben Sie mir aber heute den bei uns eingeführten Begriff zu benutzen; er ist verbunden mit einem interessanten Projekt in unserer Landeskirche, von dem ich Ihnen ein wenig erzählen möchte.

Das Projekt „Gemeinden anderer Sprache und Herkunft als ekklesiologisch-ökumenische Herausforderung für die Evangelisch-lutherische Landeskirche Hannovers“ begann im Januar 2011 und wird von den Arbeitsfeldern „Migration und Integration“[1] und „Ökumene“[2] im Haus kirchlicher Dienste verantwortet.
Uns war wichtig, die einzelnen Kontakte zu Gemeinden anderer Sprache und Herkunft in der Landeskirche zunächst zu sichten und zu verstärken.
Es ging also vor allem um gegenseitiges Kennenlernen, die Förderung gemeinsamer Aktivitäten und einer Zusammenarbeit zwischen koope-

[1] Siehe www.kirchliche-dienste.de/arbeitsfelder/migrationsgemeinden [13.10.2015].
[2] Siehe www.kirchliche-dienste.de/arbeitsfelder/oekumene [13.10.2015].

rationsbereiten Gemeinden anderer Sprache und Herkunft (GaSH) und Gemeinden unserer Landeskirche. Für die Landeskirche war es wichtig, die kulturelle und ethnische Weite, die in den GaSH-Gemeinden repräsentiert ist, erst einmal wahrzunehmen, und es galt, sich als Landeskirche dafür zu öffnen.
In Gesprächskontakten wurden die guten und schlechten Erfahrungen bisheriger Zusammenarbeit gesammelt, Mitstreiter und Mitstreiterinnen für unser Anliegen wurden gewonnen und erste Kontakte zu GaSH konnten vermittelt werden.
Für eine erste Tagung an der Akademie Loccum im März 2012 haben wir aufgrund dieser Netzwerkarbeit zahlreiche Referenten und Referentinnen aus den GaSH-Gemeinden und landeskirchlichen Arbeitsbezügen gewinnen können. Wir wollten so Erfahrungen wahrnehmen und für uns fruchtbar machen. Dabei war für uns entscheidend, in der Planung und Durchführung so weit wie möglich gemeinsam vorzugehen und zu entscheiden.

Was bzw. wieviel landeskirchliche Gemeinden über die GaSH wissen, die regelmäßig in ihren Gemeinderäumen zu Gast sind, variiert. Unsere Recherche hat gezeigt, dass viele dieser Gemeinden einmal oder mehrmals im Jahr einen gemeinsamen Gottesdienst gestalten – etwa in der Adventszeit, zu Pfingsten oder zum Erntedank – und sich gegenseitig zu besonderen Festen beziehungsweise Gottesdiensten einladen oder in anderer Weise etwas miteinander unternehmen.
Die Pastorinnen und Pastoren der landeskirchlichen Gemeinden betonten in den Interviews mehrfach die positiven Wirkungen des gegenseitigen kulturellen Austausches für das Gemeindeleben, berichteten aber auch über (anfängliche) gegenseitige Vorbehalte. Es war deutlich, dass ein wesentlicher Arbeitsschwerpunkt im Aufbau von Beziehungen und Vertrauen liegen sollte.
„Glauben leben – vielfältig, international, interkulturell. Migrationsgemeinden und deutsche Gemeinden auf dem Weg“ nannten wir eine Tagung, die wir in Kooperation mit der Akademie Loccum 2012 durchgeführt haben. Die Tagung hatte zum Ziel, Impulse dafür zu geben, wie das Miteinander zwischen landeskirchlichen und Migrationsgemeinden weiterentwickelt werden kann und wie die Anfragen an das Eigene, die sich durch die Begegnung ergeben, sinnvoll bearbeitet werden können.

Vor allem vier Bereiche der Weiterarbeit wurden im Ergebnis der Tagung identifiziert:

- Bewusstsein in der Landeskirche wecken,
- Interkulturelle Öffnung der Landeskirche ermöglichen,
- Fortbildung für GaSH-Multiplikatoren anbieten,
- Vernetzung vorantreiben.

Gleichzeitig wurden verschiedene Maßnahmen überlegt, mittels derer in den vier Bereichen weitergearbeitet werden sollte. Dafür sollten zum einen bestehende Formate in der Kirche genutzt und zum anderen neue entwickelt werden.
So ist es gelungen, im Laufe der vergangenen Jahre „Interkulturalität" in landeskirchliche Fortbildungsangebote einzutragen.
Beispielhaft möchte ich nennen:

- Interkulturalität in mehreren Foren und Workshops beim Kongress „Kirche²" zu den fresh expressions of faith (Februar 2013),
- Interkulturalität als Thema eines ökumenischen Pastoralkollegs (Mai 2014),
- Fortbildung zu interkulturellen Gottesdiensten im Michaeliskloster Hildesheim (Februar 2014).

Interkulturelle Gottesdienste unter Beteiligung zahlreicher Gemeinden finden zurzeit regelmäßig in Göttingen, Hannover und Osnabrück statt; neu dabei sind Bremerhaven und Winsen/Luhe. Natürlich ist es kein Zufall, dass diese Form gemeinsamen Feierns in den Städten gelingt; in Niedersachsen sind die Gemeinden anderer Sprache und Herkunft in erster Linie in kleineren und größeren Städten zu finden.
Ein mit Vertretern der Migrationskirchen gestalteter Fernsehgottesdienst mit dem Landesbischof Pfingsten 2014 und das Interkulturelle Weihnachtsfest in Hannover boten darüber hinaus Gelegenheit, auch über die binnenkirchlichen Grenzen hinweg die Idee gemeinsamen Kircheseins über Sprachen und Kulturen zu propagieren.

Studientage, die von der Landeskirche angeboten und gemeinsam vorbereitet werden, dienen dem vertieften Kennenlernen und Verstehen.
Themen waren u. a.:

- Gemeinden anderer Sprache und Herkunft und landeskirchliche Gemeinden – christliche Kirchen – aber verschieden.
- Fragen diakonischen Handelns: Wie helfen wir denen, die Hilfe brauchen?
- Die Situation der zweiten und dritten Generation von Migrationsgemeinden in Deutschland; Begegnung auf Augenhöhe und sinnvolle Vernetzungsmöglichkeiten.

Eine Wanderausstellung mit dem Namen „Gesichter des Christentums"[3] wurde konzipiert und im September 2013 in Osnabrück eröffnet. Sie greift die neue kulturelle und konfessionelle Vielfalt des Christentums in Niedersachsen auf, die durch Migration entstanden ist und sich noch weiter entwickeln wird.

---

[3] Siehe auch www.gesichter-des-christentums.de [13.10.2015].

Diese Pluralität führt die Ausstellung anhand von Porträts vor Augen. So lernen die Betrachter einen lutherischen Hannoveraner aus Nigeria kennen, eine pfingstlerische Christin aus Ghana, einen katholischen Bremerhavener aus Indien, einen evangelischen Göttinger aus Indonesien und einen syrisch-orthodoxen Hannoveraner aus der Türkei. Menschen stehen also im Fokus, die unsere Nachbarn sein könnten. Die Besucher der Ausstellung erfahren etwas über ihr Leben und über ihren Glauben.
Neben der Vielgestaltigkeit des Christentums werden auch Elemente deutlich, die – bei aller Unterschiedlichkeit – die vorgestellten Menschen einen: Alle sind getauft, alle lesen die Bibel, alle beten das Vater unser.
Und es wird deutlich: Es ist unangemessen, die christlichen Migrantinnen und Migranten primär zu Objekten kritischer Beurteilung zu machen oder sie lediglich im Lichte diakonischer Fürsorge zu sehen. Vielmehr sind sie Geschwister im Glauben, die Kirche und Gesellschaft in diesem Land mit gestalten.
Die Ausstellung weist auch auf den Beitrag des Christentums zur Integration hin: Glaube und Gemeinde sind zum einen eine Quelle dafür, die Identität in dem neuen Umfeld zu bewahren und weiterzuentwickeln. Zum anderen bilden der Glaube und das Leben in einer Gemeinde eine Brücke, die die hinzugekommenen mit den einheimischen Christinnen und Christen verbindet. Bei aller unterschiedlichen Akzentsetzung im christlichen Erbe ist der Glaube eine gemeinsame Ressource, die der Verständigung, dem Kennenlernen, der Bearbeitung von Konflikten und dem Lernen voneinander dienen kann.

Religion kann eine stabilisierende Rolle im Integrationsprozess spielen. Sie bietet Halt, Orientierung, Vertrautheit, Heimatverbundenheit, stärkt die Identität und dient der Selbstvergewisserung. Auf kollektiver Ebene fördern die gleichen religiösen Bezüge „Vergemeinschaftungsprozesse“, überfamiliäre Beziehungen und Netzwerkbildungen. Mit anderen Worten: Migrationsgemeinden und interkulturelle Ökumene haben ein großes Potential, den Integrationsverlauf positiv zu beeinflussen. Dieses Potential ist aber nur bedingt erkannt und wird nur minimal ausgeschöpft.

II. Herausforderungen für die Zukunft?

II. 1. Kirchenmitgliedschaft

Wie oben erwähnt, haben wir es im Arbeitsfeld „Gemeinden anderer Sprache und Herkunft“ mit unterschiedlichen Menschen und Gruppen zu tun. Das Interesse an landeskirchlichen Strukturen und die Formen der Einbindung sind ebenso unterschiedlich.

Mitglieder der finnisch-sprachigen Gemeinde sind z. B. Glieder der Landeskirche und machen dies in Gesprächen mit uns auch immer wieder deutlich. Sie zahlen Kirchensteuern, unterstützen die Arbeit der Landeskirche und erwarten gleichzeitig eine Bereitschaft der Landeskirche, sie wahrzunehmen und zu unterstützen. Das gilt auch für Christen aus dem Iran und Afghanistan, die bei uns einen Taufunterricht genossen haben und durch die Taufe Glieder unserer Kirche geworden sind. Christen aus Vietnam und Korea sind nur zum Teil Mitglieder der Landeskirche, andere organisieren sich bewusst nur in freikirchlichen Strukturen. Die klassischen Migrationskirchen aus Afrika und Asien kennen bisher keine organisatorische Anbindung an die Landeskirche.
Natürlich beschäftigt uns die Frage, welche Möglichkeiten der engeren Zusammenarbeit und Verbindung sich im Rahmen des geltenden Kirchenrechts bieten. Hier gilt es mutig Neues auszuprobieren.

II. 2. Spiritualität und persönliche Frömmigkeit

Hier erleben wir – wie so oft – den Reichtum unterschiedlicher Kulturen und das Befremden über religiöse Ausdrucksformen, die uns nicht vertraut sind. Diese Erfahrungen zu thematisieren und auszuwerten ist eine wichtige Aufgabe für alle und setzt natürlich auch die Möglichkeit zum klärenden theologischen Gespräch voraus.
Nicht alles, was uns begegnet, wird in unseren Gemeinden eine Fortsetzung finden; die Auseinandersetzung mit dem Fremden, dem Neuem und Unbekannten stärkt aber auch die eigene Identität.

II. 3. Fort- und Weiterbildung

In diesem Zusammenhang möchte ich die Fort- und Weiterbildungsmaßnahmen ausdrücklich erwähnen, die für Gemeindeleiter und -leiterinnen im Raum der EKD angeboten werden. Exemplarisch nenne ich den Bachelor-Studiengang „Interkulturelle Theologie, Migration und Gemeindeleitung" an der Fachhochschule für Interkulturelle Theologie (FIT) in Hermannsburg[4]. Die dort erworbenen Kenntnisse sollen die Absolventen und Absolventinnen befähigen, in Kirchengemeinden mit Migrationshintergrund eine qualifizierte und theologisch reflektierte Arbeit zu leisten. Insbesondere sollen die Studierenden dazu befähigt werden, ihre eigenen theologischen und spirituellen Traditionen und Erfahrungen im Angesicht der Herausforderungen des kulturellen deutschen Umfeldes zu reflektieren.
Gleichzeitig gilt es auch im deutschen Kontext – an Universitäten, Predigerseminaren und in Pastoralkollegs –, den Diskurs über Inter-

[4] Siehe www.fh-hermannsburg.de [13.10.2015].

kulturalität als genuines Potential christlicher Kirche und Theologie zu initiieren und zu pflegen.
In der theologischen Diskussion wünsche ich mir das offene Gespräch über strittige Themen, z. B. das missionarische Profil einer Kirche, zu Fragen einer trinitarischen Theologie und zur Wirkkraft des Heiligen Geistes und der Geistesgaben, zu den Fragen von Amt und Profession.

II. 4. Vernetzung

Am 11. Oktober 2014 wurde im Kloster Loccum eine Plattform für niedersächsische Gemeinden anderer Sprache und Herkunft gegründet, die Internationale Konferenz Christlicher Gemeinden im Bereich der Evangelisch-lutherischen Landeskirche Hannovers (IKCG).[5]
Vorbilder sind der Internationale Kirchenkonvent Rheinland Westfalen und der Internationale Konvent Christlicher Gemeinden in Baden. Die Plattform geht aus den Kontakten zu den GaSH-Gemeinden hervor, die im Rahmen des oben genannten Projektes initiiert und intensiviert wurden, und gibt der Gemeinschaft zwischen verschiedenen Gemeinden und der Landeskirche eine Struktur. Elf GaSH-Gemeinden aus Göttingen, Hannover und Osnabrück – mit afrikanischem, asiatischem, europäischen und nahöstlichen Hintergrund – sind Gründungsmitglieder. Weitere Mitglieder werden hinzukommen.
Die Glaubensformulare des Ökumenischen Rates der Kirche bieten für uns einen Kriterienkatalog für die Zulassung weiter Gemeinden zu der neu gegründeten Konferenz.
Gemeinsame Projekte sollen fortgesetzt werden und neue – auch im Rahmen einer gemeinsamen Finanzierung – sollen initiiert werden, um gegenseitiges ökumenisches Lernen, ökumenisches Miteinander einzuüben. Mitglieder der Konferenz erhalten neuerdings auch Zugang zu Fortbildungsangeboten der Landeskirche. Neben praktischen Hilfen bei Mietverträgen, Fundraising etc. bewegt die Konferenz auch die Frage der Anstellungsvoraussetzungen für kirchliche bzw. diakonische Einrichtungen.

II. 5. Perspektiven

Die Ausstellung „Gesichter des Christentums“ macht auf gute Weise deutlich, dass Christenheit in unserem Land vielfältiger ist, als wir das auf den ersten Blick vermuten. Diese Vielfalt ist ein Geschenk und sollte als solches wertgeschätzt werden. Gottes Geist wirkt unter uns und auch unter den Christen aus den Migrationskirchen.
Die Ankunft von Flüchtlingen aus dem Mittleren Osten, aus afrikanischen Ländern und anderen Regionen der Welt bedeutet für unsere Gemeinden eine Herausforderung, der sich viele Menschen auf

---

[5] Siehe www.ikcg.landeskirche-hannovers.de [13.10.2015].

eindrucksvolle Weise schon stellen. Soll das Engagement für und das Leben mit Menschen mit Fluchterfahrungen eine nachhaltige Erfolgsgeschichte sein, dann wird dies nicht ohne ein Zuwachs an interkultureller Erfahrungen gehen. Hier können uns Menschen aus den Migrationskirchen eine große Hilfe sein.

II. 6. Missionarische Chancen?

Wer nach der Zukunft der Kirche in Europa fragt, wird sich auch die Frage nach dem möglichen Beitrag der Migrationskirchen zur Zukunft der Kirche in Europa stellen.
Wenn wir davon ausgehen, dass wir in Deutschland eine Einwanderungsgesellschaft sind, die Menschen unterschiedlicher kultureller und religiöser Herkunft vereint, dann müssen auch die Kirchen insgesamt eine Antwort darauf geben, wie sie mit dieser Vielfalt umgehen wollen und wie sie diese Vielfalt berücksichtigen.
Durch Migrationsgemeinden ändert sich die religiöse Landschaft. Die demographische Entwicklung verändert das Kräfteverhältnis zwischen den Kirchen. Migrationsgemeinden wachsen, landeskirchliche verlieren Mitglieder. Vielsprachigkeit und Interkulturalität sind eine Bereicherung durch Vielfalt. Dies gilt auch für das gemeindliche Leben und die Gottesdienste.
Das Weitererzählen der Guten Botschaft von Jesus Christus und die Einladung an alle Menschen auf den Weg des Glaubens – das sind Aufgaben der Kirchen, denen wir gemeinsam verpflichtet sind.

Darum wollen wir nicht vergessen: Die Kirche Jesu Christi ist von Anfang an auf Vielfalt angelegt, nicht auf eine bestimmte Kultur oder Ethnie!
Die Gemeinden anderer Sprache und Herkunft erinnern uns daran, dass dies in kultureller Vielfalt und ökumenischer Weite geschehen muss.
Schon heute leisten die Gemeinden anderer Sprache und Herkunft einen eigenen Beitrag zur Mission bzw. Evangelisation. Verbunden sind wir in der Freude über das, was gelingt, und in der Frustration über manchen gut gemeinten Versuch, der auch scheitert.

Zwischen Angst, Alltag und Attraktion
Muslimische Präsenzen in Europa als Herausforderung für kirchliche Praxis

Henning Wrogemann

In vielen Gesellschaften Europas sind muslimische Bevölkerungsgruppen ein relativ junges Phänomen.[1] Europaweit wird der Anteil von Muslimen von etwa 6 % in 2010 auf 8 % in 2030 gestiegen sein.[2] Solche Befunde schüren Ängste, die sich in Gestalt von Bewegungen wie PEGIDA in Deutschland oder rechtsnationalen Parteien in etlichen europäischen Ländern artikulieren. Man fürchtet Immigration, die Unterwanderung der Gesellschaft, die Einführung der Scharia, Kopftuchzwang und das Ende mancher Freiheiten.[3] Medienberichte zum so genannten *Islamischen Staat* in Irak und Syrien scheinen anzuzeigen, was im schlimmsten Falle geschehen könnte. Anschläge wie auf das Redaktionsteam von *Charlie Hebdo* zu Beginn des Jahres 2015 werden als Vorzeichen dieses Prozesses gedeutet. Gleichzeitig

---

[1] Als Übersicht sei aus der Fülle der Literatur lediglich verwiesen auf: Cesari, Jocelyne (Hg.): The Oxford Handbook of European Islam, Oxford / New York 2015; Cavuldak, Ahmet u. a. (Hg.): Demokratie und Islam, Wiesbaden, 2014; Weder, Hans / Lauber, Anina (Hg.): Bedrohte Werte? Europa und der Nahe Osten unter Globalisierungsdruck, Zürich 2014; van Bruinessen, Martin / Allievi, Stefano (Hg.): Producing Islamic Knowledge. Transmission and dissemination in Western Europe, London / New York 2011; Heidrich-Blaha, Ruth (Hg.): Islam in Europa, Wien 2007; Altermatt, Urs u. a. (Hg.): Der Islam in Europa, Stuttgart 2006; Malik, Jamal: Muslims in Europe: From the Margin to the Centre, Münster 2004.
Zu statistischen Angaben für Deutschland: Haug, Sonja u. a.: Muslimisches Leben in Deutschland: Im Auftrag der Deutschen Islamkonferenz. Forschungsbericht 6. Nürnberg: Bundesamt für Migration und Flüchtlinge 2009, http://www.bmi.bund.de/cae/servlet/contentblob/566008/publicationFile/31710/vollversion_studie_muslim_leben_deutschland_.pdf, Seite 195 [14.05.2015].
Vgl. auch Halm, Dirk u. a.: Islamisches Gemeindeleben in Deutschland. 13. Forschungsbericht des BfMF, Nürnberg 2012, http://www.bmi.bund.de/SharedDocs/Downloads/DE/Themen/Politik_Gesellschaft/DIK/islamisches-gemeindeleben-in-deutschland-kurz-dik.pdf?__blob=publica-tionFile [14.05.2015].

[2] Nach Schätzungen wird in Deutschland der Anteil der Einwohner muslimischen Glaubens von 5 % im Jahr 2010 auf 7 % im Jahr 2030 steigen, in Frankreich von 7,5 % auf 10 % und in Großbritannien von 4,6 % auf 8,2 %. http://www.citizentimes.eu/2011/02/01/muslimische-bevoelkerungsentwicklung-1990-2030/ [07.04.2015].

[3] Zu rechtspopulistischen Parteien mit anti-islamischer Ausrichtung vgl. Rohe, Mathias: Shariah in Europe, in: The Oxford Handbook of European Islam, hg. von Cesari, Jocelyne, Oxford / New York 2015, 656-700, 662.

sind muslimische Präsenzen in vielen Gesellschaften zu einem Alltagsphänomen geworden, welches seitens der Mehrheitsbevölkerung nur noch wenig Aufmerksamkeit auf sich zieht. Des Weiteren sind manche Erscheinungsformen wiederum so attraktiv, dass Menschen europäischer Herkunft zum Islam konvertieren.[4]
Für europäische Gesellschaften stellt sich damit die Frage, wie mit solchen Phänomenen umzugehen ist: Stellen muslimische Präsenzen tatsächlich eine potentielle Gefährdung des Rechtsstaates dar? Wie viel Reformpotential ist in dieser Religion gegeben? Was genau verstehen verschiedene Richtungen von Muslimen unter islamischer Identität oder unter Scharia?[5] In welchem Sinne würden sie die bestehenden Verhältnisse ändern wollen – rechtlich, politisch, kulturell oder alltagsweltlich? Und wie sollen sich Staat, Gesellschaft und Zivilakteure – wie etwa die Kirchen – dazu verhalten? Zunächst einige Beobachtungen.

I. Islamische Präsenzen in Europa – eine Skizze

Für islamische Präsenzen in Europa kann es im Folgenden nur darum gehen, einige Akteure zu skizzieren, die *muslimische Identität* je auf ihre Weise deuten und dafür bei der Bevölkerung muslimischen Glaubens um Unterstützung werben. Wie wird die eigene Identität zwischen Herkunftskultur und europäischen Kontexten ausgehandelt? Hier sind transnationale Vernetzungen, veränderte Identitätsmuster in der Generationenfolge und global-mediale Einflüsse von besonderer Bedeutung. Im Folgenden werden zunächst vier Orientierungen unterschieden, nämlich die pragmatische, die traditionale, die reformorientierte und die islamistische. Danach wird nach den sich daraus ergebenden Herausforderungen für kirchliche Praxis zu fragen sein.

I. 1. Pragmatische Orientierung

Unter einer pragmatischen Orientierung werden hier Verhalten und Einstellungen einer Mehrheit von Muslimen in Europa zusammengefasst: Wichtige Entscheidungen werden nicht religiös begründet, sondern ganz pragmatisch gesucht. Dazu nur wenige Zahlen: Für Großbritannien gilt, dass von den derzeit ca. 2 Millionen Muslimen insgesamt 97 % der Kinder und Jugendlichen staatliche Bildungs-

---

[4] Wohlrab-Sahr, Monika: Konversion zum Islam in Deutschland und den USA – eine funktionale Perspektive, in: dies. / Knoblauch, Hubert / Krech, Volkhard (Hg.): Religiöse Konversion, Konstanz 1998, 125-146.

[5] Vgl. Rohe, Mathias.: Das islamische Recht: Geschichte und Gegenwart, München [3]2011; ders.: Der Islam im demokratischen Rechtsstaat, Erlanger Universitätsreden Nr. 80/2012, 3. Folge, Erlangen 2012; ders.: Scharia und deutsches Recht, in: Berliner Theologische Zeitschrift (30), 2013, 302-324.

einrichtungen besuchen, ganz unabhängig von der Einstellung der Eltern. Pragmatisch wird Bildung als Weg in die Gesellschaft wahrgenommen. Religiöse Aspekte treten dabei deutlich zurück. Von den Primär- und Sekundarschulen in muslimischer Trägerschaft (die restlichen 3 %) und mit muslimischer Klientel entsprechen die meisten den nationalen Curricula, es wird lediglich versucht, eine islamisch geprägte Atmosphäre mit islamischem Ethos zu sichern.[6]
Sozialwissenschaftliche Untersuchungen zeigen, dass in etlichen Bereichen des Lebens sich muslimische von anderen Migrantenpopulationen kaum unterscheiden, nach einiger Zeit auch von der Mehrheitsgesellschaft nicht.[7] Dieser Trend gilt auch für das Thema Säkularisierung. So erklären in Frankreich zwar 78 % der Muslime, mit der Religion stark verbunden zu sein, aber nur 22 % geben an, mindestens einmal im Monat eine religiöse Veranstaltung zu besuchen. Die zweite Generation ist bereits überwiegend religionsfern, nur bei 10 % aller Muslime in Frankreich (4 Mio. insgesamt) kann von einer Re-Islamisierung gesprochen werden.[8] Was dies als Herausforderung für kirchliche Praxis bedeutet, wird später zu bedenken sein. Zunächst ist festzuhalten, dass diese Befunde im Blick auf die Wahrnehmung „muslimischer Identitäten“ ernst zu nehmen sind. Pragmatisch orientierte Muslime deuten ihr Leben in Europa mehrheitlich als Normalzustand.

I. 2. Traditionale Orientierung

Für eher traditionale Akteure spielt das transnationale Moment eine große Rolle. Die Beziehungen zu den Herkunftsländern sind vielfältig. Zu bedenken ist, dass in Großbritannien etwa 75 % der Muslime aus dem indo-pakistanischen Raum stammen, in Deutschland zu 80 % aus der Türkei, in Frankreich mehrheitlich aus dem Maghreb.[9] In Großbritannien etwa spielen die großen Ausbildungszentren Asiens eine bedeutende Rolle, nämlich die Deobandi- und die Barelwi-

---

[6] van Bruinessen, Martin: Producing Islamic knowledge in Western Europe. Discipline, authority, and personal quest, in: Producing Islamic Knowledge, hg. von van Bruinessen, Martin / Allievi, Stefano, London / New York 2011, 1-27, 3. Vgl. Luft, Stefan: Muslime in Deutschland und Frankreich. Anmerkungen zur Integrationsdebatte, in: Demokratie und Islam, hg. von Cavuldak, Ahmet / Hidalgo, Oliver / Hidmann, Philipp. W. / Zaph, Holger, Wiesbaden 2014, 377-397. Vgl. Haug: Muslimisches Leben in Deutschland, 195.

[7] Rohe, Mathias: Der Islam im demokratischen Rechtsstaat, Erlanger Universitätsreden Nr. 80/2012, 3. Folge, Erlangen 2012, 24.

[8] Luft: Muslime in Deutschland und Frankreich, 382.

[9] In Deutschland sind weniger als 30 % der Muslime organisiert. Schönfeld, A.: Regulierung durch Wissensproduktion. Staatliche Versuche einer Institutionalisierung der Ausbildung von Imamen in Deutschland, in: Demokratie und Islam, hg. von Cavuldak, Ahmet u. a., Wiesbaden 2014, 399-424, 401.

Tradition.[10] Von den etwa 1350 Moscheen in Großbritannien stehen 86 % in der Tradition dieser beiden traditionalen Richtungen.[11] Es ist leicht einzusehen, dass derartige *transnationale Muster* zu Problemen in einer muslimischen Diaspora-Situation führen können, wenn insbesondere in Großbritannien aufgewachsene Muslime der zweiten und dritten Generation mit Personen konfrontiert oder durch diese beeinflusst werden, die – wie in diesem Fall Pakistan – aus einem Land mit völlig anderen politisch-gesellschaftlichen und religiös-kulturellen Mustern kommen, wie dies bei vielen aus Pakistan rekrutierten Imamen der Fall ist.

Allerdings gibt es auch *andere transnationale Einflüsse einer traditionalen Orientierung*, wie am Beispiel des *European Council for Fatwa and Research* zu zeigen sein wird. Unter *traditional* sei hier eine muslimische Identitätsbehauptung verstanden, für die familien- und erbrechtliche Belange eine große Rolle spielen, sowie Fragen von Etikette, Benimm und Ritual. Diese Fragen werden an Gelehrte (arab. *ᶜulamā*) gestellt, die mittels von Rechtsgutachten (arab. *fatwa*) viele Inhalte muslimischer Traditionen anzuwenden und zu adaptieren trachten. Islamische Identität wird in der Geschichte der Rechtsschulen verortet.[12] Das Label *traditional* schließt graduelle Reformen von Rechtssätzen oder Normen nicht aus, die Identitätsbestimmung bleibt jedoch in der Fluchtlinie der hergebrachten Quellen (Koran, Hadith-Literatur, Rechtswerke) und der Instrumente der Rechtsfindung wie etwa Analogie (arab. *qiyās*), das Gemeinwohl (arab. *maṣlaḥa*) oder das Räisonnieren (arab. *iǧtihād*).

Ein gutes Beispiel ist der weltbekannte Rechtsgelehrte *Yusuf al-Qaradawi*, der, trotz seines hohen Alters, eine Art Popstar dieser

---

[10] Zur Einführung vgl. Reetz, Dietrich: Art. Deobandis, in: Princeton Encyclopedia of Islamic Political Thought, hg. von Bowering, Gerhard Princeton (NY) 2012, 131-132; ders. : Art. Barelwis, ebd., 63-64.

[11] Lewis, Philip: Imams in Britain. Agents of De-Radicalisation?, in: Islamic Movements in Europe. Public Religion and Islamophobia in the Modern World, hg. von Peter, Frank / Ortega, Rafael, London / New York 2014, 237-248, 237. Vgl. ders.: From Identity Politics to Engagement. Making Sense of Muslim Communities in Britain, in: Fear and Friendship. Anglicans Engaging with Islam, hg. von Ward, Frances / Coakley, Sarah, London / New York 2012, 39-56. Zu neueren Entwicklungen: Reetz, Dietrich: Change and Stagnation in Islamic Education. The Dar al-ᶜUlum of Deoband after the Split in 1982, in: The Madrasa in Asia. Political Activism and Transnational Linkages, hg. von Noor, Farish A. / Sigand, Yoginder / v. Bruinessen, Martin, New Delhi 2009, 71-104; Mandaville, Peter: Islamic Education in Britain. Approaches to Religious Knowledge in a Pluralistic Society, in: Schooling Islam. The Culture and Politics of Modern Muslim Education, hg. von Hefner, Robert E. / Zaman, Muhammad Q., Princeton / Oxford 2007, 224-241; van Bruinessen (2011): Producing Islamic knowledge in Western Europe.

[12] Wenn auch heute oft eklektisch aus allen vier klassischen Rechtsschulen Material ausgewählt wird, je nach dem, was am besten zu passen scheint.

Richtung ist.[13] Qaradawis Ansichten sind über den gesamten Globus verbreitet, etwa über seine wöchentliche Sendung *ash-Sharia wa al-Hayat* (Scharia und das Leben) auf dem TV-Sender Al-Dschazira.[14] In der Forschung gilt er den einen als konservativer Reformer, den andere als Neofundamentalist.[15] Seit Jahrzehnten sesshaft in Qatar, war *al-Qaradawi* in Europa Impulsgeber für den im Jahr 1997 gegründeten *European Council for Fatwa and Research.*[16]
In allen europäischen Ländern gibt es eine Anzahl von Muslimen, die sich mehr oder weniger intensiv an Fatwas dieser und anderer Art orientieren. Strukturell kann man sagen, dass Muslime in Europa erstens aus verschiedensten Gebieten und also Traditionen stammen (national, kulturell, ethnisch, religiös), was für Muslime in der Diaspora die Unterscheidung von *universalen islamischen Werten und Normen* einerseits und muslimisch *lokal-kulturellen Traditionen* andererseits geradezu erzwingt. Man sieht als Muslim einfach, dass andere Muslime vieles anders machen. Was also ist kulturelle Tradition eines Herkunftslandes und was ist genuin (und universal) islamisch?
Die Funktion des *European Council for Fatwa and Research* kann man systematisierend so zusammenfassen: Durch diesen Rat wird erstens versucht, die Autorität der Gelehrten zu erneuern. Es geht für diese um die Wiedergewinnung von Deutungshoheit. Die Fatwas werden zweitens durch Internet (seit 2002 abrufbar, vgl. www.e-cfr.org) und andere Medien einem *Massenpublikum* angeboten. Da die Autorität des Rates an der Akzeptanz der Fatwas hängt, wird drittens meist ein *offener* und auf eigene Entscheidung des Fragenden zielender *Duktus* der Gutachten gewählt. Viertens werden in den Fatwas *traditionale schariatsrechtliche Gehalte permanent erinnert* und als autoritativ auch für in der Diaspora lebende Muslime behauptet. Fünftens zielen Fatwas

---

[13] Vgl. Gräf, Bettina / Skovgaard-Petersen, Jakob (Hg.): The Global Mufti: The Phenomenon of Yusuf al-Qaradawi, London 2009. Siehe auch: Wenzel-Teuber, Wendelin: Islamische Ethik und moderne Gesellschaft im Islamismus von Yusuf al-Qaradawi, Hamburg 2005.

[14] Vgl. Galal, Ehab: Yusuf al-Qaradawi and the New Islamic TV, in: Gräf, Bettina / Skovgaard-Petersen, Jakob: The Global Mufti, 149-180.

[15] Vgl. Wenzel-Teuber, Wendelin: Islamische Ethik und moderne Gesellschaft im Islamismus von Yusuf al-Qaradawi. Siehe auch: Gräf, Bettina: Yusuf al-Qaradawi: Das Erlaubte und das Verbotene im Islam, in: Islam am Wendepunkt. Liberale und konservative Reformer einer Weltreligion, hg. von Amirpur, Katajun u. a., Freiburg u. a. 2006, 109-117.

[16] Vgl. Caeiro, Alexandre: Transnational ulama, European fatwas, and Islamic authority: a case study of the European Council of Fatwa and Research, in: Producing Islamic Knowledge, hg. von v. Bruinessen, Martin. / Allievi, Stefano, 121-141. – Im Jahr 2004 wurde (ebenfalls in London) die International Union of Muslim Scholars (arab. al-ittiḥād al- ᶜālamī li-ᶜulamā al-muslimīn) ins Leben gerufen. Siehe Caeiro, Alexandre / al-Saify, Mahmoud (2009): Qaradawi in Europe, Europe in Qaradawi?, in: The Global Mufti, hg. von Gräf, Bettina / Skovgaard-Petersen, Jakob, 109-148, 117 f.

oft auf *Kompromisslösungen*, die zeitlich begrenzt und durch andere Einschränkungen versehen sind. Diese bleiben damit sechstens *rechtlich ambivalent*, da mitunter bestimmte Menschenrechte durch die Fatwas bestritten werden.
Nehmen wir ein Beispiel: Traditionell darf eine Muslima nicht mit einem Nicht-Muslim verheiratet sein.[17] Muss sich also eine eben zum Islam konvertierte Engländerin nun von ihrem Ehemann (der vielleicht Christ oder Agnostiker ist) scheiden lassen? Die entsprechende ECFR-Fatwa aus dem Jahr 2001 antwortet, dass die vier Rechtsschulen dies in der Tat gebieten. Sie dürfe aber nach Meinung einiger Rechtsgelehrter verheiratet bleiben, und zwar zeitlich begrenzt und unter der Voraussetzung, dass erstens ihr neuer Glaube nicht gefährdet werde und zweitens die begründete Hoffnung bestehe, dass auch der Mann bald zum Islam konvertieren werde. Dies zeigt, dass Fatwas wie diese zwar *Anpassungsleistungen* an europäische Kontexte ermöglichen und auch Konflikte entschärfen können (die Ehe muss nicht geschieden werden), dass sie aber gegenüber der Anerkennung der Menschenrechte ambivalent bleiben, denn im Beispiel wird ja die volle Religionsfreiheit gerade *nicht* anerkannt.[18] Aufgrund der Notwendigkeit, ein Massenpublikum zu erreichen, bleiben etliche Fatwas inhaltlich vage und überlassen nicht selten den fragenden Personen die Entscheidung.[19] Einerseits wird also traditionales Schariatsrecht erinnert, andererseits führen die Fatwas zu einer Tendenz der Individualisierung. *Während für pragmatische Muslime das Leben in Europa der Normalzustand ist, betrachten es viele eher traditional orientierte Muslime als Ausnahmezustand.* Europäische Regierungen reagieren darauf, indem sie die Ausbildung der Imame an staatlichen Universitäten zu verorten suchen, um damit sicherzustellen, dass sich eine ebenso zeitgemäße wie kontextsensible und das bedeutet auch selbstkritische Lesart muslimischer Traditionen entwickeln kann.[20] Zudem werden Weiterbildungsprogramme für Imame und andere

[17] Dieser Rechtssatz findet sich derzeit weiterhin selbst in ansonsten eher auf Gleichberechtigung der Geschlechter hin novelliertem Familienrecht wie etwa in Marokko nach der Reform des Jahres 2004. Vgl. Buskens, Léon: Sharia and national law in Marocco, in: Sharia Incorporated. A Comparative Overview of the Legal Systems of Twelve Muslim Countries in Past and Present, hg. von Otto, Jan M., Leiden 2010, 89-138, bes. 113 ff., hier: 115. So auch – neben etlichen anderen Ländern – in Ägypten: Berger, M. / Sonneveld, Nadia: Sharia and National Law in Egypt, in: Sharia Incorporated, 51-88, hier: 76.

[18] Was nicht bedeutet, dass sich Akteure dieser Richtung nicht auf die Menschenrechte berufen, wenn dies der Durchsetzung ihrer Interessen dienlich ist.

[19] „This appears as a paradox of publicity: seeking to enhance their claim to religious authority through public fatwas, the ulama end up marketing their work and contributing to the religious individualization of Muslims." Caeiro: Transnational ulama, 137.

[20] Waldhoff, Christian: Islamische Theologie an staatlichen Hochschulen, in: Berliner Theologische Zeitschrift (30), 2013, 325-348.

Leitungspersonen angeboten, um Wissen über die jeweiligen gesellschaftlichen, administrativen und staatlichen Strukturen und Vorgänge des Landes zu vermitteln.[21]

I. 3. Reformislamische Orientierung

Seit den frühen 1990er Jahren kam es in vielen mehrheitlich muslimischen Gesellschaften zu intensiven Debatten um das Thema Zivilgesellschaft und Demokratie. Reformislamische Ansätze wurden jedoch auch schon früher entwickelt.[22] International bekannte Denker wie *Abdullahi an-Naim* (ursprünglich Sudan, jetzt USA), *Muhammad Shahrur*[23] (Syrien), *Abdolkarim Sorush* (Iran) oder *Nurcholish Madjid*[24] (Indonesien), *Amina Wadud* (USA) und viele andere optieren für eine Konzentration vor allem auf die koranischen Botschaft, was nicht selten die Ablehnung sowohl der Hadith-Traditionen als auch der Rechtsschulen mit ihren Rechtsinstrumenten einschließt.[25] Hermeneutisch gesehen zielen diese Ansätze mehrheitlich auf ein geschichtliches und kontextuelles Verständnis der koranischen Botschaft, auf die Eigenverantwortlichkeit des muslimischen Subjekts und dessen Eigenständigkeit in der Urteilsbildung.
Im Unterschied zur traditionalen Richtung wird von reformislamischen Autoren die volle Vereinbarkeit von Menschenrechten im Sinne der Menschenrechtscharta der Vereinten Nationen von 1948 und islamischer Religion vertreten. Als die Identität verbürgend werden hier keine *Normen* eingeklagt, also ganz bestimmte Regeln oder Verhaltensweisen, sondern es wird auf islamische *Werte* abgehoben, etwa auf Gerechtigkeit, Frieden, Frömmigkeit und den Einsatz für die Sache Gottes. Auch diese Diskurse werden in transnationalen Netzwerken geführt. So in Großbritannien etwa durch die YUMMIES, die *Young Upwardly Mobile Muslims*, medial in Lifestyle-Magazinen wie *Emel*, in *Islam Human Rights Groups* oder auf Homepages von progressiven

---

[21] Schönfeld, Anne: Regulierung durch Wissensproduktion – Staatliche Versuche einer Institutionalisierung der Ausbildung von Imamen in Deutschland, in: Demokratie und Islam, hg. von Cavuldak, Ahmet u. a.,Wiesbaden 2014, 399-424.

[22] Zum Ganzen: Wrogemann, Henning: Toleranzkonzepte im modernen Islam. Zu Begründungsmustern religiöser Toleranz in reformislamischen Entwürfen, in: ders.; Was heißt hier Toleranz? Interdisziplinäre Zugänge, hg. von Bieler, Andrea / Wrogemann, Henning, Neukirchen-Vluyn 2014, 197-219. (Lit.)

[23] Amberg, Thomas: Auf dem Weg zu neuen Prinzipien islamischer Ethik. Muhammad Shahrour und die Suche nach religiöser Erneuerung in Syrien, Würzburg 2009.

[24] Barton, Greg: Indonesia's Nurcholish Madjid and Abdurrahman Wahid as intellectual Ulama: The meeting of Islamic traditionalism and modernism in neomodernist thought, Islam and Christian-Muslim Relations (8.3), 1997, 323-350.

[25] Als allgemeinverständliche Einführung: Amirpur, Katajur u. a. (Hg.): Islam am Wendepunkt. Liberale und konservative Reformer einer Weltreligion, Freiburg u. a. 2006.

Muslimen, säkularen Muslimen oder sogar Ex-Muslimen.[26] Eine Massenbasis wie in Gestalt islamischer Organisationen aber fehlt. *Auch diese Richtung betrachtet das Leben in Europa als Normalzustand, indes nicht unthematisch, wie in der pragmatischen Orientierung, sondern reflektiert.* Es wird sich zeigen, in welchem Maße diese Ansätze Eingang in Curricula der islamtheologischen Ausbildung in verschiedenen Ländern finden werden.

I. 4. Islamistische Orientierung

Da islamistische Orientierungen in verschiedenen Ausprägungen gegeben sind, sei hier erstens auf politische, zweitens auf militante und drittens auf kulturelle Lesarten verwiesen. Politisch: Transnationale Organisationen wie die Muslimbruderschaft oder die *Jamā^c at-e Islami* zielen darauf, das gesamte gesellschaftlich-politische System islamisch zu bestimmen.[27] Scharia wird hier *in politischer Diktion* als umfassendes System verstanden, das das persönliche und das öffentliche Leben, die Rechtstraditionen und die administrativen und staatlichen Strukturen bestimmen soll. Die These lautet, dass allein Gott der Souverän ist, nicht der Mensch.[28] Die Notwendigkeit, dennoch politische Institutionen unterhalten zu müssen, führt einerseits zu vagen Behauptungen und andererseits zu sehr eklektischen politischen Vorstellungen. Die Frage, wie Gottes Souveränität genau zu denken wäre, bleibt meist unbeantwortet. Indes werden *eklektisch bestimmte Normen* (etwa die Kleiderordnung oder das Verhältnis von Muslimen zu Nichtmuslimen betreffend) als Ausweis der Islamizität eingefordert. *Moderate politische Islamisten* versuchen ihr Ziel durch ein langfristiges politisches Engagement zu erreichen.

Demgegenüber sind *militante Islamisten* (heutzutage auch Salafisten genannt[29]) stärker auf Separation ausgerichtet und bezeichnen andere Lebensweisen (auch von bestimmten Muslimen) als Unglaube. Es handelt sich hier um eine überschaubare Gruppe. So sind in Deutschland laut Verfassungsschutz derzeit etwa 38 000 Personen verschiedenen islamistischen Organisationen zuzurechnen.[30] Zu salafistischen Netzwerken in Deutschland fallen in den Medien häufig die Namen von

---

[26] Lewis, Philip: From Identity Politics to Engagement, 2012, 43, 52.

[27] Vgl. etwa: Reetz, Dietrich: Islamische Missionsbewegungen in Europa, in: Islam in Europa, hg. von Heidrich-Blaha, Ruth, Wien 2007, 117-136; Wrogemann, Henning: Missionarischer Islam und gesellschaftlicher Dialog, Frankfurt a. M. 2007, 94-128, 141-151.

[28] Ideologische Referenzen sind bis heute Sayyid Outb und Abu'l a'la Maududi. Vgl. Damir-Geilsdorf, Sabine: Herrschaft und Gesellschaft. Der islamistische Wegbereiter Sayyid Qutb und seine Rezeption, Würzburg 2003.

[29] Vgl. Meijer, Roel (Hg.): Global Salafism. Islam's New Religious Movement, London 2009.

[30] Luft : Muslime in Deutschland und Frankreich, 380.

Predigern wie *Pierre Vogel*, *Hassan Dabbagh* oder *Ibrahim Abou Nagie*[31], letzterer Initiator der seit Jahr 2011 allseits bekannten *Lies-Kampagnen. Nagie* vertritt die Meinung, Demokratie stehe der Scharia entgegen und sei daher ein Götze. Man müsse innere Distanz zu den Ungläubigen wahren und ansonsten gutes Benehmen zeigen, um sie zum Islam aufrufen zu können.[32]

Extremistische Salafisten wie etwa im Umfeld des Netzwerkes *Millatu Ibrahim* (MI)[33] empfinden jedoch auch diese Position noch als zu kompromissbereit und folgen *Abu Muhammad al-Maqdisi*, einem der derzeit bekanntesten dschihadistischen Ideologen.[34] Manche meinen, dass Hass auf Ungläubige zur religiösen Praxis gehören müsse.[35] Der Übergang in die dschihadistische Szene ist fließend.[36] Insgesamt bleibt das Scharia-Verständnis solcher Akteure sehr vage, sowohl bestimmte Normen als auch Vorstellungen einer islamischen Gesellschaft betreffend. Dichotomische Muster zwischen Gut und Böse, wahrem Islam und dem Westen herrschen vor. *Politische Islamisten nehmen Europa als Ausnahmezustand wahr, viele militante Islamisten dagegen als Kampfsituation.*

Völlig anders als ein politischer oder militanter Islamismus ist ein *kultureller Islamismus,* verstanden als bewusste Entscheidung für einen islamischen Lebensstil, ausgerichtet. Als Ausweis islamischer Identität werden kulturelle Formen wie etwa die Kleidung betrachtet, das demokratisch-politische System gilt meist als islamkompatibel. Dies ist

---

[31] Wiedl, Nina / Becker, Carmen: Populäre Prediger im deutschen Salafismus. Hassan Dabbagh, Pierre Vogel, Sven Lau und Ibrahim Abou Nagie, in: Salafismus in Deutschland, hg. von Schneiders, Thorsten G., Bielefeld 2014, 187-216. Im Blick auf Nichtmuslime vertritt etwa Hassan Dabbagh die Ansicht, man solle sich von ihnen abgrenzen, was aber nicht eine generelle Lossagung (arab. al-barā') bedeutet. Der Salafistenprediger Pierre Vogel fordert zudem, Muslime sollten nicht an nicht-muslimischen Festen teilnehmen. Hass gegenüber Götzen (arab. tāghūt) sei geboten. – Vogel gründete 2009 zusammen mit Muhammad Çiftçi das da'wa-Projekt Einladung zum Paradies. Vorträge Vogels finden sich unter anderem auf den Homepages saudisch finanzierter transnationaler da'wa-Organisation wie www.islamhouse.com_[17.10.2015].

[32] Im Jahr 2005 hatte er bereits die da'wa-Organisation Die wahre Religion gründet. Siehe www.diewahrereligion.de [17.10.2015]; vgl. Wiedl / Becker: Populäre Prediger, 205 f.

[33] Sie haben sich seit 2013 auf der Internetplattform Tauhid Germany reorganisiert. Baehr, Dirk: Dschihadistischer Salafismus in Deutschland, in: Schneiders: Salafismus, 231-250, hier: 240.

[34] Wagemakers, Joas: A Purist Jihadi-Salafi: The Ideology of Abu Muhammad al-Maqdisi, in: British Journal of Middle Eastern Studies (36:2), 2009, 281-297; ders.: The Enduring Legacy of the Second Saudi State: Quietist and Radical Contestations of al-Wala' wa-l-Bara', in: International Journal of Middle East Studies (44:1), 2012, 93-110.

[35] So in Anlehnung etwa an den in Bahrain lebenden Gelehrten Abū Sufyān al-Sulamī. Wiedl / Becker: Populäre Prediger, 204.

[36] Vgl. Baehr: Dschihadistischer Salafismus in Deutschland, 237.

bedeutsam für die etwa 1,8 Millionen Muslime unter 25 Jahren, die in Deutschland leben.[37] Hier ereignen sich kulturelle Transformationsprozesse, die in der Forschung unter Begriffe wie Hybridisierung, Transkulturalität oder *Mehrfachzugehörigkeit* gefasst werden. Je nach Situation positionieren sie sich anders, etwa als Türke in Deutschland, als Kölner gegenüber Borussia Dortmund oder als Deutscher gegenüber anatolischen Verwandten. Je nach Situation werden unterschiedliche Aspekte der eigenen Identität hervorgehoben.[38] Gesellschaftsorientierte Vereinigungen wie die islamische *Lichtjugend* oder *Lifemakers* sind im Internet über Foren präsent und unabhängig von Strukturen etwa der Moscheeverbände.[39]

Viele Jugendliche leben ihren eigenen Stil in Formen, die sich nicht wesentlich vom Mainstream unterscheiden. Dabei werden in Modefragen als Identitätsmarker Labels verwendet wie etwa *Styleislam*, man verwendet Sticker, islamische Malbücher für Kinder, Mousepads und anderes. Oft genügen solche Identitätsmarker, um sich aus der Breite allgemein akzeptierter Jugendstile doch etwas abzuheben. Internetgemeinden wie *myumma.de* kommen zu solchen wie SchülerVZ oder facebook hinzu. *Religiöse Identität wird also in kulturellen Formen ästhetisiert, was gleichzeitig bedeutet, dass viele Thematiken, etwa die politische Orientierung oder das Verständnis des demokratischen Rechtsstaates weitgehend unproblematisch sind.* Das Leben in Europa wird auch hier als Normalzustand betrachtet. – Die Vielfalt der Orientierungen wirft die Frage auf, was eigentliche muslimische Identität in Europa ausmacht.

II. Was kann als „muslimische Identität" gelten?

Sozialwissenschaftlich gesehen stellen *pragmatisch orientierte Muslime* in Europa die Mehrheit dar. Welche Aspekte islamischer Lehre, Praxis oder Symbolik aber sind für sie maßgeblich? Vielleicht nur das Bewusstsein, ein „Muslim" zu sein, obwohl man niemals in die

---

[37] Diese werden in verschiedenen Typologien zu erfassen gesucht, wobei meist zwischen erstens wenig religiös, zweitens traditionell-religiös, drittens nationalistisch und viertens aktivistisch-islamisch unterschieden wird. Vgl. Şen, Faruk: Islam in Deutschland. Religion und Religiosität junger Muslime aus türkischen Zuwandererfamilien, in: Junge Muslime in Deutschland, hg. von von Wensierski, Hans-Jürgen u. a., Opladen / Farmington Hills 2007, 17-32; Lübcke, Claudia: Jugendkulturen junger Muslime in Deutschland, ebd., 285-318. Vgl. auch: Haug: Muslimisches Leben in Deutschland; Hunner-Kreisel, Christine u. a. (Hg.): Kindheit und Jugend in muslimischen Lebenswelten, Wiesbaden 2012.

[38] Vgl. Lübcke: Jugendkulturen junger Muslime in Deutschland, bes. 292 ff.

[39] Gerlach, Julia: Zwischen Pop und Dschihad. Muslimische Jugendliche in Deutschland, Berlin 2006.

Moschee geht? Zwischen säkular und hochreligiös gibt es hier alle nur denkbaren Abstufungen. Wie steht es umgekehrt mit dem Islam, wie ihn Islamwissenschaftler anhand *schriftlicher Quellen* analytisch portraitieren? Oft wird hier ein kohärentes System herausgearbeitet, eine Sicht, der auch traditionale Muslime zustimmen würden. Wo aber, wenn überhaupt, wird dieses System heute reproduziert – etwa in Lehreinrichtungen, in Familien, in Koranschulen, staatlichen Schulen, TV, Internet oder wo auch immer? Und was genau wird hier an Material ausgewählt und welche Normen, Werte oder Vorstellungen werden für wichtig erachtet? Sind Islamisten als Minderheit paradigmatisch oder nicht? Was ist schließlich über *Reformdenker bzw. Reformdenkerinnen* zu denken, die etliche Inhalte neu interpretieren? Wie ihr das ausdrückliche Nein zu riesigen Traditionsbeständen zu werten?

II. 1. Jenseits von Essentialismus und Diskurs

Fragen wie diese werden oft über das Gegensatzpaar *Essentialismus versus Diskurs* thematisiert: Gibt es eine Essenz, ein *Wesen* des Islam, das konstant bleibt und sich immer wieder reproduziert? Bei dieser Sicht besteht die Gefahr, das Nicht-Passende abzuspalten. Unterstellt man etwa *dem* Islam ein friedliches Wesen, dann gehört das Wirken islamistischer Terrorgruppen weltweit nicht zum Islam. Hält man *den* Islam umgekehrt für demokratiefeindlich, dann sind islamische Reformdenker eben keine „richtigen" Muslime. Und wenn man Islam *nur* als Diskurs versteht? Hält man Islam nur für einen Diskurs, so kann man sehr wohl erklären, dass sich hier vieles ändert an Verhältnissen, an Wahrnehmungsmustern, Praktiken und Einstellungen. Umgekehrt fällt es schwer zu erklären, warum sich viele Phänomene, etwa die Weigerung, volle Religionsfreiheit zu gewähren, so breitflächig in mehrheitlich muslimischen Gesellschaften finden.[40]
Halten wir fest: Zum einen gilt, dass es viele transnational agierende Bewegungen und Organisationen gibt, die eine weitreichende Islamisierung propagieren, neben der Muslimbruderschaft etwa *Jamāᶜat-e Islami*, *Hizb-ut Taḥrīr* und manche andere. Zum anderen aber gilt auch, dass es Abermillionen Muslime gibt, die verschiedenste ältere Traditionen ablehnen und für islamische Identität lediglich auf den Gottesglauben und ein islamisches Ethos verweisen – Muslime, die modern sind und modern sein wollen und auf Demokratie und Gleichberechtigung aller Menschen setzen. *Im Blick auf muslimische*

---

[40] Hier spielen natürlich eine Reihe von Faktoren eine Rolle, darunter indes auch bestimmte Mentalitäten, die wiederum durch religiöse Traditionen deutlich beeinflusst werden. Vgl. Rohe, Mathias: Islam und demokratischer Rechtsstaat – ein Gegensatz?, in: Politische Studien, Heft 413, 58. Jahrgang 2007, 52-68, bes. 53 f. und 58 f.

Präsenzen in Europa scheint mir daher eine mittlere Position zwischen Essentialismus und Diskurstheorie den größten Erklärungswert zu besitzen:
(1.) Muslimische Populationen verändern sich, viele Menschen muslimischen Glauben sehen keine Spannungen zu europäischen Rechtstraditionen und nur wenige Spannungen zu Alltagswelten, in denen sie leben. (2.) Indes *bleibt* für diese Menschen *vieles unthematisch*, da islamische Praxis für sie oft keinen besonders hohen Stellenwert hat. (3.) Gleichzeitig bemühen sich etliche Akteure, entweder eine neue Lesart der Tradition zu gewinnen (Reformislam) oder umgekehrt traditionale Rechtssätze und Normen zu erinnern und sukzessive auch in Europa zu implementieren (traditionale Akteure). (4.) Die Frage ist dann, welchen Ansätzen sich Menschen muslimischen Glaubens zukünftig verpflichtet sehen werden. *Für zivilgesellschaftliche Akteure und darunter auch die Kirchen wird es jedenfalls darauf ankommen, die Komplexität der hier in Rede stehenden Fragen wahrzunehmen.*

II. 2. Mediale Diskurse – Stereotypisierungen aufdecken

Verschiedene zivilgesellschaftliche Akteure sind dazu aufgefordert, medialen Verzerrungen entgegenzuwirken, wie sie in öffentlichen Diskursen immer wieder vorkommen. Dazu gehört erstens, dass nur allzu oft *Phänomene islamisiert werden*, die an sich sozial zu erklären sind. So stellt *Stefan Luft* heraus, dass in Frankreich Debatten oft durch das „Islam-Prisma" wahrgenommen werden, dass man also Muslimen gegenüber der Mehrheitsgesellschaft abweichende Einstellungen und Verhaltensweisen unterstellt, was allerdings empirisch nicht zu belegen sei. Bei den Unruhen in den Pariser Vorstädten (frz. *Banlieues*) des Jahres 2005 etwa habe Religion, auch nach Erkenntnissen des französischen Geheimdienstes, keine Rolle gespielt.[41] Nach Luft fehlt es in öffentlichen Debatten zum Thema Integration „an Verständnis für grundlegende Mechanismen und Abläufe von Integrationsprozessen".[42] Daneben stellt sich m. E. auch die Frage, ob nicht bestimmte Straftaten islamisiert werden.[43]

---

[41] Luft: Muslime in Deutschland und Frankreich, 390. In Frankreich werde der Islam tendenziell als Integrationshemmnis gesehen, in Deutschland mittlerweile mehr und mehr als „Integrationsagentur". (391)
[42] Luft: Muslime in Deutschland und Frankreich, 393.
[43] So zu Recht Rohe: Der Islam im demokratischen Rechtsstaat, 28. Rohe zum Thema „Paralleljustiz": „Die bislang bekannt gewordenen Fälle von ‚Paralleljustiz' scheinen sich großenteils in bestimmten orientalischen Großfamilienclans einiger Großstädte wie Berlin, Bremen, Essen oder auch Hildesheim abzuspielen, welche ihre eigenen kulturellen Vorstellungen von Streitschlichtung teils mit brutaler Gewalt durchsetzen. Derartige Phänomene sind keineswegs auf bestimmte muslimische Milieus beschränkt, sondern finden sich auch unter Roma, christlichen

Eine andere Tendenz besteht darin, den *Islam zu essentialisieren.*[44] Es wird dieser Religion ein unveränderliches Wesen unterstellt, etwa ein Familienethos, das in jedem Falle zu vielen Kindern führe. Dies schürt die Angst vor der langsamen Majorisierung durch muslimische Bevölkerungsgruppen. Diese Sicht hält jedoch empirischen Befunden nicht stand, wie *Youssef Courbage* aus demographischer Perspektive gezeigt hat. Gegenwärtig liegt die Kinderzahl pro Frau im Iran bei 1,8, im Libanon bei 1,6, in der Türkei bei 2,1, in Marokko bei 2,19 und in Tunesien bei 2,05 Kindern – Tendenz fallend.[45] Zum Vergleich: Deutschland 1,6, Schweden 2,0. Mit hoher Alphabetisierungsrate und hohem Bildungsgrad von Frauen nehmen Selbstbestimmung und Individualisierung zu und die Anzahl der Geburten ab.[46] Dies ist ein Trend, der sich in vielen Gesellschaften beobachten lässt.
Innerhalb kirchlicher Praxis wäre also erstens für Nüchternheit zu werben und zweitens die Rezeption sozial- und kulturwissenschaftlicher Forschungsergebnisse zu forcieren. *Die Curricula von Aus- und Fortbildungsprogrammen sind über rein religionskundliche Inhalte hinaus um sozial- und kulturwissenschaftliche Erkenntnisse zu erweitern.* Sowohl einseitige religiöse als auch essentialistische Deutungsmuster sind nicht nur unangemessen, sondern auch gefährlich, weil sie Ängste schüren und Stimmungen anheizen. Dem ist entschieden entgegenzuwirken. Kommen wir damit zu spezifischen Herausforderungen kirchlicher Praxis.

III. Herausforderungen kirchlicher Praxis

Für die Praxis verschiedener Kirchen in Deutschland und Europa wird es meines Erachtens darauf ankommen, von generellen Verhältnisbestimmungen zwischen „dem" Christentum und „dem" Islam abzusehen. Vielmehr wird kirchliche Praxis unterschiedliche Bezugnahmen weiter kultivieren müssen, diese jedoch reflektierter als

---

Albanern und anderen Gruppen, von den tatsächlich am meisten bedrohlichen Formen der Selbstjustiz unter Hells Angels oder Bandidos sowie machtvollen ost- und südosteuropäischen Organisationen organisierter Kriminalität abgesehen."

[44] Zu Recht weist Tilman Nagel darauf hin, dass der Essentialismus-Vorwurf dazu führen kann, ein unrealistisches Bild islamischer Praxis zu zeichnen. Seine eigene Sicht nimmt meines Erachtens jedoch sozial- und kulturwissenschaftliche Analysen kaum zur Kenntnis. Vgl. Nagel, Tilman: Angst vor Allah? Auseinandersetzungen mit dem Islam, Berlin 2014, bes. 19-54.

[45] Courbage, Youssef: Die Arabischen Gesellschaften im Sog der Modernisierung – aus der Sicht eines Demographen, in: Bedrohte Werte? Europa und der Nahe Osten unter Globalisierungsdruck, hg. von Weder, Hans / Lauber, Anina, Zürich 2014, 187-200.

[46] Courbage: Die Arabischen Gesellschaften im Sog der Modernisierung, 189-194.

zuvor als *Mehrfachbezugnahmen* zu verstehen haben.[47] So führt auch die mitunter beschworene Forderung, die „anderen" anzuerkennen, nicht weiter, da gefragt werden muss, was genau unter Anerkennung zu verstehen ist. Im Folgenden unterscheide ich im Anschluss an *Axel Honneth* und *Thomas Bedorf* fünf verschiedene Formen von Anerkennung, nämlich Anerkennung im Sinne des Rechts, der Liebe, der Solidarität, der Gabe und der alltagsweltlichen Bejahung.[48]

III. 1. Anerkennung als Recht und öffentlicher Raum – gleiche Rechte einfordern

Es hat lange gedauert, bis christliche Kirchen die Idee der Menschenrechte auf theologischer Grundlage voll zu akzeptieren bereit waren.[49] Kirchen sind als große zivilgesellschaftliche Akteure aufgerufen, gleiche Rechte für alle Menschen einzuklagen, umgekehrt aber auch religiös oder weltanschaulich begründete Versuche der Einschränkung von Menschenrechten zurückzuweisen. Einerseits geht es darum, dass Menschen muslimischen Glaubens Rechte nicht vorenthalten werden. Andererseits geht es innerhalb verschiedener kulturell-religiöser Gruppen jedoch auch darum, die Individuen *inner-halb* dieser Gruppen gegen die Behauptung so genannter „kultureller Rechte", „religiöser Pflichten" oder „authentischer Lebensformen" zu schützen, die von manchen Akteuren als verbindlich proklamiert werden.

Gerade der öffentliche Raum ist ein sensibles Feld: Wie steht es mit dem Mittagsgebet eines muslimischen Schülers, stört dies womöglich den Schulfrieden? Was bedeutet Religionsfreiheit hier, was bedeutet staatliche Neutralität im Sinne „respektvoller Nicht-Identifikation" mit Religionen und Weltanschauungen?[50] Kann ein muslimischer Arbeitnehmer in einem Getränkemarkt davon befreit werden, Paletten mit alkoholischen Getränken stapeln zu müssen?[51] Wird durch solche Ausnahmen das deutsche Recht ausgehöhlt oder geht es hier lediglich

---

[47] Ich habe mit Hinweisen zu einer Theorie Interreligiöser Beziehungen zu zeigen versucht, welche vielfältigen Faktoren für solche Beziehungen eine Rolle spielen. In einer davon zu unterscheidenden Theologie Interreligiöser Beziehungen geht es darüber hinaus um die Erkenntnis, dass Beziehungsmuster immer und zugleich aus mehrfachen Bezugnahmen bestehen, die verschiedene Muster der Anerkennung oder Zurückweisung beinhalten. Vgl. Wrogemann, Henning: Theologie Interreligiöser Beziehungen. Religionstheologische Denkwege, kulturwissenschaftliche Anfragen und ein methodischer Neuansatz. Lehrbuch Interkulturelle Theologie / Missionswissenschaft, Band 3, Gütersloh 2015, 211 ff., 295 ff.

[48] Wrogemann: Theologie Interreligiöser Beziehungen, 253 ff. (Lit.)

[49] Tödt, Heinz Eduard / Huber, Wolfgang: Menschenrechte. Perspektiven einer menschlichen Welt, München 1977.

[50] Schieder, Tobias / Schieder, Rolf: Schülergebete in öffentlichen Schulen. Grundrecht oder Verletzung des Neutralitätsgebots des Staates?, in: Berliner Theologische Zeitschrift (30), 2013, 218-234.

[51] Rohe: Der Islam im demokratischen Rechtsstaat, 17.

um „ausgewogene Abwägungsmechanismen“? Wie steht es mit dispositivem Recht, also etwa privatem Vertragsrecht? Wie mit islamischen Aktienfonds, zusammengefasst derzeit etwa im *Dow Jones Islamic Market Index*?[52]
Viele solcher Debatten werden mit großer Härte in medialen Diskursen wie Fernsehen oder Internet geführt. Christliche Kirchen und Gemeinden sind aufgerufen, sich zu diesen Themen kundig zu machen und einem Alarmismus zu widerstehen. Die Universalität der Menschenrechte ist festzuhalten, denn anders kann es keinen Minderheitenschutz geben, in welchem Land auch immer.

III. 2. Anerkennung als Solidarität und lokale Kooperationen – Lernbeziehungen ausbauen

Es gibt mittlerweile viele Beispiele für langfristig tragfähige interreligiöse Beziehungen auf der Ebene von Kirchen- und Moscheegemeinden und sozialen Initiativen.[53] So fand am 10. Mai 2014 zum Beispiel ein *Tag des christlich-islamischen Dialogs* in Krefeld statt, der mit 60 Veranstaltungen und 1 200 Besuchern einen guten Einblick in viele Projekte bot.[54] Ein anderes Beispiel: In Großbritannien werden derzeit etwa in der Anglikanischen Kirche ermutigende Erfahrungen in der Kooperation von anglikanischen Priestern und Imamen gemacht.[55] Als Teil eines Fortbildungsprogramms begleiten Imame die anglikanischen Priester etwa in der Krankenhaus- und Gefängnisseelsorge und werden so mit Rollenmustern vertraut, mit Problemlagen, Rechtsfragen, seelsorgerlichen Belangen und vielem mehr.[56] Solche Initiativen schaffen *Beziehungen* und eine *Vertrauensbasis*, sie vermitteln *Informationen* und helfen, *Barrieren abzubauen*.

---

[52] Rohe: Der Islam im demokratischen Rechtsstaat, 18. – Weiter kann man fragen: Was symbolisieren Moscheebauten? Sind sie Ausdruck eines religiösen Dominanzanspruchs? So die Befürchtung mancher Islamkritiker. Sind sie Ausdruck einer unzulässigen Anpassung an ein als „ungläubig“ betrachtetes Land? So der Vorwurf militanter Islamisten. Oder sind sie schlicht Ausdruck einer sich einstellenden Integration, eines Normalzustandes also?

[53] Miksch, Jürgen: Islamforen in Deutschland. Dialoge mit Muslimen, Frankfurt/M. 2005.

[54] Vgl. u. a. Lemmen, Thomas: Salafistische Bestrebungen in Deutschland als Herausforderung für den interreligiösen Dialog, in: Schneiders (Hg.): Salafismus in Deutschland, 415-422.

[55] Vgl. Lewis, Philip (2009): For the Peace of the City: Bradford – a case-study in developing inter-community and inter-religious relations, in: World Christianity in Muslim Encounters: Essays in Memory of David A. Kerr, vol. 2, hg. von Goodwin, Stephen B., London 2009, 273-286. Siehe auch: Bradford Churches for Dialogue and Diversity, www.bcdd.org.uk sowie www.christianmuslimforum.org [beide 14.05.2015].

[56] Ward, Frances / Coakley, Sarah (Hg.): Fear and Friendship. Anglicans Engaging with Islam, London / New York 2012.

Im Falle von lokalen Konflikten können die daraus entstandenen Netzwerke als Schlichterinstanzen wirken. In konkreten Fällen bewusster religiöser Provokation wie etwa dem Thema Hassprediger oder bei spektakulären Konflikten sind solche Beziehungen von großer Bedeutung, denn gegen *hate speech* ist *more speech* angesagt[57], das heißt die konkrete Gegenrede, die Gegendemonstrationen, das öffentliche Präsenz-Zeigen der (ansonsten unsichtbaren) Mehrheit. *Anerkennung von Menschen als Rechtssubjekten muss von deren kulturellen, geschlechtlichen, ethnischen und sonstigen Charakteristika bewusst absehen, diese Anerkennung ist universalistisch ausgerichtet. Anerkennung als Solidarität dagegen bewertet und wertschätzt den jeweils anderen in seiner besonderen Art, sich konstruktiv in soziale Belange einzubringen.* Hier geht es auch um einen Wettstreit im Guten.

III. 3. Anerkennung als Liebe – eine Kultur des Willkommens

Die Anerkennung als Rechtssubjekte bedeutet eine ent-individualisierte Zuerkennung von Rechten, die Anerkennung als Solidarität bedeutet eine Wertschätzung aufgrund einer Leistung und ist insofern individualisierend, Anerkennung als Liebe dagegen ist bedingungslos und einzigartig. Daher ist Anerkennung als Liebe auch nicht machbar, denn Liebe stellt sich ein. Was jedoch lebbar ist, ist eine Kultur des Willkommens, der Emphatie, der näheren Kontaktaufnahme. Dies ist nur im Nahbereich menschlicher Beziehungen möglich. Solche Beziehungen aufzubauen, ist interreligiös von großer Bedeutung. Es ist jedoch auch etwa für solche Menschen von Bedeutung, die den Weg zum christlichen Glauben eingeschlagen haben.
In landeskirchlichen Zusammenhängen ist mitunter eine Scheu im Blick auf Konversionen von Muslimen zum christlichen Glauben festzustellen. Es scheint die Sorge zu bestehen, dass solche Vorgänge die Beziehungen zu muslimischen Akteuren beeinträchtigen könnten. So besteht mitunter die Gefahr, dass Konvertiten allein gelassen werden. Christliche Akteure deutscher Herkunft sind gefragt, diese Menschen ernst zu nehmen und zu begleiten.[58] Wie kann eine Kultur des Willkommens geschaffen werden? Wer ist in der Lage, ganz andere und für landeskirchliche Frömmigkeitslandschaften ungewöhnliche Selbstaussagen solcher Menschen konstruktiv aufzunehmen? Wenn etwa ein Insistieren auf der Bedeutung einzelner Aussagen der Bibel auftritt, wenn Menschen bezeugen, Jesus sei ihnen im Traum oder in

---

[57] Bielefeldt, Heiner: Die Religions- und Weltanschauungsfreiheit als Menschenrecht, in: Berliner Theologische Zeitschrift (30), 2013, 235-253.
[58] Wrogemann, Henning: Religionswechsel als Thema Interreligiöser Seelsorge, in: Handbuch Interreligiöse Seelsorge, hg. von Weiß, Helmut / Federschmidt, Karl / Temme, Klaus, Neukirchen-Vluyn 2010, 213-226; ders.: Zur Situation – Konversionen zwischen Christentum und Islam in Mitteleuropa in der Gegenwart, in: Evangelische Theologie (70), 2010, 63-73.

einer Vision erschienen? Wenn etwa theologische Ansichten vertreten werden, die mit dem eher liberalen Mainstream nicht vereinbar sind? Wo sind gemeinschaftliche Netzwerke vorhanden, die der Intensität des Gemeinschaftsbedürfnisses von Konvertiten gerecht werden können, Menschen, die mitunter viele und wichtige Sozialkontakte ihrer Vergangenheit abgebrochen haben oder abbrechen mussten? Hier ist meines Erachtens ein weites interkulturelles wie interreligiöses Lernfeld gegeben.

III. 4. Anerkennung als Gabe – ritualisierte Kommunikationsformen wertschätzen

Einen weiteren Aspekt möchte ich mit einer Liebesbeziehung vergleichen: Nach dem ersten Verliebt-Sein mit viel Spontanität geht eine Beziehung unweigerlich in einen ruhigeren Tonus über, Leben wird ritualisiert. So auch die jungen interreligiösen Beziehungen in west-, mittel- und nordeuropäischen Ländern. Man kann nicht permanent Dialogisieren. An die Stelle solcher Muster treten Ritualisierungen, seitens von Muslimen etwa der *Tag der offenen Moschee*, der von seinen Initiatoren[59] ganz bewusst auf das Datum des *Tages der Deutschen Einheit* gelegt wurde.
Meine These lautet, dass es zukünftig auf solche auch ritualisierten Anerkennungsgesten ankommen wird, um friedliche und konstruktive Beziehungen öffentlich abzubilden. Anerkennungsgesten dieser Art sind als Gabe immer wieder auch gefährdet, etwa dann, wenn sie abgelehnt oder in verletzender Weise erwidert werden. Gegenüber anderen Formen der Anerkennung gilt hier jedoch, dass die *Folge der unterschiedlichen Anerkennungsgesten gerade die Verbindung schafft und aufrechterhält.* Das Miteinander lebt geradezu von einer Art Perlenkette solcher Anerkennungsgesten.

III. 5. Anerkennung als Achtung – lokal und transnational

Dass Menschen sich geachtet fühlen, ist gesellschaftlich von überaus großer Bedeutung. Das Empfinden, dazuzugehören, wird so ermöglicht, das Wohlbefinden in sozialen Kontexten aufrechterhalten, die Identifikation mit dem Gemeinwesen gestärkt. Viele gesellschaftliche Herausforderungen sind nicht einfach durch Rechtssetzung oder Reglementierung zu bewältigen, sondern durch Vertrauensbildung. Dazu gehört unbedingt die Achtung, wie sie in Alltagsgesten und einem taktvollen und respektvollen Miteinander zum Ausdruck kommt. Diese Art der Achtung ist in jeder Gesellschaft angezeigt, sie hat jedoch auch transnationale Bedeutung, was von Menschen bewusst wahrgenommen werden sollte.

---

[59] Nach Auskunft von Muhammad Siddiq.

Nehmen wird ein Beispiel: Der Karikaturenstreit hat gezeigt, dass ein Ereignis in einem Land via medialer Berichterstattung zu erheblichen Konsequenzen in einem anderen Land führen kann. Nach der Veröffentlichung der *Charlie Hebdo* Karikatur eines Muhammad mit dem Schild *Je suis Charlie* wurden etwa in Mali vom Mob etliche Kirchengebäude angezündet und Christen umgebracht. Wenn auch solche Reaktionen nicht vorhersehbar sind, so hilft doch ein transnationales Bewusstsein im Sinne einer Verantwortungsethik dazu, die Folgen eines Handelns wenigstens im Vornherein im Blick auf mögliche Konsequenzen zu bedenken. Es geht hier nicht um die Beschneidung der Kultur-, Presse- oder Meinungsfreiheit, es geht vielmehr darum, in alledem zu beachten, dass Achtung ein hohes Gut ist, welches auch transnationale Wirkungen entfaltet.

IV. Ausblick

Muslimische Präsenzen in Europa werden in den nächsten Jahrzehnten auf einem moderaten Level zunehmen und sich weiter ausdifferenzieren. Dies bedeutet für kirchliche Praxis, ein wertschätzendes Handeln auf allen Ebenen zu fördern und dabei bewusst wahrzunehmen, dass es gleichzeitig immer zu mehreren Bezugnahmen kommt. So bedeutet Anerkennung von Rechtssubjekten, sich auch kritisch gegenüber jedweden religiösen Akteuren zu positionieren, die mit Verweis auf religiöses Recht oder die Authentizität der eigenen Tradition die Einschränkung von Freiheitsrechten fordern. Manche religiösen Geltungsansprüche sind schlicht zurückzuweisen. Auf der Ebene lokaler Kooperationen geht es um die bewusste Anerkennung derjenigen Werte und Etikettenvorstellungen der religiös und weltanschaulich anderen, die als sozial konstruktiv gewertet werden können. Es bedeutet zudem auch, ritualisierte Anerkennungsgesten auszutauschen, um medial und zivilgesellschaftlich Signale der Wertschätzung auszusenden.

Für christliche Theologie muss es darum gehen, auf Grundlage eines facettenreichen und also nicht-reduktionistischen Ansatzes diejenigen theologischen Ressourcen stark zu machen, die einem solchen konstruktiven Miteinander dienen. Dies sind auch christliche Letztbegründungsansprüche, wie sie in der Versöhnungslehre, der Feindesliebe, der Gnadenlehre, der Unterscheidung von Person und Werk oder der christomorphen Gemeinschaftlichkeit gegeben sind.[60] Nicht das Nivellieren christlicher Lehrinhalte, sondern die bewusste Bezugnahme auf theologische Profile scheint mir notwendig, um aus einer Gelassenheit christlichen Glaubens heraus die Freiheit zu gewinnen, neue Wege im interreligiösen Miteinander zu beschreiten.

---

[60] Wrogemann: Theologie Interreligiöser Beziehungen, 352 ff., 372 ff., 402 ff.

Wertschätzung und Realismus
Zur Relevanz des islamischen Fundamentalismus
Response auf Henning Wrogemann

Friedmann Eißler

Eine Grundfrage im Blick auf die Einschätzung muslimischer Präsenzen in Europa ist die, wie die Gewichte in dem Spektrum zwischen pragmatischen, traditionalen, reformorientierten und islamistischen Haltungen[1] verteilt sind und wie, soweit möglich, deren Entwicklungen zu prognostizieren sind.

Die Lage ist komplex, es spielen viele Faktoren ineinander, es sollte nicht der Eindruck erweckt werden, als gäbe es eindeutige Bewertungskriterien und -verfahren mit entsprechend eindeutigen Ergebnissen. Allerdings sehe ich aus Gründen, die ich ausführen möchte, die Übergänge fließender, als das in dem Vortrag von Henning Wrogemann zum Ausdruck gekommen sein mag. Daraus leitet sich meine These ab, dass die Auseinandersetzung mit islamistischen Konzepten unterschiedlicher Ausprägung zu den besonders dringlichen Aufgaben der nächsten Zukunft gehören muss, wenn die an freiheitlich-demokratischen Werten orientierten Spielregeln unserer Gesellschaft bewahrt und weiterentwickelt werden sollen. Damit ist keine Alternative zu den im vorigen Beitrag dargelegten Perspektiven im Blick, sondern ein ergänzender Fokus, der freilich zu einer etwas zugespitzteren Formulierung der Herausforderungen führt.[2]

Dass Fundamentalismus und Radikalisierung – wie auch immer im Einzelnen definiert – erhebliche Probleme verursachen, bedarf an dieser Stelle keiner ausführlichen Begründung. Dies gilt nicht nur in sicherheitspolitischer, sondern auch in integrationspolitischer Hinsicht.[3]

---

[1] So die Begrifflichkeit von Henning Wrogemann, siehe den vorigen Beitrag.

[2] Wrogemanns Argumentation ist differenziert, spart kritische Tendenzen und Ambivalenzen nicht aus und ist dennoch auf einen positiven, ressourcenorientierten Grundton gestimmt. Angesichts der zunehmenden Polarisierung der Islamdebatten ist es von enormer Bedeutung, Aufgeregtheiten, wo immer möglich, mit empathischer Sachbezogenheit, Ängsten mit klaren und konkreten Informationen zu begegnen. Für die Schärfung des Blickes, mitunter auch einen fruchtbaren Perspektivwechsel, ist dem Autor sehr zu danken.

[3] Vgl. Kienzler, Klaus: Der religiöse Fundamentalismus. Christentum, Judentum, Islam, München [5]2007; zum islamischen Fundamentalismus: Seidensticker, Tilman: Islamismus. Geschichte, Vordenker, Organisationen, München [2]2014; Kandel, Johannes: Islamismus in Deutschland. Zwischen Panikmache und Naivität, Freiburg i. Br. u. a. 2011; Dantschke, Claudia: Islam und Islamismus in

Im Folgenden nur einige Hinweise, einmal zur Verbreitung von fundamentalistischen Einstellungen in europäischen muslimischen Milieus, dann zu einigen Grundlagen im Islam, die bei der Ausbildung und Durchsetzung fundamentalistischer Einstellungen eine Rolle spielen. Es stellt sich schließlich die Frage, was daraus für unsere Situation folgt.

I. Verbreitung fundamentalistischer Einstellungen

Es muss interessieren, von welchen soziologischen Größenordnungen wir auszugehen haben. Dazu beziehe ich mich auf eine Studie des Wissenschaftszentrums Berlin für Sozialforschung (WZB), die im Dezember 2013 vorgestellt wurde. In einem Six Country Immigrant Integration Comparative Survey wurden in Deutschland, Frankreich, den Niederlanden, Belgien, Österreich und Schweden 9 000 Menschen mit türkischem oder marokkanischem Migrationshintergrund sowie jeweils eine einheimische Vergleichsgruppe befragt. Für eine empirische Bearbeitung der Frage nach Ausmaß und Auswirkungen des religiösen Fundamentalismus in Europa ist hier erstmals eine solide Grundlage gelegt worden. Migrationsforscher Ruud Koopmans kommt durch die repräsentative Befragung zu dem Ergebnis: Religiöser Fundamentalismus unter Muslimen ist in Westeuropa kein Randphänomen.[4]

Nach Kriterien von Bob Altemeyer und Bruce Hunsberger lassen sich drei „Schlüsselelemente“ zur Feststellung von religiösem Fundamentalismus benennen, die mit entsprechenden Fragen bei Einheimischen, die sich als Christen bezeichneten (70 % der Einheimischen), und bei Muslimen (96 % der befragten Personen mit türkischem und marokkanischem Hintergrund) abgefragt wurden:

(1) „Christen [Muslime] sollten zu den Wurzeln des Christentums [Islams] zurückkehren.“ – (2) „Es gibt nur eine Auslegung der Bibel [des Korans] und alle Christen [Muslime] müssen sich daran halten.“ – (3) „Die Regeln der Bibel [des Korans] sind mir wichtiger als die Gesetze [von Deutschland; bzw. des anderen Landes, in dem die Studie durchgeführt wurde].“

Fast 60 % der Muslime stimmen der Aussage (1) zu. 75 % halten der Studie zufolge (2) für zutreffend, und 65 % halten religiöse Regeln für

---

Deutschland, Schriftenreihe Zentrum Demokratische Kultur, Berlin 2006; zur Radikalisierung die Berichte und Analysen zur Entwicklung der salafitischen Szenen in Deutschland und Europa, s. etwa Said, Behnam T. / Fouad, Hazim (Hg.): Salafismus. Auf der Suche nach dem wahren Islam, Freiburg i. Br. 2014; Meijer, Roel (Hg.): Global Salafism. Islam's New Religious Movement, London 2009.

[4] Vgl. Koopmans, Ruud: Fundamentalismus und Fremdenfeindlichkeit. Muslime und Christen im europäischen Vergleich, in: WZB Mitteilungen 142 (2013), 21-25, www.wzb.eu/sites/default/files/u252/s21-25_koopmans.pdf [24.09.2015].

wichtiger als die Gesetze des Landes (3). Als „fundamentalistische Überzeugung" wird die Zustimmung zu allen drei Aussagen gewertet. Dies trifft für 44 % der Muslime zu (45 % der sunnitischen Muslime mit türkischem Hintergrund; 50 % der Marokkaner; 15 % bei Aleviten).[5]

Diese Werte sind deutlich höher als die Anteile der entsprechenden Antworten unter einheimischen Christen. Von diesen stellen nur 13 % religiöse Regeln über staatliches Recht und knapp 20 % bestreiten, dass die Bibel unterschiedlich ausgelegt werden kann. Weniger als 4 % können in diesem Sinne – Zustimmung zu allen drei Aussagen – als konsistente Fundamentalisten bezeichnet werden.[6] Die Haltung von Aleviten, so ein weiterer Befund, gleicht viel stärker der von einheimischen Christen als der von sunnitischen Muslimen.

Da es sein könnte, dass sich marginalisierte Menschen stärker von fundamentalistischen Bewegungen angezogen fühlen, die markanten Differenzen also auf die soziale Klasse (demografische und sozioökonomische Profile) zurückzuführen wären, wurde eine Regressionsanalyse unter Berücksichtigung dieser Faktoren durchgeführt. Diese zeigt in der Tat eine geringe Variationsbreite, die allerdings die Differenz zwischen Muslimen und Christen nicht erklärt. Die Differenz bleibt erhalten. Darüber hinaus wurde die Verbindung von religiösem Fundamentalismus mit Fremdgruppenfeindlichkeit, die von Forschungen in den USA aufgezeigt wurde, für Westeuropa geprüft. Die Ergebnisse lassen erkennen, dass Menschen mit fundamentalistischer Haltung gleichzeitig Gruppen, die von ihrem Standard abweichen – wie Homosexuellen oder Juden – und/oder als Bedrohung der religiösen Eigengruppe gesehen werden, feindselig gegenüberstehen. Fast 60 % der befragten Muslime lehnen Homosexuelle als Freunde ab, 45 % denken, dass man Juden nicht trauen kann, und ebenso viele glauben, dass der Westen den Islam zerstören will. Die entsprechenden Werte unter christlichen Befragten im Vergleich: Immerhin 9 % sind offen antisemitisch, 13 % wollen keine homosexuellen Freunde, und 23 % (in Deutschland 17 %) glauben, dass die Muslime die westliche Kultur zerstören wollen.

Als ein Grund zur Sorge wird die Tatsache betrachtet, dass fundamentalistische Haltungen und Fremdgruppenfeindlichkeit unter

---

[5] Auf Deutschland bezogen sieht es etwas besser aus: Hier stimmen 30 % der Muslime allen drei Aussagen zu. Das spräche dagegen, stellt Koopmans fest, dass der Fundamentalismus eine Reaktion auf die Ausgrenzung durch das Gastland sei, denn in Deutschland seien die Bedingungen (rechtliche Anerkennung, Rechtssituation) nicht so günstig wie in den anderen fünf Ländern. Dennoch wird hier der niedrigste Grad an Fundamentalismus festgestellt. – Die Werte bestätigen Ergebnisse früherer Studien.

[6] Unter Katholiken sind fundamentalistische Haltungen etwas weniger (3 %), unter kleinen freikirchlichen und sektiererischen Gruppen mit 12 % am stärksten ausgeprägt.

jungen Muslimen ebenso verbreitet sind wie unter älteren, während die entsprechenden Einstellungen unter jungen Christen sehr viel seltener anzutreffen sind als unter älteren.
Für die Auswertung und Bewertung der Studie ist sicher die Feststellung wichtig, dass religiöser Fundamentalismus *nicht* mit der Bereitschaft einhergehen muss, religiös motivierte Gewalt zu unterstützen oder sich gar daran zu beteiligen. Angesichts der starken Beziehung zur Fremdgruppenfeindlichkeit ist es gleichwohl sehr wahrscheinlich, dass Fundamentalismus *auch* einen Nährboden für Radikalisierung bietet. Koopmans resümiert: „Fundamentalismus ist keine unschuldige Form strenger Religiosität."[7]
Entscheidend für unseren Zusammenhang ist, dass wir im Blick auf die Verbreitung fundamentalistischer Einstellungen in westeuropäischen muslimischen und christlichen Gemeinschaften markant unterschiedliche Größenverhältnisse vor uns haben, deren Beachtung für die Diskussion nicht unerheblich sein kann.

II. Voraussetzungen in der religiösen Tradition

Die markant unterschiedlichen Größenverhältnisse hängen mit unterschiedlichen Grundvoraussetzungen in Bezug auf die Wahrnehmung der eigenen religiösen Tradition zusammen. Ich beschränke mich im Rahmen dieses Beitrags auf knappe Hinweise zur Verbindung von Religion und Politik bzw. gesellschaftlichem Gestaltungsanspruch sowie zum wissenschaftlichen Umgang mit den religiösen Quellen in islamischen Milieus.

II. 1. Das „Medina-Modell"

Ein Konstitutionselement für die Ausbildung und Durchsetzung fundamentalistischer islamischer Positionen ist immer wieder der Rückgriff auf die frühislamische Situation in Medina, in der Religion und Politik engstens miteinander verwoben sind. Das große Vorbild für die perfekte Verwirklichung einer auf islamischen Prinzipien gegründeten Gesellschaft ist in dieser Sicht das erste islamische Gemeinwesen in Medina unter der politischen und religiösen Führung des Propheten Muhammad von 622 n. Chr. bis zu dessen Tod 632. „Medina" hat ausgehend von Sure 2 und den (chronologisch) darauf folgenden koranischen Offenbarungen, die viel religionsgesetzlich relevantes Material enthalten, Modellcharakter auch für heute. Denn „Medina" gilt – ohne große hermeneutische Umstände – als Modell einer gerechten Gesellschaftsordnung, in der die Rechte von Minderheiten gewahrt und Toleranz gegenüber Andersgläubigen praktiziert worden seien. Als

[7] Koopmans: Fundamentalismus und Fremdenfeindlichkeit, 25.

Grundlagendokument dafür wird auf die „Charta" *(Sahifa)* oder „Gemeindeordnung von Medina" verwiesen, einen Bündnisvertrag zwischen Muhammad bzw. den Muslimen und den Einwohnern von Yathrib/Medina über die Rechte und Pflichten aller Beteiligten, der als schriftliche Verfassung, ja als „erster demokratischer Staatsvertrag" gepriesen wird.[8] Wir gehen hier nicht auf den angeblichen oder tatsächlichen Gehalt des Dokumentes ein, dessen bekannteste Version in der (späten) Prophetenbiografie des Ibn Hischam überliefert ist.[9] Wir halten nur fest, dass es sich nicht um eine grundsätzliche Äußerung Muhammads oder der frühen islamischen Gemeinde handelt, viel eher um eine Vereinbarung, die pragmatische Regelungen zum Verhältnis der jungen muslimischen Gemeinde (aus Zugewanderten und medinensischen „Helfern") zu den ortsansässigen Stämmen trifft; ob und inwiefern Juden überhaupt einbezogen waren, ist zumindest fachlich umstritten.[10]

Wichtig ist an dieser Stelle, dass die Verhältnisse in Medina als ein (mehr oder weniger fiktives) Ideal gelten, von dem auch heute noch ein gesellschaftsgestaltender Anspruch abgeleitet wird. Medina steht für eine Gesellschaft unter islamischer Herrschaft, in der Juden und Christen die Rechte von „Schutzbefohlenen" *(Dhimmis)* im Rahmen einer islamischen Rechtsordnung haben und alle einschlägigen Rechtsfälle „Gott und Muhammad, seinem Gesandten" vorzulegen sind.[11] Dies als vorbildlichen Umgang mit gesellschaftlichem Plura-

---

[8] Gar als Beleg dafür, „dass der Islam für eine säkulare Form der Regierung plädiere", so Hübsch, Khola Maryam: Menschenrechte im Islam, 27.11.2012, mit Verweis auf den vierten Khalifatul Masih der Ahmadiyya Muslim Jamaat, Tahir Ahmad, www.khola.de/blog/art/menschenrechte-im-islam/#.Vg1y5pd2J2A [24.09. 2015]. Vgl. z. B. İhsanoğlu, Ekmeleddin: Eine Kultur friedvoller Koexistenz (Kultura Suživota), http://www.islamheute.ch/ihsanoglu.pdf [24.09.2015]; Shah, Zia: The Constitution of Medina. A Symbol of Pluralism in Islam, www.themuslimtimes.org/2012/11/uncategorized/the-constitution-of-medina-a-symbol-of-pluralism-in-islam; www.enfal.de/charta.htm [24.09.2015].

[9] Vgl. zum Vertrag von Medina Gil, Moshe: The Constitution of Medina, in: ders., Jews in Islamic Countries in the Middle Ages, Leiden 2004, 21-45; Lecker, Michael: The „Constitution of Medina". Muhammad's First Legal Document [Studies in Late Antiquity and Early Islam 23, Princeton 2004; Nagel, Tilman: Mohammed. Leben und Legende, München 2008, 342-345; Schaller, Günter: Die „Gemeindeordnung von Medina" – Darstellung eines politischen Instrumentes. Ein Beitrag zur gegenwärtigen Fundamentalismus-Diskussion im Islam, Inaugural-Dissertation, Augsburg 1985. – Koranisch bezieht man sich für die Autorität Muhammads auf Stellen wie Sure 4,59.80; 5,92; Sure 8,1 u. a.

[10] Das Abkommen dient „der Festigung der Gemeinschaft der unter dem Banner des Propheten Kämpfenden" und schließt dazu die jüdischen Mitglieder der Sippen ein, „deren Muslime sich Mohammed zur Verfügung stellten, und nur auf diese Sippen sind die Bestimmungen zurechtgeschnitten", so Nagel: Mohammed. Leben und Legende , 342.

[11] Theologisch wie praktisch ist in dem Zusammenhang der bemerkenswerte Umstand von Bedeutung, dass die islamische Zeitrechnung nicht mit der Geburt

lismus, ja geradezu als historisches Kernkonzept eines demokratischen Rechtsstaats zu präsentieren, ist islamistisches Gemeingut geworden – und unter gläubigen Muslimen weithin akzeptiert.

II. 2. Weithin traditionalistische, am Wortlaut orientierte Auslegung der Quellen

Es gibt eine reiche, anspruchsvolle, vielgestaltige und durch die Zeiten durchaus auch pragmatisch ausgerichtete islamische Wissenschaft der Koranauslegung.[12] Weithin dominant ist jedoch insbesondere nach der klassischen Periode die „Auslegung durch die Tradition" geworden und seither geblieben. Auch wo sie von „historischen" Informationen Gebrauch macht, ist dies mit einer in den heutigen Textwissenschaften angewandten historisch-kritischen Exegese nicht zu vergleichen, kommt doch nach muslimischer Auffassung im Koran Gottes Wort prinzipiell unverstellt und ohne zeitliche Distanz zu Gehör. Die dogmatische Auffassung von der Unerschaffenheit des Korans ist für die orthodoxe sunnitische Theologie grundlegend.
Dass in der Geschichte des Islam Anknüpfungspunkte für neue Wege in der Koranauslegung vorhanden sind, zeigen in ganz unterschiedlicher Weise Intellektuelle und Universitätslehrer, die „den Islam neu denken".[13] Allerdings finden diese wichtigen Impulse weitgehend nicht

des Propheten, sondern mit der „Verleiblichung" des Islam in einem Gemeinwesen nach der Hidschra im Jahr 622 n. Chr., also gleichsam mit der „Staatwerdung" und damit dem Anspruch auf Gesellschaftsgestaltung, beginnt.

[12] Man kann grob folgende grundlegende Unterscheidung der methodischen Ansätze treffen: 1) Auslegung durch die Tradition (tafsīr bi-r-riwāya oder bi-l-ma'thūr); 2) die nur unter bestimmten Bedingungen zulässige oder gar ganz abgelehnte „Auslegung aus eigener intellektueller Anstrengung" (tafsīr bi-r-ra'y; idjtihād) sowie 3) die Bemühung um den tieferen, verborgenen Wortsinn des Korans (tafsīr bi-l-ishāra). – Vgl. allgemein Goldziher, Ignaz: Die Richtungen der islamischen Koranauslegung, Leiden 1952 (Nachdruck Leiden 1970; ursprünglich 1920); Gätje, Helmut: Koran und Koranexegese, Zürich 1971; Saeed, Abdullah: Interpreting the Qur'an. Towards a Contemporary Approach, London 2005; auch Bauer, Thomas: Die Kultur der Ambiguität. Eine andere Geschichte des Islams, Berlin 2011. – Seit dem 19. Jahrhundert haben sich verschiedene Richtungen herausgebildet, die eine moderne Schriftauslegung begründen. Dazu gehört die rationalistische Auslegung um die sogenannten Modernisten (M. Abduh, A. Khan), die die Vereinbarkeit der koranischen Offenbarung mit der Vernunft und den modernen Wissenschaften postuliert. Dies wird teilweise so verstanden, dass alle Errungenschaften der (Natur-)Wissenschaften im Kern im Koran vorweggenommen seien, was die Erhabenheit des Korans bestätige (tafsīr 'ilmī).

[13] So der Titel des Buches von Amirpur, Katajun: Den Islam neu denken. Der Dschihad für Demokratie, Freiheit und Frauenrechte, München 2013. Vgl. dazu auch z. B. Amirpur, Katajun / Ammann, Ludwig (Hg.): Der Islam am Wendepunkt. Liberale und konservative Reformer einer Weltreligion, Freiburg i. Br. 2006; Benzine, Rachid: Islam und Moderne. Die neuen Denker, Berlin 2012; sowie die

in den Zentren der islamischen Gelehrsamkeit statt, sondern an den Rändern – und im Exil. Dies hat zur Folge, dass es keine Instanz gibt, die dem wörtlichen Gebrauch (oder eher Miss-brauch) religiöser Überlieferungen wirksam etwas entgegenzusetzen hat. Die massive Präsenz traditionell-konservativer und islamistischer Islaminterpretationen im Internet und über soziale Medien tut ihr Eigenes zur Verstärkung der einlinigen literalistischen Auslegung der Quellen. Maßgabe ist allein die „Authentizität" der Tradition, ein hermeneutischer oder ethischer „Filter" ist praktisch nicht vorgesehen. Vor allem können sich Islamisten und militante Dschihadisten umstandslos auf die religiösen Quellen des Islam berufen.

Wenn etwa Aiman Mazyek, Vorsitzender des Zentralrats der Muslime in Deutschland, erklärt: „Koran und die Aussprüche des Propheten sind klare Bekenntnisse für Frieden, Gerechtigkeit und Versöhnung zwischen den Völkern und Religionen", und hinzufügt, die Fragen von Krieg und Frieden seien „in der über 1000 Jahre alten Auslegungspraxis eindeutig geklärt worden", geht er offenkundig von einer eindeutigen Koraninterpretation aus.[14] Wenn dem so ist, besteht in Sachen Koranverständnis kein Klärungsbedarf. Alles, was nicht ins Konzept passt, ist dann die einfache Folge „falscher" Interpretation (die im Prinzip korrigiert und – eindeutig – klargestellt werden kann). Nun ist Mazyek freilich kein Theologe, doch seine Vorstellung, dass es an der im Prinzip wörtlichen Geltung der Vorgaben der islamischen Tradition, zuerst Koran und Sunna, nichts zu deuten gibt, ist paradigmatisch für weite Teile der muslimischen Bevölkerung, soweit sie sich religiös orientiert. Eine (den Namen verdienende) historische und hermeneutische Auslegung gibt es nicht, und dort, wo es sie ansatzweise gibt, wird von den islamischen Verbänden sogleich der warnende Zeigefinger erhoben. So etwa Richtung Münster, wo Mouhanad Khorchide den Anspruch der Scharia abweichend zu interpretieren versucht.[15]

Die unter der nichtmuslimischen Bevölkerung verbreitete Auffassung, der Islam sei Religion im Sinne eines Wertesystems, eines Instrumentariums zur Bildung ethischer Urteile, eines Moments innerer Bildung oder Instanz zur Reifung des Humanen – eben wie andere Religionen auch –, setzt einen „westlichen" Religionsbegriff voraus, der keineswegs allgemeinverbindlich ist.

Buchreihe der Georges-Anawati-Stiftung „Religion und Gesellschaft. Modernes Denken in der islamischen Welt".

[14] In einem Interview, in: Herder Korrespondenz, 69. Jahrgang (2015), Heft 1, 15-19 https://www.herder-korrespondenz.de/heftarchiv/69-jahrgang-2015/heft-1-2015/ein-gespraech-mit-dem-zmd-vorsitzenden-aiman-mazyek-zum-thema-religion-und-gewalt-differenzierter-diskutieren [13.13.2015].

[15] Vgl. Eißler, Friedmann: Streitfall islamische Theologie in Deutschland. Mouhanad Khorchides Buch „Islam ist Barmherzigkeit" und die Folgen, in: Materialdienst der EZW 76 (2013), 131-136.

III. Was bedeutet das?

Ausgehend von diesem Befund komme ich auf die vier „Orientierungen" zurück, die Wrogemann unterscheidet. Die „pragmatische Orientierung" verläuft viel stärker quer zu den anderen genannten Kategorien. „Traditional" und „islamistisch" sind die beiden großen Säulen der muslimischen Bevölkerungsgruppen, jedenfalls was die organisierten Formen angeht. In beiden Gruppen gibt es pragmatische Orientierungen. Zu Recht wurde festgestellt, dass das transnationale Moment eine große Rolle spielt. Der Einfluss der Herkunftsländer ist erheblich, man denke an die Türkei Erdoğans, die Zentren der Islamgelehrsamkeit in Ägypten (al-Azhar), in den Golfstaaten, Südasien, vor allem in Saudi-Arabien. Reformorientie-rungen hingegen spielen sich bislang deutlich am Rand ab und fallen daher – so bedauerlich diese Feststellung ist – kaum ins Gewicht. Wir haben neben den islamtheologischen Einrichtungen an Universitäten, von denen eher reformorientierte Ansätze erwartet werden, weitere Ausbildungsstätten traditionellen Musters in Deutschland, an denen dies sichtbar wird: So bildet der Verband der Islamischen Kulturzentren (VIKZ) eigene Imame aus, ebenso die Ahmadiyya Muslim Jamaat (AMJ) mit ihrer eigenen Hochschule in Riedstadt bei Darmstadt. Auch das der islamistischen Muslimbruderschaftsideologie nahestehende Europäische Institut für Humanwissenschaften (EIHW) in Frankfurt a. M. bietet ein eigenes Programm an, das sich ganz im Rahmen der skizzierten Auffassung der religiösen Quellen bewegt.
Richtig ist: Die Muslime bilden keineswegs eine einheitliche Gemeinschaft. Der Vielfalt der Ethnien, Nationen und Kulturen entspricht die Diversität der Glaubensweisen und Lehrtraditionen. Mehrheitlich vertreten ist die islamische Hauptrichtung der Sunniten. Dazu gehören die meisten der türkischen Muslime (rd. 2,7 Millionen), ebenso die meisten der zwischen 15 000 und 18 000 deutschstämmigen Muslime. Die Glaubensrichtung der Schia ist durch Schiiten hauptsächlich aus Iran, Irak und aus dem Libanon vertreten (etwa 225 500). Quer zu den großen Traditionen liegen säkulare Einstellungen, die sich bei knapp 15 Prozent der muslimischen Mitbürger vorwiegend in Unkenntnis bzw. Gleichgültigkeit gegenüber der Religion äußern. Verhältnismäßig sehr selten hingegen begegnet expliziter Atheismus. Als extremistisch eingestuft werden vom Verfassungsschutz fast 44 000 Muslime, mithin etwa 1 Prozent aller Muslime in Deutschland.[16]

[16] Vgl. Brettfeld, Karin / Wetzels, Peter: Muslime in Deutschland, Hamburg, 2007; Haug, Sonja u. a.: Muslimisches Leben in Deutschland, Nürnberg, 2009; Verfassungsschutzbericht 2014, hg. vom Bundesministerium des Innern, Berlin 2015, 91.

Die Gewichte werden sich in nächster Zeit etwas verschieben, da im Moment viele Muslime (Schätzungen zufolge bis zu 80 % der ankommenden Flüchtlinge und Migranten) arabischer Herkunft unser Land erreichen, so dass sich die türkische Mehrheit selbstbewussteren arabisch dominierten Verbänden gegenüber sehen wird. Tatsächlich fällt es indes nicht leicht, angesichts der jüngeren Entwicklungen ein klares Bild zu gewinnen, wohin die Reise geht.
Was die Zahlen angeht, ist der Anteil extremistischer Muslime nach wie vor klein. Die sozusagen notorisch islamistisch eingestellten Muslime finden sich nach offizieller Lesung im Umfeld der türkisch geprägten Islamischen Gemeinschaft Milli Görüş (IGMG), die auf den radikalen Parteiführer Necmettin Erbakan zurückgeht und mit ihren rund 31 000 Mitgliedern seit Jahren unter Beobachtung des Verfassungsschutzes steht, wenngleich mit zuletzt abnehmender Tendenz. Islamistisches Gedankengut ist freilich nicht auf einen oder einzelne Verbände festgelegt. Besonders radikal und in letzter Zeit zunehmend aggressiv missionarisch auftretend sind beispielsweise die Salafiten, deren Zahl in Deutschland inzwischen mit 7 500 angegeben wird.[17] Zugunsten islamistischer Tendenzen wirkt sich aus, dass gerade die gut organisierten und öffentlich vernehmbaren Stimmen häufig aus religiös-konservativen Lagern mit islamistischen Rändern kommen. Bei der Gülen-Bewegung, dem wachsenden Medien- und Bildungs-Netzwerk um den türkischen Prediger Fethullah Gülen[18], ist die Zahl der Anhänger und Sympathisanten übrigens schwer zu benennen, wie auch umstritten ist, wie islamistisch die Ideen und Ziele innerhalb der Bewegung sind.

IV. Welche Entwicklungen sind zu erwarten?

Was sind die vordringlichen Aufgaben – neben den jetzt angesichts der Ankunft von Flüchtlingen und Migranten zu Recht im Vordergrund stehenden praktischen und humanitären Herausforderungen? Ich bin etwas skeptischer als mein Vorredner, was die Generationenfolge anbetrifft. Richtig ist zweifellos, dass die Geburtenrate sich angleichen wird, davon ist jedenfalls auszugehen.[19] Doch nimmt die Bedeutung

[17] Sicherlich ist nicht allein die Zahl ausschlaggebend, sondern die Sichtbarkeit und die Wirksamkeit nach außen, die gerade im Blick auf den Salafismus über die Internetaktivitäten überproportional zu Buche schlägt (vgl. nur exemplarisch www.diewahrereligion.de [24.09.2015]).

[18] Vgl. dazu Eißler, Friedmann (Hg.): Die Gülen-Bewegung (Hizmet). Herkunft, Strukturen, Ziele, Erfahrungen, EZW-Texte 238, Berlin 2015.

[19] Vgl. Blume, Michael: Werden Deutschland, Europa islamisch? Haben Muslime grundsätzlich mehr Kinder?, www.scilogs.de/natur-des-glaubens/werden-deutschland-europa-islamisch-haben-muslime-grunds-tzlich-mehr-kinder/ [24.09. 2015].

von Religion ab oder nimmt sie zu? Wrogemann scheint von einer zunehmenden Säkularisierung auszugehen. Man kann sicher unterschiedliche Zahlen finden, aber eine der wichtigen Erkenntnisse der letzten fünfzehn Jahre scheint mir doch die zu sein, dass die Bedeutung von Religion und die Orientierung an der Herkunftskultur in vieler Hinsicht nicht abgenommen, sondern zugenommen haben. Die (Wieder-)Aneignung des Islam durch die zweite und – noch mehr – die dritte Generation der Migranten „birgt heute ein eminent hohes gesellschaftliches Irritationspotential", schreibt Astrid Reuter unter Hinweis auf die in westeuropäischen Gesellschaften weit verbreitete „Säkularisierungserwartung".[20] Man rechnete einerseits lange – im Blick auf die erste Migrantengeneration – mit der baldigen Rückkehr der vermeintlichen „Gastarbeiter", andererseits betrachtete man ihre Religiosität als Element einer vormodernen Lebensweise ländlicher Herkunftsregionen, die im Lauf der Zeit abgestreift würde. Man erwartete die Auflösung der religiösen Bindungen. Dagegen sorgte „das unvermutete religiöse *awakening* in der zweiten und dritten Generation" für aufgeregte öffentliche Debatten.[21]
Die deutlichere Artikulation islamischer Glaubensäußerungen und damit verbundener gesellschaftlicher Ansprüche kann einerseits auf ein stärkeres muslimisches Selbstbewusstsein zurückgeführt werden, was zunächst als Zeichen gelungener Integration positiv deutbar ist (Selbstverständlichkeit islamischer Präsenz). Vor dem Hintergrund der Verbreitung fundamentalistischer Einstellungen in der muslimischen Bevölkerung Westeuropas und deren unmittelbare Anknüpfungsmöglichkeit an verbreitete islamtheologische Grundoptionen steht allerdings die Auseinandersetzung mit diesen grundsätzlichen Herausforderungen ganz oben auf der Tagesordnung. Denn: „Islam und Islamismus sind so lange nicht voneinander zu trennen, wie Koran und Sunna als absolut und für alle Zeiten wahr ausgegeben werden, so lange, wie das Übergeschichtliche in dem an die Zeit gebundenen

---

[20] Reuter, Astrid: Religionskulturen „mit Migrationshintergrund". Zum Institutionalisierungsprozess des Islam in Deutschland und Frankreich in der longue durée nationaler Religionspolitiken, in: Religion und Gesellschaft. Europa im 20. Jahrhundert, hg. von Graf, F. W. / Große Kracht, K., Köln u. a. 2007, 375-399, 384. Vgl. Tietze, Nikola: Islamische Identitäten. Formen muslimischer Religiosität junger Männer in Deutschland und Frankreich, Hamburg 2001, 29; ferner Reuter, Astrid: Religionen im Prozess von Migration. Eine Fallstudie: Muslimische Migration nach Deutschland und Frankreich im 20. Jahrhundert, in: Europäische Religionsgeschichte. Ein mehrfacher Pluralismus, hg. von Kippenberg, Hans G. / Rüpke, Jörg / von Stuckrad, Kocku, Göttingen 2009, Band 1, 371-410; Engelbrecht, Martin: Diskursräume öffnen. Potenziale und Probleme der Einrichtung islamischen Religionsunterrichts am Beispiel des „Erlanger Modells", Expertise, Nürnberg 2007, www.bamf.de/SharedDocs/Anlagen/DE/Publikationen/Expertisen/engelbrecht-erlanger-modell.pdf?__blob=publicationFile [24.09.2015], 9-10.

[21] Reuter: Religionskulturen „mit Migrationshintergrund", 385.

Diesseits Wirklichkeit werden soll, weil es schon einmal, im Medina des Propheten, Wirklichkeit gewesen sei. Solange die Muslime an dieser Forderung festhalten, versperren sie sich den Weg zu einer kritischen Sichtung ihrer Vergangenheit, müssen auf der ewigen Wahrheit auch solcher Verhaltensweisen Mohammeds beharren, die zu seiner Zeit und in seiner Umwelt vielleicht noch zu rechtfertigen waren, es heute aber in keiner Weise mehr sind."[22] Die Zukunft der Kirche in Europa wird sich auch danach gestalten, wie es ihr gelingen wird, im Zusammenleben mit Musliminnen und Muslimen in unserer Gesellschaft Klarheit und gute Nachbarschaft fruchtbar zu verbinden.

[22] Nagel, Tilman: Angst vor Allah? Auseinandersetzungen mit dem Islam, Berlin 2014, 267. Dort weiter: „Wo genau hört die genaue Befolgung schariatischer Vorschriften auf, wo geht sie in einen Angriff auf die säkulare Gesellschaft über? Und wie soll man ein solches Abgleiten in den ‚Islamismus', das doch stets als strenge Schariakonformität ausgegeben werden kann, vom Boden der Scharia aus als unzulässig verwerfen? Solange es hierauf keine klaren Antworten gibt, werden die an die Scharia gebundenen Muslime keine ernsthaften Partner im ‚öffentlichen Diskurs' säkularisierter Gesellschaften werden können."

Kirche in Europa als Minderheiten- und Missionskirche*

Michael Bünker

I. Die echte Diasporakirche muss eine Glaubenskirche sein

Die Evangelische Kirche in Österreich hat nach 1945 eine ganze Menge von Häusern, von Gotteshäusern, von Kirchen gebaut. Die Glaubenskirche in Wien-Simmering war die Hundertste! Am 29. September 1963, am Tag des Erzengels Michael, wurde sie eingeweiht. Vorausgegangen war dem ein Preisausschreiben des Oberkirchenrates um Musterentwürfe für Diasporakirchen: Der Entwurf für die Kirche in Simmering war das Siegerprojekt. Der Architekt war Roland Rainer, er schrieb dazu:
„Wir bauen unsere Kirche in eine stille Seitenstraße. Man geht durch einen niedrigen Gang, tritt von hinten durch ein niedriges Tor in den hohen stillen Kirchenraum und hat das lichte Kreuz aus Glasbausteinen an der Altarwand vor sich. Der Mensch muss heute aus Unruhe und Lärm seines Lebens zur Besinnung und Einkehr geführt werden, damit er wirklich beten und Gottes Wort hören kann. Darum wollen wir in unserer kleinen Diasporakirche nicht in falsche Konkurrenz mit Macht und Pracht der Welt oder römischen Großkirche treten – wir wollen mit anderen Baumitteln, wie Stahl, Beton, Glas und immer wieder mit dem bodenständigen Fichtenholz, unter Verzicht auf falschen Prunk, unechten Schmuck, täuschende Fassaden, also echt und wahrhaftig, aber eben darum würdig bauen.“[1]
Das Haus ist, wie es schon die Römer kannten, nach außen abgeschlossen, die Räume nach innen offen und um einen Hof, ein Atrium, gruppiert. Nur an einer Stelle hebt sich das Haus gleichsam über sich selbst hinaus, und das ist die Kirche. Als sollte das Irdische, das Alltägliche ausgespannt werden entlang dem Maß eines Kreuzes, das sich

---

* Dieser Beitrag ist die überarbeitete Fassung eines Vortrags zur Verabschiedung von Dr. Wilhelm Hüffmeier als Präsident des Gustav-Adolf-Werkes (vgl.: Bünker, Michael: Kirche als Diaspora, in: Evangelisch glauben – nüchtern hoffen. Beiträge zu einer Theologie der Diaspora, Beihefte Evangelische Diaspora 11, Leipzig 2015, 86-98). Der Vortragsstil wurde beibehalten.

[1] Chronik der Evangelischen Pfarrgemeinde Wien-Simmering, 4; dazu: Gfall, Martina / Kumpfmüller, Brigitte: Evangelische Glaubenskirche, in: Wiener Kirchenbau nach 1945, hg. von Bäumler, Ann Katrin / Zeese, Andreas, Wien 2007, 56-63.

hier in Gestalt eines Radkreuzes findet, wie die Speichen eines Rades um eine Mitte, und uns so an den Kreis erinnert, der selbst unsichtbar bleibt und doch den Raum prägt.
Als diese Kirche eingeweiht wurde, war der Predigttext die Geschichte von der Stillung des Sturmes aus dem Markusevangelium (Mk 4,35-41).
Die ganze Geschichte klingt wie ein Kommentar zur Aussage von Roland Rainer: „Der Mensch muss heute aus Unruhe und Lärm seines Lebens zur Besinnung und Einkehr geführt werden, damit er wirklich beten und Gottes Wort hören kann."
Was steckt da hinter diesem Gegensatz? Was bedeutet diese Gestalt? Ist es jene typisch evangelische Art, sich selbst nicht zu achten, klein und schlecht zu machen? Dieser Geist der Minderheit, in dem das Mindere, das Geringere, das weniger Gute, das Defizitäre im Vordergrund steht? Friedrich Heer, vor zwanzig Jahren verstorben, hat davon gesprochen, wie sich dieser Geist der Verachtung des Kleinen, des Anderen, des Nicht-Angepassten auf unsere Gesellschaft auswirkt. Und Wilhelm Dantine, geboren 1911, hat es auf Evangelisch gesagt. Er spricht von einer evangelischen Neigung zum Selbsthass, der sich da und dort auch ästhetisch in den Kirchenräumen ausdrückt:
„Statt sich zu freuen, als Minderheit in einer großen Mehrheit etwas Besonderes darzustellen und daraus besondere Aufgaben abzuleiten, haßt man sich selbst wegen der eigenen Unangepaßtheit und überträgt diesen Haß auf die (angeblich) feindliche, übelgesonnene Mehrheit. Könnte es nicht umgekehrt sein, daß nämlich die Glaubwürdigkeit eine Minderheit mit ihrem Mut und ihrer Freude über sich selbst zu einem wertvollen Mitglied der betreffenden Gesamtgesellschaft macht?"[2]
Nach außen hebt sich das Gebäude klar und hell ab, es ist gänzlich weiß gestrichen, unter dem Klang der drei Glocken trittst du ein und siehst den Innenhof, über den alle Räume miteinander verbunden sind.
„Weder materielle Repräsentation noch ein nach außen hin betonter sakraler Charakter des Gebäudes war das Ziel der Gestaltung, sondern vielmehr die Entstehung eines einfachen Hauses, als schützende und kultivierte, aber in ihrer materiellen Substanz sehr zurückhaltende und zurücktretende Hülle für sakrale Vorgänge."
Eine Hülle haben wir vor uns, eine Membran, eine Haut für die sakralen Vorgänge. Kirchenbau, so schreibt Rainer, ist die „Reduktion und Konzentration auf elementare Materialien, Konstruktions- und Raumgedanken."

[2] Dantine, Wilhelm: Theologie der Diaspora und die sogenannten „außertheologischen Faktoren" im Leben der Kirche, in: ders: Protestantisches Abenteuer. Beiträge zur Standortbestimmung der evangelischen Kirchen in der Diaspora Europas, hg. von Bünker, Michael, Innsbruck / Wien / Göttingen 2001, 229.

Diese Reduktion ist wohltuend. Ich gestehe, ich bin fasziniert von dem Satz, der Architekt wollte nichts Sakrales bauen, sondern eine Hülle für sakrale Vorgänge. Wir Evangelischen haben es mit dem Heiligen, dem Sakralen, nicht leicht. Wenn alle, die getauft sind, heilig sind, dann ist Heiligkeit eine Signatur des Lebens, ein Kennzeichen des Menschen, nicht mehr ein Unterscheidungsmerkmal zur Welt. Hier also kommen diese Heiligen Sonntag für Sonntag zusammen und teilen miteinander den Frieden, den sie von Gott empfangen. Dabei bleiben sie unter sich.
So sympathisch diese Selbstbescheidung als „kleine Diasporakirche" auf der einen Seite wirken mag, stellen sich auf der anderen Seite jedoch auch grundsätzliche ekklesiologische Fragen. Wie ist es mit der Identität einer Kirche als Diaspora – ich vermeide das Wort „in der Diaspora" – bestellt, die sich klein und unscheinbar in der Öffentlichkeit macht, deren Kirchenmauern zugleich Schutzmauern sind, hinter denen ihre Heiligen in der Defensive verharren? Selbstmarginalisierung und Milieuabschottung scheinen Kennzeichen ihrer Identität zu sein. Diese Kirche versteht sich wohl kaum als missionarisch wirksam, noch unternimmt sie etwas sie in diese Richtung. Sie ist als Minderheit oder Diaspora weder eine missionarische noch eine missionierende Kirche.
Diesen Weg der Selbstisolierung ist die Evangelische Kirche in Österreich in ihrer Diaspora-Situation – wohlgemerkt – am Ende nicht gegangen. Anstatt sich an den Rand der Gesellschaft zu stellen, hat unsere Kirche sich vielmehr konsequent für den Weg einer öffentlichen Sichtbarkeit und einer Beteiligung an gesellschaftlichen Prozessen und Debatten entschieden.

II. Bausteine einer Theologie der Diaspora

Eine evangelische Kirche, die sich als Minderheit in der Gesellschaft in einer Diasporasituation befindet und die ein besonderes Bewusstsein für die Herausforderungen, Chancen und Möglichkeiten entwickelt, in die Gesellschaft hinein zu wirken, anstatt sich aus ihr zurückzuziehen – eine solche Kirche entspräche der „selbstbewusste[n] und offensive[n] evangelische[n] Diaspora",[3] für die Wilhelm Hüffmeier immer wieder plädiert hat. Ob eine Kirche sich als Diaspora versteht, ist also weniger eine Frage nach einer objektiv feststellbaren Größe im Sinne einer zahlenmäßigen Minderheit als vielmehr eine Frage der Wahrnehmung, der Selbstdeutung und der Verortung in der Welt. Evangelische Diaspora im Sinne Hüffmeiers schließt jedenfalls eine selbstbewusste Reflexion über das Wirken und die Wirkung des Christentums in evangelischer Gestalt in der Gesellschaft ein. Man kann auch sagen,

[3] Etwa in: Hüffmeier, Wilhelm: Theologie der Diaspora. Plädoyer für eine selbstbewusste und offensive evangelische Diaspora, in: EvDia 78 (2010), 12-26.

Diaspora zu sein schließt das Bewusstsein ein, als Kirche in der Minderheit eine Mission zu haben. Offenbar ist solch ein Bewusstsein für evangelische Diaspora vor allem in den weithin (noch) volkskirchlich verfassten und agierenden Kirchen in Deutschland (und anderswo) nicht – oder besser: noch nicht – üblich. In der Tat finden sich Versuche zu einer „Theologie der Diaspora“ in der Tradition des europäischen Protestantismus bislang eher vereinzelt. Einige Schlaglichter sollen das erhellen:

Der erste, der – soweit ich sehe – den Begriff der Diaspora in einem positiven Verständnis verwendet hat, war der erste „Bischof“ der Herrnhuter Brüdergemeine, Nikolaus Ludwig Graf von Zinzendorf (1700-1760). In einem Hymnus, den er wohl 1756 geschrieben hat,[4] lauten die Anfangsworte:

„Gott Lob für die Diaspora,
Die nun erscheinet hie und da;
Sie ist ein gutes Salz der Erd‘;
Man ehret sie, sie ist es werth.“

Zinzendorf hatte auf seinem Gut in Berthelsdorf in der Lausitz zuerst die aus Böhmen und Mähren vertriebenen oder ausgewanderten Evangelischen zur „Brüdergemeine“ gesammelt. Aber bald fand seine Gemeinschaft auch Anhänger, die weit verstreut in ganz Europa lebten und ihre Form des christlichen Glaubens in anderen, bereits existierenden Kirchen umzusetzen versuchten. Sie bildeten für Zinzendorf die Diaspora. Dabei ging es nicht darum, eigene Gemeinschaften zu bilden, sondern ihren von Gott gegebenen missionarischen Auftrag zu erfüllen, wie Salz in der bestehenden Christenheit zu wirken. Hier sind die Wurzeln der Herrnhuter und speziell Zinzendorfs im Pietismus deutlich zu spüren. Erst später, als sich – nota bene gegen den Willen Zinzendorfs – die Brüdergemeine als eigene Kirche etablierte, verstand man unter „Diaspora“ jene Anhänger, die vereinzelt und verstreut „in der Welt“ lebten. Es ist hier nicht der Ort, um auf Details der Kirchengeschichte näher einzugehen, es ist aber auffällig, dass bei

---

4 Der Hymnus findet sich in der Schrift Zinzendorfs: von Zinzendorf, Nikolaus Ludwig: Einige Reden des Ordinarii Fratrum, die Er vornehmlich Anno 1756. zur zeit seiner retraite in Bethel, an die gesamte Bertholdsdorfische Kirchfahrt gehalten hat, Barby 1758. Der Text trägt die Überschrift: „Hymnus von der Diaspora der Kinder GOttes, die mit uns anrufen den Namen unsers HErrn JEsu Christi an allen ihren Orten. (1. Cor. 1.2.)“, Seite 17, http://digitale.bibliothek.uni-halle.de/vd18/content/pageview/6067566. [14.01.2014]; abgedruckt in: Beyreuther, Erich / Meyer, Gerhard (Hg.): Nikolaus Ludwig von Zinzendorf. Hauptschriften in sechs Bänden, Bd. 6: Verschiedene Schriften, Hildesheim 1963, 169ff. Dazu: Bettermann, Wilhelm: Der Diasporagedanke Zinzendorfs und der Brüdergemeine, EvDia 18 (1936) 408-415.

Zinzendorf etwa seit der Mitte des 18. Jahrhunderts der Begriff der Diaspora in einem positiven Sinn verwendet wird.

Positiv konnotiert wurde der Diaspora-Begriff auch im 19. und 20. Jahrhundert im Raum der deutschen Theologie verwendet, allerdings in einer besonderen Interessenperspektive: Er diente nämlich den Kirchen in besonderer Weise dazu, den deutschen Auslandsprotestantismus und den europäischen Minderheitenprotestantismus zu bezeichnen, ihnen Aufgaben zuzuweisen und mit deutsch-nationalen Interessen und antikatholischen Affekten ein konfessionspolitisches Programm zu betreiben.

Eine Gegenstimme gegen diesen Trend veröffentlichte 1936 der Oberpastor an St. Jacob in Riga, Viktor Grüner (1889-1941).[5] Grüner setzt mit einer nüchternen Analyse ein: „Es gibt in der evangelischen Theologie keine eindeutige These zur Bestimmung der Diaspora".[6] Gerade um eine deutsch-national gefärbte Instrumentalisierung der kirchlichen Diaspora im Sinne der später sogenannten „doppelten Diaspora" zu vermeiden, braucht es nach Grüner eine profunde theologische Besinnung. Diese gewinnt er aus der lutherischen Rechtfertigungslehre. Mit dieser theologischen Fundierung gelingt es ihm auch, die Diasporaexistenz nicht als bloße Schicksalsgemeinschaft, als Trotzgemeinschaft oder Problemgemeinschaft, die ständig zwischen Resignation und Selbstüberschätzung schwankt, zu verstehen, sondern als „wirklich gottgewollte Gemeinschaft". Nur so kann sie – Grüner scheut das offene Wort nicht – dem „völkische(n) Totalitätsgedanke(n)" widerstehen, der „eine Diasporagemeinde mit seinem Wahn besticht".[7] Die Aufgabe der Diaspora beschreibt er als „Dienstgemeinschaft" an der Gesamtgesellschaft. Schon bei Grüner hat die Diasporakirche einen öffentlichen Auftrag, der im Öffentlichkeitsanspruch des Evangeliums gründet. So kann er – durchaus modern klingend – die Diasporakirche als „Gewissen der Welt" beschreiben.[8]

Seit dem 20. Jahrhundert sprach man von einer „doppelten Diaspora", nämlich der kirchlichen und der ethnisch-kulturellen. Franz Lau hat von der doppelten Diaspora als einer „schweren Versuchung" gesprochen.[9] Der erste Bischof der Evangelischen Kirche A. B. in Österreich, Dr. Gerhard May (1898-1980), kann als ein prominenter Vertreter dieser doppelten Diaspora gelten. Er war Pfarrer in Cilli/Celje im heutigen Slowenien und verstand seine pastorale Tätigkeit immer auch

---

[5] Grüner, Viktor G.H.: Systematische Grundfragen der Diasporatheologie, ZSysTh 13 (1936) 429-467. Dazu ausführlicher: Uhl, Harald: Evangelische Akademie und Diaspora. Zwei unbekannte theologische Wesen, Wien 2006, 14-20.

[6] Grüner: Systematische Grundfragen der Diasporatheologie, 429.

[7] Ebd., 444.

[8] Ebd., 458.

[9] Lau, Franz: Zur Einführung, in: EvDia 24 (1953) 3f.

als Stärkung des deutschen Volkstums in der Grenzsituation angesichts der katholischen und slowenischen Mehrheitsbevölkerung.[10] Noch 1934 schrieb er von der „volksdeutschen Sendung der Kirche".[11] Begründet wurde dies durch die sogenannte Erlanger Theologie, der zufolge dem Volkstum eine besondere theologische Bedeutung als einer Schöpfungsordnung Gottes zukomme. Erst nachdem offenkundig geworden war, dass sich die Kirche hier für ideologische Zwecke hat instrumentalisieren und missbrauchen lassen, begann Gerhard May ein differenzierteres Bild zu entwickeln und distanzierte sich von der bis dahin weithin üblichen Ineinssetzung von Diasporahilfe und Volkstumspolitik.[12]

Der Wiener Dogmatiker Wilhelm Dantine (1911-1981) hat dieses positive Versändnis von Diaspora auch für die Selbstdefinition der Evangelischen Kirche in Österreich fruchtbar gemacht. Für ihn war das Ausgestreut-Sein der Kirche im Ackerfeld der Welt kein zu bedauerndes Geschick, sondern eine mutig anzupackende Herausforderung für die Kirche.[13] Er sprach – in deutlichem Unterschied zu den Vertretern der „doppelten Diaspora" – von den „außertheologischen Faktoren" im Leben einer Diasporakirche, die immer nur ein begrenztes Recht haben.[14]

Wilhelm Dantine hat sein Verständnis von Diaspora unter Bezugnahme auf Johannes 12,14 kreuzestheologisch zugespitzt: „‚Diaspora' aber heißt eingestreut sein als Weizenkorn Gottes im zerpflügten Acker der Welt. Das Weizenkorn bringt viel Frucht, wenn es stirbt. Zukunftswillige Kirche wird ‚sterbende Kirche'… Sterbende Kirche ist hier wesentlich verstanden als jene Kirche, die sich um ihres Zeugnisses willen jeweils in den Tod begibt, weil sie nicht um ihrer selbst willen leben will. Kirche in der Nachfolge ihres Herrn ist nicht nur Kirche in der Welt, sondern Kirche für die Welt."[15] Auch der

---

[10] May, Gerhard: Doppelte Diaspora als Gemeinschaftsordnung, in: Zwischen Völkern und Kirchen. FS Bruno Geißler, Leipzig 1935, 107-123; dazu: Schwarz, Karl W.: Unter dem Gesetz der Diaspora. Das Diasporaverständnis des österreichischen Theologen Gerhard May zwischen politischer Konjunktur und theologischer Metaphorik, Quellen und Forschungen zur Diasporawissenschaft (Beihefte Evangelische Diaspora) 3, Leipzig 2006, 9-40; Röhrig, Hermann-Josef: Diaspora – Kirche in der Minderheit, Leipzig 1991.

[11] May, Gerhard: Die volksdeutsche Sendung der Kirche, Göttingen 1934.

[12] May, Gerhard: Diaspora als Kirche, in: ZSysTh 17 (1940), 459-480.

[13] Dantine, Wilhelm: Strukturen der Diaspora, in: EvDia 38 (1967), 37-56.

[14] Dantine, Wilhelm: Theologie der Diaspora und die sogenannten „außertheologischen Faktoren" im Leben der Kirche, in ders.: Protestantisches Abenteuer. Beiträge zur Standortbestimmung der evangelischen Kirchen in der Diaspora Europas, hg. von Bünker, Michael, Innsbruck / Wien / Göttingen 2001, 222-229.

[15] Zitiert nach Trinks, Ulrich: „Offene Kirche". Zur Erinnerung an Wilhelm Dantine, in Dantine, Wilhelm: Protestantisches Abenteuer. Beiträge zur

katholische Theologe Karl Rahner (1904-1984) hat in diesem Sinn Diaspora auf die Situation der Kirche heute angewandt: „Die christliche Situation der Gegenwart ist, soweit sie wirklich von heute und für morgen gilt, charakterisierbar als Diaspora, welche ein heilsgeschichtliches Muß bedeutet, aus dem wir für unser christliches Verhalten Konsequenzen ziehen dürfen und müssen.“[16] Kirche kann gar nicht anders sein als ein ausgestreutes Saatgut, dem allerdings gemäß dem Gleichnis vom vierfachen Ackerfeld (Mk 4,1-9) die Verheißung der hundertfachen Frucht gilt.

III. Diaspora – biblische Erinnerungen

Dieses positive Aufgreifen des Konzepts der „Diaspora“, wie es sich bei Zinzendorf ankündigt und bis heute in theologischen Anläufen immer wieder zeigt, ist deshalb bedeutsam, weil ja die biblischen Grundlagen des Begriffs diese positive Bezugnahme durchaus nicht erwarten lassen[17]. Von den biblischen, vor allem den alttestamentlichen Wurzeln her ist die Diaspora ein negativ empfundener Zustand. Für die jüdische Tradition änderte sich dies erst spät.[18] Dies trifft auch auf das Neue Testament zu, in dem das Wort Diaspora nur an drei Stellen vorkommt (Joh 7,35; 1Pet 1,1; Jak 1,1).[19] Erst wenn auf andere Stellen, wie etwa den Missionsauftrag aus dem Matthäusevangelium (Mt 28,18ff) geblickt wird, kann der Diaspora als dem Ausgestreut-Sein im Ackerfeld der Welt auch ein positiver Sinn zugeschrieben werden. Rüdiger Lux hat gemeint, das jüdische Verständnis von Diaspora sei

---

Standortbestimmung der evangelischen Kirchen in der Diaspora Europas, hg. von Bünker, Michael, Innsbruck / Wien / Göttingen 2001, 12.

[16] Rahner, Karl: Der Christ in der modernen Welt, in ders.: Sendung und Gnade. Beiträge zur Pastoraltheologie, Innsbruck / Wien 1988, 24; dazu: Röhrig, Hermann-Josef: Diaspora in römisch-katholischer Sicht, in: EvDia 62 (1993), 91-100.

[17] Grundlegend zur theologischen Reflexion von Diaspora: Krüger, Rene: Die Diaspora. Von traumatischer Erfahrung zum ekklesiologischen Paradigma, Quellen und Forschungen zur Diasporawissenschaft (Beihefte Evangelische Diaspora) 7, Leipzig 2011.

[18] Morgenstern, Matthias: Diaspora und Exil als Deutungskonzepte jüdischer Geschichte, in: Diaspora und Kulturwissenschaften, Quellen und Forschungen zur Diasporawissenschaft (Beihefte Evangelische Diaspora) 6, Leipzig 2010, 33-57; Brenner, Michael: Von der Galut zur Diaspora, in: Weit von wo? Menschen in der Diaspora (Das jüdische Echo 59), Wien 2010/2011, 11-13; Loewy, Hanno: Warum Israel die Diaspora neu begründet. Zwölf paradoxe Thesen, in: Lebensmodell Diaspora. Über moderne Nomaden, hg. von Charim, Isolde / Auer Borea, Gertraud (Hg.), Bielefeld 2012, 195-206.

[19] Schnackenburg, Rudolf: Gottes Volk in der Zerstreuung. Diaspora im Zeugnis der Bibel, in ders.: Schriften zum Neuen Testament, München 1971, 321-336; Niederwimmer, Kurt: Kirche als Diaspora, in ders.: Quaestiones Theologicae. Gesammelte Aufsätze, Berlin / New York 1998, 102-112.

durch zentripetale Kräfte bestimmt, nämlich die ständige Hoffnung auf endgültige Rückkehr ins verheißene Land, während das Diasporaverständnis der ersten christlichen Gemeinden eher zentrifugal zu verstehen ist, nämlich vom Gedanken der Sendung von Jerusalem aus zu allen Völkern und bis an die Enden der Welt. Aber auch das ist eingebettet in das Hoffnungsbild der endgültigen Sammlung bei Gott.[20] Heute werden zusätzlich andere Stellen der Bibel angeführt, um die Stellung der Kirche in der Welt als „Diaspora" zu deuten. Dabei wurde nicht nur auf den schon erwähnten Missionsbefehl zurückgegriffen, sondern vor allem auf Aussagen Jesu in der Bergpredigt. Diaspora – das ist die Stadt auf dem Berge;[21] Christinnen und Christen sind berufen, Salz der Erde und Licht der Welt zu sein.[22] Diaspora wäre dann nicht ein mehr oder weniger negativ verstandener Übergangszustand und eine Ausnahme von der Regel, sondern der Normalfall der Existenz der Kirche in der Welt. Sie hätte dann auch nicht ausschließlich und vorwiegend mit der soziologischen Frage zu tun, ob eine Kirche in der jeweiligen Bevölkerung eine zahlenmäßige Mehrheit oder Minderheit darstellt, sondern wäre theologisch-ekklesiologisch ein Ausdruck der Universalität von Kirche und würde also für alle Kirchen gelten, unabhängig von der jeweiligen konfessionellen oder gesellschaftlichen Situation. Diaspora ist weniger die (negative) Zerstreuung, sondern die (positive) Aussaat im Ackerfeld der Welt.

Einen großen Schritt, das Vorhaben einer „Theologie der Diaspora" auf europäischer Ebene voranzubringen, stellt das Studienprojekt der Gemeinschaft Evangelischer Kirchen in Europa (GEKE) dar, das mit Beschluss der 7. Vollversammlung der GEKE im Jahr 2012 initiiert wurde. Nüchtern stellen die am Studienprojekt beteiligten Forscher und Forscherinnen fest, dass gegenwärtig Theologie und Kirche kaum noch an dieser traditionellen Deutung anknüpfen. Dies bestätigt ein Blick in zwei neue Publikationen zu Kirche und Kirchentheorie, in denen Diaspora nicht thematisiert wird, ja nicht einmal als Stichwort vorkommt.[23] Auch hier bestätigen Ausnahmen die Regel wie etwa

---

[20] Lux, Rüdiger: Diaspora – was bedeutet das im Alten Testament?, in: Diaspora und die Zukunft der Kirchen. Biblische und praktisch-theologische Überlegungen und Konzepte, Quellen und Forschungen zur Diasporawissenschaft (Beihefte Evangelische Diaspora 2), Leipzig 2010, 9.

[21] Dantine, Wilhelm: Stadt auf dem Berge?, in ders.: Protestantisches Abenteuer. Beiträge zur Standortbestimmung der evangelischen Kirchen in der Diaspora Europas, hg. von Bünker, Michael, Innsbruck / Wien / Göttingen 2001, 48-89.

[22] So z. B. Franz, Helmut: Diaspora. Der Ort des Christen in der Welt, Stuttgart 2003.

[23] Hauschildt, Eberhard / Pohl-Patalong, Uta: Kirche. Lehrbuch Praktische Theologie Band 4, Gütersloh 2013; Hermelink, Jan: Kirchliche Organisation und das Jenseits des Glaubens. Eine praktisch-theologische Theorie der evangelischen Kirche, Gütersloh 2011.

Eberhard Winkler.[24] Das Studienprojekt strebt nicht weniger an, als Überlegungen für ein künftiges Selbstverständnis des Protestantismus in Europa unter dem Stichwort der Diaspora zu liefern, die sich als eine Gestalt von öffentlicher Theologie begreift. Dabei wird Diaspora nicht nur als empirischer Begriff verstanden, sondern als theologische und biblisch orientierte Begründung der Minderheitensituation.

IV. Die säkulare Renaissance der Diaspora

Es ist erstaunlich, dass der Begriff „Diaspora" seit den 1980er Jahren eine unerwartete Renaissance vor allem in den Kultur- und Sozialwissenschaften erfahren hat.[25] Nicht selten wird dabei auf die Erfahrungen des Judentums und das Geschick der Armenier zurückgegriffen. „Der Begriff ‚Diaspora' wurde bekanntlich in den letzten 20 Jahren aus der bedrängenden 2000-jährigen Geschichte des Judentums befreit und damit auch von seinen negativen Konnotationen wie Zerstreuung, Vertreibung, Exil erlöst. Die Umcodierung hat dem Begriff eine unglaubliche Karriere ermöglicht".[26] Die Übernahme des biblisch geprägten Diasporabegriffs hat sich auf der einen Seite als hilfreich erwiesen, auf der anderen Seite ist es beinahe zu einer inflationären Verwendung des Begriffs gekommen, sodass beinahe jede Gruppe von Migranten/innen so bezeichnet wurde. Kritisch hat Roger Brubaker angemerkt, dass es schon so etwas wie eine „Diaspora-Diaspora" gäbe: In den zurückliegenden Jahren sei der Begriff selbst in die Zerstreuung geraten, sodass man beinahe nicht mehr hat sagen können, was er denn nun spezifisch meint.[27]
Infolge des Generationswechsels, der jüngst in den Kultur-, Sozial- und Religionswissenschaften stattgefunden hat, sind die Forschungsprobleme, die der Diaspora-Begriff bereitet hat, offensichtlich erkannt worden. Das wurde zuletzt deutlich auf der Internationalen Tagung zum Thema „Multiple Diasporas", die im März 2015 in der Evangelischen Akademie Neudietendorf stattfand und von den Theologischen Fakultäten in Jena und Leipzig organisiert wurde. Die

[24] Etwa Winkler, Eberhard: Gemeinde zwischen Volkskirche und Diaspora. Eine Einführung in die praktisch-theologische Kybernetik, Neukirchen-Vluyn 1998.
[25] Dazu z. B. Cohen, Robin: Global diasporas, London 1997; Diaspora und Kulturwissenschaften, Quellen und Forschungen zur Diasporawissenschaft (Beihefte Evangelische Diaspora) 6, Leipzig 2010.
[26] Charim, Isolde: Einleitung, in: Lebensmodell Diaspora. Über moderne Nomaden, hg. von Charim, Isolde / Auer Borea, Gertraud, Bielefeld 2012, 11f.
[27] Brubaker, Roger: Diaspora Diaspora, Ethnic and Radical Studies 28 (2005), 1-19; zitiert nach Sökefeld, Martin: Das Diaspora-Konzept in der neueren sozial- und kulturwissenschaftlichen Debatte, in: Diaspora und Kulturwissenschaften, Quellen und Forschungen zur Diasporawissenschaft (Beihefte Evangelische Diaspora) 6, Leipzig 2010, 19.

Tagung zielte darauf, theologische Forschung und Diaspora-Diskurse in den Kultur- und Sozialwissenschaften zusammenzubringen. Aus eigenen Reihen kam von den jungen Forscherinnen und Forschern die Kritik, dass der Diaspora-Begriff in den Kultur- und Sozialwissenschaften zur Erfassung der kulturellen Prozesse von Migration und Globalisierung oft zu defizitorientiert und statisch verwendet wurde. Das trifft besonders auf die Fragestellung zu, wie in Minderheiten-Gemeinschaften eine Diaspora-Identität hergestellt wird und welche Rolle die Heimatgemeinde und das Herkunftsland dabei spielen. Während lange Zeit etwa die Identitätsbildung in Migrationsgemeinschaften als ein weitgehend homogener Prozess verstanden wurde, richtet sich heute eher der Blick auf die Phänomene interner Heterogenität und Individualisierung in der Bildung von Diaspora-Identität. Außerdem rücken Fragen nach einer dynamischen Entwicklung der Identitätsmodelle in den Diasporagemeinden im Wechsel der Diaspora-Generationen und Fragen nach ihrer inneren und äußeren Vernetzung in den Residenzgesellschaften in den Fokus des Forschungsinteresses. Insgesamt wird man sagen können, dass in dieser neueren Diasporaforschung das Spektrum an Perspektiven sowie deren inhaltlichen und methodischen Fragestellungen zum Phänomen von Diasporagemeinschaften erheblich erweitert wurde. Von Susanne Lachenicht gibt es im Bereich einer vergleichenden frühneuzeitlichen Diasporaforschung Untersuchungen zur Diaspora in kultur- und wirtschaftsgeschichtlicher Perspektive am Beispiel hugenottischer Diasporagemeinden. Dabei richtet sich der Blick in besonderer Weise darauf, welche Transformationsprozesse diese Gemeinden in ihrer Diaspora-Identität im Zuge eines Aufbaus interner und externer Netzwerke durchlaufen haben. Und von dem Religionswissenschaftler Kenneth-Alexander Nagel wird in bewusster Korrektur „gegen eine mehr oder weniger ausdrückliche Defizitorientierung der bisherigen Diskussion“ nachgewiesen, welche zivilgesellschaftlichen Potentiale religiöse Migrantionsgemeinden hinsichtlich einer aktiven Selbstorganisation und Ressourcenmobilisierung bieten. Basierend auf einer Netzwerk-Perspektive auf Religion und Migration betrachtet er die soziale Wirklichkeit von Migrationsgemeinden als Beziehungsräume und Brücken zur Zivilgesellschaft der Aufnahmeländer, „in denen religiöse Vorstellungen und Normen von Hilfeleistung und gutem Miteinander in Unterstützungsangebote und Vernetzung mit der Aufnahmegesellschaft umgesetzt werden.“[28] Nagel weiß eine ganze Reihe an Beispielen zu nennen für kreativ inszenierte Aktionen, mit denen etwa tamilische religiöse Gemeinschaften in Deutschland Brücken zur Gesellschaft schlagen und Begegnung, Kontakt und Vernetzung herstellen. Für ihn bilden solche Gruppen mit ihren Verbindung stiftenden zivilgesellschaftlichen Initia-

[28] Nagel, Alexander-Kenneth: Religiöse Netzwerke. Die zivilgesellschaftlicgen Potentiale religiöser Migrantengemeinden, Bielefeld 2015, 20.

tiven geradezu eine zivilgesellschaftliche Avantgarde. Unverkennbar greift Nagel mit seiner positiven Akzentsetzung in der Fragerichtung nach den gesellschaftlichen Chancen und Möglichkeiten religiöser Vielfalt auch Überlegungen Martin Baumanns auf, wonach Gesellschaften davon profitieren, wenn sie religiöse Vielfalt nicht nur zulassen, sondern aktiv fördern.[29]
Um in Aufnahme der skizzierten Fragestellung Nagels zu klären, was Kirche als Diaspora in Bezug auf ihr Wirken in die Gesellschaft hinein heute bedeuten kann,[30] ist allerdings zunächst eine biblisch fundierte theologische Klärung angebracht. Rüdiger Lux spricht von der „Gnade der Diaspora".[31] In seiner Auslegung der Geschichte vom Turmbau zu Babel kommt er zu der Einsicht, dass es nichts als Angst war, was die Menschen zum gigantischen Projekt des Turmbaus angetrieben hat. Die Angst vor der Vielfalt der Welt führte zum vermeintlich einigenden Projekt eines himmelhohen Turmes und in letzter Konsequenz dazu, sich selbst an die Stelle Gottes zu setzen. Gottes Zerstreuung der Menschen, die die ethnische Vielfalt zur Folge hatte, ist nicht bloß eine Strafe, sondern auch eine Rettungstat für die Vielfalt des Lebendigen, die schon in der Schöpfung angelegt ist. So gelesen ist die Turmbaugeschichte ein Plädoyer gegen Vereinheitlichung und für die Diversität. Nicht die Einheit, für die das Andere, das Fremde und das Unterschiedliche assimiliert oder ausgestoßen werden muss, ist das Fundament des menschlichen Lebens, sondern die Vielfalt, die freilich immer nur Stückwerk und Fragment bleibt. So verwirklichen die in die Zerstreuung geschickten Menschen den Schöpfungssegen Gottes auf der Erde und Diaspora wird damit in der Tat zur Gnade Gottes, die die Kirche ohne jede Glorifizierung ihres gegebenen Zustands, aber doch voll Zuversicht als Gabe und Aufgabe annimmt.

---

[29] Baumann, Martin: Diaspora als analytische Kategorie, Marburg 2000; ders.: Migration – Religion – Integration. Buddhistische Vietnamesen und hinduistische Tamilen in Deutschland, Marburg 2000; ders.: Alte Götter in neuer Heimat. Religionswissenschaftliche Analyse zu Diaspora am Beispiel von Hindus auf Trinidad, Marburg 2003; ders.: Viele Religionen schaden der Gesellschaft nicht, NZZ 29. Januar 2005.

[30] Beispielhaft dazu: Epting, Karl-Christoph: Evangelische Diaspora – Ökumenische und internationale Horizonte, hg. von Schwarz, Karl / Fitschen, Klaus, Leipzig 2010; ders., Diasporawissenschaft – Bemerkungen zum Anfang und zur Entwicklung, in: Diaspora – ihre Bedeutung für Theologie und Kirche am Anfang des 21. Jahrhunderts, Quellen und Forschungen zur Diasporawissenschaft (Beihefte Evangelische Diaspora) 10, Leipzig 2011, 6-9.

[31] Lux, Rüdiger: Von Babel bis an das Ende der Welt, in: Diaspora und Mission. Eine Verhältnisbestimmung, Quellen und Forschungen zur Diasporawissenschaft (Beihefte Evangelische Diaspora) 9, Leipzig 2011, 6-20, hier 20.

V. Diaspora – die offene und öffentliche Kirche

Auch wenn weltweit – wie das Pew Research Center des Pew Forum on Religion & Public Life in seinem jüngsten Bericht vom Dezember 2012 festgestellt hat – Christen zu 87 % in Ländern mit christlicher Mehrheitsbevölkerung leben und darin nur von den Hindus (97 %)[32] übertroffen werden: Religionsvielfalt ist auch für bislang christlich geprägte Gesellschaften zum bestimmenden Faktor geworden. Zur Religionsvielfalt kommt die für Europa kennzeichnende fortschreitende Säkularisierung. Säkularisierung ist dabei als ein vielschichtiger, mehrere Dimensionen umfassender Prozess des sozialen Bedeutungsverlustes von Religion zu verstehen (G. Pickel). Die am schnellsten wachsende Bevölkerungsgruppe ist in vielen europäischen Ländern die derjenigen Menschen, die gar keiner Kirche oder Religionsgemeinschaft angehören. Sie sind sogenannte Alltagsatheisten, Agnostiker, wirkliche Atheisten und andere, die vielleicht schon vergessen haben, dass sie Gott vergessen habe. Zu dieser Gruppe der Bevölkerung gehören aber auch viele, die – dem modernen Geist der Individualisierung entsprechend – ihre Religion selbst „komponieren".[33] Dabei wird nicht zu leugnen sein, dass individualistische Formen von Religion sich bei den meisten Menschen immer weiter von den Christlichen Religionssystemen entfernen werden. Dies wird durch die neueste (V.) Kirchenmitgliedschaftsuntersuchung der EKD bestätigt[34]: Mittelfristig werden so gut wie alle evangelischen Kirchen in Europa in ihren Ländern zu zahlenmäßigen Minderheiten werden. Neu ist, dass dies nicht bloß gegenüber anderskonfessionellen (zumeist katholischen oder orthodoxen) Kirchen gilt, sondern gegenüber einer konfessionslosen Bevölkerungsmehrheit. Die verschiedenen Kirchen mögen ihre Diasporaexistenz unterschiedlich deuten,[35] betroffen sind sie davon alle. Verbunden sind sie zusätzlich durch die Herausforderungen, die die

---

[32] Pew Resaerch Center: The Global Religious Landscape, 2012, 11. Dazu Hackett, Conrad u. a.: Methodology of the Pew Research Global Religious Landscape Study, in: Yearbook of International Religious Demography 2014, Leiden / Boston 2014, 176-175.

[33] Zu Begriff und Sache Zulehner, Paul M.: Verbuntung. Kirchen im weltanschaulichen Pluralismus. Religion im Leben der Menschen 1970-2010, Ostfildern 2011.

[34] EKD: Engagement und Indifferenz. Kirchenmitgliedschaft als soziale Praxis, Hannover 2014.

[35] Zizioulas, Ioannis: Orthodox Diaspora. Facing a Canonical Anomaly, Kanon (Jahrbuch der Gesellschaft für das Recht der Ostkirchen) 22 (2012), 1-11; Fedorov, Vladimir: Der ökumenische Beitrag der russisch-orthodoxen Diaspora im 20. Jahrhundert, Quellen und Forschungen zur Diasporawissenschaft (Beihefte Evangelische Diaspora) 10, Leipzig 2011, 32-51; Stadel, Klaus: Das Verständnis von Diaspora aus der Sicht der römisch-katholischen Kirche, Quellen und Forschungen zur Diasporawissenschaft (Beihefte Evangelische Diaspora) 10, Leipzig 2011, 19-31.

Migration für sie darstellt. Die aktuellen Entwicklungen, geprägt durch fortschreitende Säkularisierung, demographische Trends, ständige Wanderbewegungen, zunehmende Religionsvielfalt und wachsende Globalisierung lassen erwarten, dass Diaspora nicht nur für die derzeitigen zahlenmäßigen Minderheitskirchen ein Leitbegriff werden wird. 1990 hat Dieter Knall, früherer Bischof der Evangelischen Kirche A. B. in Österreich, seine Erfahrungen als Generalsekretär des Gustav-Adolf-Werkes (GAW) in einem Vortrag in seiner siebenbürgischen Heimat zusammengefasst. Seine Überlegungen gipfeln in folgender Aussage: „Diasporaarbeit ist das Schlüsselwort für die Kirche von morgen. In Zukunft werden alle Kirchen darum ringen müssen, ganz abgesehen davon, ob sie klein oder groß sind, ihre eigenen Glieder diasporafest und dialogfähig zu machen, also ökumenisch mündig".[36]
Die evangelischen Kirchen in Europa sind in ihrer großen Mehrheit zahlenmäßige Minderheitskirchen. In der Gemeinschaft Evangelischer Kirchen in Europa (GEKE) haben daher das Verhältnis von Mehrheits- und Minderheitskirchen und die besonderen Herausforderungen von Minderheitskirchen stets eine große Rolle gespielt. Die Kirchenstudie der GEKE „Die Kirche Jesu Christi" aus dem Jahr 1994, mit der die Kirchengemeinschaft auf der Grundlage der Leuenberger Konkordie von 1973 ihre gemeinsame Ekklesiologie vorgelegt hat, spricht von der Weite der Bestimmung evangelischer Kirchen und von der Deutlichkeit ihres Zeugnisses und ihres Dienstes. Dabei nimmt die Studie auch den Unterschied zwischen Mehrheits- und Minderheitskirchen und damit – zumindest implizit – auch das Thema der Diaspora in den Blick.[37] In der „Regionalgruppe Südosteuropa" der GEKE, in der seit 1975 Vertreter/innen von evangelischen Kirchen aus mehr als 14 Ländern zu regelmäßigen Tagungen zusammenkommen, ist 2006 eine Standortbestimmung erarbeitet worden, die diesem Umstand auch explizit nachgeht. Dort heißt es: „Es wird von der zukünftigen Fähigkeit zur Gestaltung von Kirche abhängen, welche Folgerungen aus der Tatsache der Minderheit gezogen werden. Viele der Minderheitskirchen im Bereich der Regionalgruppe vertreten zudem ethnische Minderheiten. Das ist eine Bereicherung der jeweiligen kulturellen Vielfalt wie auch eine potentielle Bedrohung als Konfliktpotential. Erfahrungen der jüngsten Vergangenheit zeigen, dass unter gesellschaftlichem Veränderungsdruck die Orientierung an Volk und Nation die gelebte Kirchengemeinschaft nach wie vor in Frage stellen kann. Die fortschreitende Säkularisierung und zunehmende Pluralisierung auf dem Markt der religiösen Sinnanbieter kann mittelfristig dazu führen, dass sich Kirchen und Religionsgemeinschaften in den jeweiligen Gesellschaften zahlenmäßig in der Minderheit befinden werden. Es bildet sich eine

---

[36] Knall, Dieter: Evangelisches Zeugnis in der Minderheit, in: EvDia 65 (1996) 47f.
[37] Die Kirche Jesu Christi, Leuenberger Texte 1, Leipzig ^{4}2012, 50.

vielgestaltige und zunehmend unübersichtliche Diaspora, die es den Kirchen schwer macht, sich zu orientieren und den Ort in der jeweiligen Gesellschaft einzunehmen, der ihrem Auftrag entspricht und ihr Zeugnis und ihren Dienst sinnvoll macht. Es bleibt die Aufgabe der Kirchen, für die ungeteilte Geltung der Menschenrechte einzutreten und für eine tragfähige Zivilgesellschaft zu arbeiten, in der gesellschaftliche Pluralität als Bereicherung erfahren wird. Der Einsatz für die Rechte aller Minderheiten, ein gemeinsamer Dienst an den Schwachen und die im Gebet, im Gottesdienst und im diakonischen Handeln gelebte Gemeinschaft der Kirchen ermöglichen es, die soziologische Tatsache der Minderheit positiv aufzunehmen und zur theologischen Aufgabe einer Diasporakirche zu wandeln."[38] Das heißt: Die Klarheit über den Ort, den wir als Kirchen als ausgestreute Samenkörner im Ackerfeld der Welt einnehmen, macht uns als Kirchen zur Kirche. Denn nach dem evangelischen Verständnis, wie es in der Kirchenstudie der GEKE festgelegt ist, ist die derzeitige Gestalt der Kirche durchaus kein Selbstzweck – Dantines Stichwort: „sterbende Kirche" –, sondern diese Gestalt hat einerseits dem Ursprungsauftrag der Kirche zu entsprechen; das ist der Auftrag des Evangeliums. Und sie hat der Bestimmung, der Kirche zu dienen. In dieser Spannung zwischen Ursprungsentsprechung und Dienstbarkeit für den Auftrag und die Bestimmung ist die derzeitige Gestalt zu sehen und immer zu überprüfen und immer auch zu relativieren. Und diese Aufgabe ist wahrzunehmen im Gebet, im Gottesdienst, im diakonischen Handeln, in der gelebten Gemeinschaft, im missionarischen Zeugnis und im Dienst.

Wilhelm Dantine hat die Gefahr eines „unreformatorischen Sektierertums"[39] klar gesehen und davor gewarnt, dass sich die Kirche als ein „religiöser Trachtenverein" versteht und damit ihrem Auftrag nicht nachkommt.[40] Kirche als Diaspora zielt also auf eine offene und öffentliche Kirche.[41] Der Öffentlichkeitsanspruch des Evangeliums begründet den Öffentlichkeitsauftrag der Kirche: Kirche ist dieser Welt

---

[38] Kirche gestalten – Zukunft gewinnen, in: Gemeinschaft gestalten. Evangelisches Profil in Europa. Texte der 6. Vollversammlung der GEKE in Budapest, 12. bis 18. September 2006, hg. von Hüffmeier, Wilhelm / Friedrich, Martin, Frankfurt a. M. 2007, 76-152, hier 119.

[39] Die Kirche Jesu Christi, Leuenberger Texte 1, Leipzig ^{4}2012, 50.

[40] Dantine, Wilhelm: Protestantisches Abenteuer in nichtprotestantischer Umwelt, in ders.: Protestantisches Abenteuer. Beiträge zur Standortbestimmung der evangelischen Kirchen in der Diaspora Europas, hg. von Bünker, Michael, Innsbruck / Wien / Göttingen 2001, 37-47, hier 39.

[41] Hüffmeier, Wilhelm: Theologie der Diaspora. Plädoyer für eine selbstbewusste und offensive evangelische Diaspora, EvDia 78 (2010), 12-26; Huber, Wolfgang: Kirche in der Zeitenwende. Gesellschaftlicher Wandel und Erneuerung der Kirche, Gütersloh ^{2}1999, 37; dazu umfassend Losansky, Sylvia: Öffentliche Kirche für Europa. Eine Studie zum Beitrag der christlichen Kirchen zum gesellschaftlichen Zusammenhalt in Europa, Öffentliche Theologie 25, Leipzig 2010.

etwas schuldig, nämlich das Evangelium, die befreiende Botschaft von der unbedingten Gnade Gottes, die wir in Jesus Christus erfahren. Aus dieser Botschaft bittet die Kirche wie der Apostel:[42] „Lasst euch versöhnen mit Gott!" (2. Kor 5,20) Wie jede Kirche ist auch die Diasporakirche nie eine fordernde, nie vorwurfsvolle, nie eine verlangende und befehlende oder beleidigte Kirche, sondern eine bittende Kirche in der Autorität des bittenden Christus. Die bittende Kirche ist eine dienende Kirche. Ihre Aufgabe ist umschrieben mit Zeugnis und Dienst, und das heißt: Mission. Zu gemeinsamen Zeugnis und Dienst weiß sich darum auch die europäische Kirchengemeinschaft, die GEKE, verpflichtet. Ihr Öffentlichkeitsauftrag besteht darin, als Gemeinschaft Evangelischer Kirchen in Europa mit einer gemeinsamen Stimme zu sprechen, um das Zeugnis des Evangeliums in engagierter Teilhabe an den Debatten, die in der europäischen Öffentlichkeit zu aktuellen gesellschaftspolitischen oder sozialethischen Fragen geführt werden, zur Geltung zu bringen. So wird in der europäischen Öffentlichkeit deutlich, evangelische Kirchen in Europa, seien es große, seien es kleine Kirchen, bringen ihre besondere Identität zum Ausdruck und stehen dafür ein, ja sie leisten in der Wirklichkeit der europäischen Gesellschaften ihren Beitrag zur Versöhnung zwischen gegensätzlichen Interessen und Perspektiven.

Darauf liegt die Verheißung Gottes, auch für die Kirche, die ausgestreut ist im Ackerfeld der Welt. Rene Krüger formuliert zusammenfassend: „Es geht nicht mehr darum, in der Diaspora zu leben, sondern Diaspora zu sein… Samen, Aussaat und Saat zu sein – kurzum: Menschen zu sein, die das Evangelium aussäen. Kirche in der Diaspora zu sein, bedeutet, eine Minderheit mit einer Mission zu sein".[43] Zum Schluss erhält noch einmal Zinzendorf das Wort:

„Diaspora! in Seiner Freud
Geh thue Seine Haupt-Arbeit,
Und scheine als ein Licht, der Welt;
Er hat Dich so dahin gestellt."[44]

---

[42] Jüngel, Eberhard: Die Autorität des bittenden Christus, in ders.: Unterwegs zur Sache. Theologische Erörterungen, Tübingen ^{3}2000, 179-188.

[43] Krüger, Rene: Die Diaspora. Von traumatischer Erfahrung zum ekklesiologischen Paradigma, Quellen und Forschungen zur Diasporawissenschaft (Beihefte Evangelische Diaspora) 7, Leipzig 2011, 135.

[44] von Zinzendorf: Einige Reden des Ordinarii Fratrum, 20.

Das Wort und die Sozialgestalt von Kirche
Systematisch-theologische Überlegungen*

Henning Theißen

Vorbemerkung

Das mir gestellte Thema ist sehr groß dimensioniert. Das Verhältnis zwischen dem Wort und der Sozialgestalt der Kirche gültig zu klären, würde den Schlüssel nicht nur zu allen ekklesiologischen Problemen der akademischen Theologie, sondern auch zu allen Fragen der Kirchenleitung und des Gemeindeaufbaus an die Hand geben. Ich bezweifle, dass das auch nur wünschenswert wäre, wenn anders das Wort und die Sozialgestalt der Kirche nicht einerlei werden sollen. Diese Bemerkung ist deshalb vorauszuschicken, weil ich in den folgenden Überlegungen für einen durchaus engen Zusammenhang der kirchlichen Sozialgestalt mit dem Wort eintreten werde. Enge Zusammenhänge sind aber gerade an ihren Schalt- und Schlüsselstellen durch kurze Wege gekennzeichnet. Deshalb wird auch der Vorschlag, den ich am Ende meiner Überlegungen zur Sozialgestalt der Kirche unterbreiten möchte, nicht den großen Maßstab ausfüllen können, den das theologische Thema des Wortes eigentlich setzt. Meine Überlegungen bewegen sich vielmehr in drei Abschnitten von der etwas ausführlicher zu erörternden Makroebene einer dogmatischen Selbstunterscheidung in der reformatorischen Lehre von den Kennzeichen der Kirche (I.) über die Mesoebene modernitätstheoretischer Bezugstheorien von gegenwärtigen landeskirchlichen Kirchenreformentwicklungen (II.) hin zur Mikroebene der in Gestalt einer Gemeinde am jeweiligen Ort gegebenen Gemeinschaft der Gläubigen (III.). Beinahe unnötig zu sagen, dass meine Überlegungen systematisch-theologischer Natur sind. Sie haben also weder die Absicht, einer bestimmten Gestaltung von Kirche die theoretische Legitimation zu

---

* Diese ursprünglich als Thesenpapier vorgetragenen Überlegungen liegen hier in einer Lesefassung vor, die die Thesen in den Gang der Argumentation inkorporiert. Dabei führe ich vielfach Gedanken aus meiner Greifswalder Habilitationsschrift an und fort: Theißen, Henning: Die berufene Zeugin des Kreuzes Christi. Studien zur Grundlegung der evangelischen Theorie der Kirche (ASTh 5), Leipzig 2013; vgl. daneben ders.: „Satis est“ (CA 7). The Confessional Unity of the Church and the Augsburg Confession Today, in: Justfication in a Post-Christian Society (Church of Sweden Research Series 8), hg. von Grenholm, Carl-Henric / Gunner, Göran, Eugene 2014, 241-258.

liefern, noch selbst einen konkreten Gestaltungsvorschlag zu machen. Vielmehr besteht die systematisch-theologische Aufgabe in der Entfaltung dessen, was Kirche nach evangelischem Verständnis zu sein beansprucht und welche Vorstellungen von Kirche daher als Leitfaden ihrer Gestaltung dienen können.

I. Begriff und Kennzeichen der Kirche – die reformatorische Problemstellung

Das reformatorische Verhältnis von Wort und Kirche ist durch die Formel „ecclesia creatura verbi" definiert, die einen sakramentalen Begriff der Kirche ausschließt. Im evangelischen Bekenntnisstand bilden Wort und Sakrament jedoch eine Einheit als Kennzeichen der Kirche (notae ecclesiae). Mit diesen beiden Sätzen ist die reformatorische Problemstellung des Verhältnisses zwischen dem Wort und der Sozialgestalt der Kirche umrissen: Maßgeblich ist das Verhältnis von Begriff und Kennzeichen der Kirche. Beides haben wir zu betrachten.

II. 1. Das Adäquationsproblem jedes evangelischen Kirchenbegriffs

Wendet man sich zunächst dem Begriff der Kirche zu, so kommt eine Reihe von Ausdrücken in Frage, die besonders deshalb für das reformatorische Kirchenverständnis als einschlägig erscheinen, weil sie in deutlicher Weise biblisch grundiert sind und damit dem fundamentaltheologischen Anspruch der Reformation (sola scriptura) besonders gut entsprechen: Die Kirche ist der Leib Christi, ist das Volk Gottes, ist das Anzeichen des Reiches Gottes und noch manches andere.[1] Als begriffliche Definition kommen diese biblischen Vorstellungen aber schon deshalb nicht in Frage, weil es sich um sprachliche Bilder oder Metaphern handelt, die zwar als solche keineswegs unreif für den Begriff sind, aber keinen definitorischen Anspruch erheben. Denn wenn eine Definition üblicherweise aus einer übergeordneten Gattung und einem artspezifischen Merkmal zusammengesetzt ist, so fehlt den Metaphern, die divergente sprachliche Bedeutungsfelder bewusst zueinander bringen, die nötige klare Trennung zwischen den beiden Bestandteilen einer Definition. Die zentrale reformatorische Äußerung, die der Form einer Definition zu genügen scheint, ist vielmehr der siebte Artikel der Augsburgischen Konfession (CA 7), der die Kirche als die Versammlung der Heiligen bezeichnet, in denen Wort und Sakrament auf adäquate Weise gebraucht werden.

[1] Lehrreich zu diesen ekklesiologischen Metaphern äußert sich der katholische Ekklesiologieentwurf von Jürgen Werbick. Werbick, Jürgen: Kirche. Ein ekklesiologischer Entwurf für Studium und Praxis, Freiburg 1994.

In diesem berühmten Satz „Est autem ecclesia ..." sind alle Bausteine vorhanden, die man für eine kunstgerechte Definition des evangelischen Kirchenverständnisses braucht:

- die Versammlung der Heiligen (congregatio sanctorum) als übergeordnete Gattung, die als solche z. B. auch auf den katholischen Kirchenbegriff zuträfe;
- des Weiteren Wort und Sakrament, die das Spezifikum des evangelischen Kirchenverständnisses bilden (katholische Theologen würden hier mindestens das kirchliche Amt vermissen);
- und schließlich (meist vernachlässigt) das Adäquationskriterium, das in den Wendungen aus CA 7 „pure docetur" und „recte administrantur" versteckt ist und das nach dem Begriff der Wahrheit als Übereinstimmung von Erkenntnis und Sache (‚adaequatio intellectus et rei') sicherzustellen hat, dass sich der mit dieser Definition erhobene Wahrheitsanspruch („ad veram unitatem ecclesiae satis est consentire de doctrina evangelii et de administratione sacramentorum") auch an der Wirklichkeit abgleichen lässt.[2]

Wenn man sich trotz dieser definitorisch anmutenden Form durch jedes Standardwerk zur Ekklesiologie darüber informieren kann, dass CA 7 keine Kirchendefinition enthält, dann deshalb, weil es an dem zuletzt genannten Abgleich mit der Wirklichkeit hapert. Bei näherem Hinsehen zeigt sich nämlich, dass in CA 7 der Abgleich dieser in der Theorie vorzüglich funktionierenden evangelischen Kirchendefinition gar nicht an der Wirklichkeit der so definierten Kirche selbst erfolgt, sondern an der Wirklichkeit der römisch-katholischen Kirche. Das ist auch nicht weiter erstaunlich, weil die Verfasser der CA um Melanchthon beim Augsburger Reichtsag in den ersten 21 Artikeln ihres Bekenntnisses die Übereinstimmung der protestantischen Reichsstände mit der römischen Kirche darzulegen beabsichtigten.[3] Die römischen Konfutatoren haben das vor Augen gehabt und bei ihrer Verwerfung der Formel „congregatio sanctorum" implizit den fehlenden Wirklichkeitsabgleich moniert. Hinter dem Vorwurf eines vergeistigten Kirchenbegriffs (civitas platonica), den die Konfutatoren dem Kirchenverständnis der CA machen, steht die einfache Frage: Wie sollte man die Kirche als Versammlung der Heiligen definieren können, wenn –

---

[2] Ich folge hier dem rekonstruierten lateinischen Ursprungstext von CA 7 nach BSLK, 61. Die Neuausgabe der Bekenntnisschriften der Evangelisch-Lutherischen Kirche durch Irene Dingel (Göttingen 2014) folgt dem Text der Editio princeps von 1531: „recte docetur [...] recte administrantur"; auch fehlt dort das „de" vor „administratione".

[3] So in CA 21, wo neben der (nur im reichsrechtlich verbindlichen deutschen Text erwähnten) allgemeinen Christenheit die römische Kirche deutsch und lateinisch ausdrücklich (BSLK 2014, 130,15f. par. 131,5) genannt ist (was freilich eine leise Kritik an der Gleichsetzung beider einschließt).

wie CA 2 ja selbst lehrt – kein Lebendiger ohne Sünde ist? Denkbar ist dann nur noch eine jenseitige Kirche entweder in dem (freilich typisch römischen) Sinne, dass deren Angehörige jenseitig (= die nach ihrem Tode kanonisierten Heiligen der ecclesia caelestis) sind oder aber so (wie es die Reformatoren tatsächlich lehren), dass der Glaube als Kriterium der Angehörigkeit jenseitig, weil der Überprüfung entzogen, ist. Diese evangelische Gleichsetzung der congregatio sanctorum mit der congregatio fidelium führte allerdings in den Augen der Konfutatoren zur Vergeistigung der Kirche als civitas platonica, weil sie mit der Möglichkeit des Wirklichkeitsabgleiches auch den definitorischen Anspruch des Kirchenbegriffs preisgab. Der evangelische Kirchenbegriff hätte demnach nur unter der Voraussetzung als Definition getaugt, dass der Reichstag die CA angenommen und die Einheit der reformatorischen mit der römischen Kirche bekräftigt hätte; nach der Verwerfung der CA durch den Reichstag (und der korrespondierenden evangelischen Absage an die bischöfliche Jurisdiktion) hing der Kirchenbegriff von CA 7 ohne jene Voraussetzung in der Luft. Wir halten daher fest: Der augsburgische Kirchenartikel fällt für ein definitorisches Kirchenverständnis aus.

Wenn nach dem Scheitern des Reichstags derselbe Kirchenbegriff von CA 7 dennoch unverändert zur Grundlage der evangelischen Ekklesiologie werden konnte – also unter Einschluss der darin beanspruchten Adäquation –, dann bedarf dies der Erklärung. Nahe liegt die Annahme, nach 1530 sei bei den Reformatoren eine ekklesiologische Kurskorrektur eingetreten: Die vorherige „Appeasementpolitik" gegenüber Rom, die Luther schon an Melanchthons CA ungünstig aufgefallen war,[4] wäre demnach aufgegeben worden, und zwar gerade auch von Melanchthon selbst, der sein ganzes weiteres Leben lang an der Verteidigung der CA in Gestalt ihrer immer wieder veränderten Apologie gearbeitet und dabei im Herzstück der Reformation, der Rechtfertigungslehre, den ursprünglich zwei Sätze umfassenden Artikel 4 auf siebzig Druckseiten voll scharfer Abgrenzungen gegen die römische Kirche in allen Einzelfragen ausgedehnt hat. Folgt man dieser Version der Geschichte, so bleibt der Anspruch, den Kirchenbegriff an der Wirklichkeit der römischen Kirche abgleichen zu können, quasi in negativer Spiegelung bestehen. Auf diese Weise kommt derjenige Kirchenbegriff in den Blick, der nach dem „Ausfall" von CA 7 der heißeste Kandidat für eine evangelische Kirchendefinition ist: die Kirche als Geschöpf des göttlichen Wortes (ecclesia creatura verbi).

Die Formel von der Kirche als Geschöpf des Wortes, die heute nicht zu Unrecht als kennzeichnend evangelisch gilt, ist älter als die evangelische Ekklesiologie; sie ist sogar in gewissem Sinne vorreformatorisch, denn Luther gebraucht sie in verschiedenen Versionen schon vor seinen reformatorischen Hauptschriften; die älteste mir bekannte Fassung geht

---

[4] Vgl. Martin Luther, WAB 5, 319,7f. (Nr. 1568; an Kurfürst Johann).

sogar auf das Jahr 1512 zurück,[5] für das von einem reformatorischen Durchbruch – welche Bedeutung man dessen Datierung auch immer zusprechen mag – mit Sicherheit noch keine Rede sein kann. Allerdings ist es auffallend, dass Luther in dieser Äußerung davon sprechen kann, die Kirche sei von dem oder aus dem Wort geboren. Auffällig ist dies deshalb, weil das Anschauungsfeld des Geborenseins sich von dem des Geschaffenseins nicht unerheblich unterscheidet. Dogmatisch werden seit den arianischen Streitigkeiten im 4. Jahrhundert n. Chr. beide als göttliche Hervorbringungsweisen penibel voneinander getrennt: Durch Zeugung und Geburt bringt Gott ihm wesensmäßig Gleiches hervor, während Schöpfung Wesen ins Dasein ruft, die als Geschöpfe gerade nicht von göttlicher Beschaffenheit sind. Ob also die Kirche als Geschöpf des Wortes verstanden wird oder als von ihm geboren gilt, hat erhebliche Konsequenzen für die Ekklesiologie und die Lehre von den der Kirche anvertrauten Gnadenmitteln. Die scholastische Dogmatik kennt den Unterschied zwischen geschaffener und ungeschaffener Gnade,[6] mit dessen Hilfe sich diese Konsequenzen leicht veranschaulichen lassen. Ungeschaffene Gnade ist sakramentaler Art und bewirkt eine Verwandlung der Natur, die diese von der Sünde erlöst; geschaffene Gnade besitzt diese erlösende Qualität nicht. Obwohl also beide Formen der Gnade auf die Natur einwirken, besitzt nur die ungeschaffene das Vermögen, die Schranke zwischen der geschöpflichen Natur und dem sich ihr in der Gnade zuwendenden Schöpfer aufzuheben.

Vor diesem dogmatischen Hintergrund betont die Formel von der Kirche als creatura verbi den Unterschied zwischen Schöpfer und Geschöpf, dem auch die Kirche unterworfen ist; sie kann für Gott zwar Werkzeug seines heilvollen Wirkens an der Welt sein, doch bleibt sie als dieses immer abhängig von der Hand dessen, der es führt; Gott könnte das Werkzeug Kirche auch aus der Hand legen, und sie wäre dann nichts weiter als ein Stück Schöpfung. Spricht man hingegen die Kirche als aus dem Wort geboren an, so ist die dem Schöpferischen entgegengesetzte göttliche Hervorbringungsweise assoziiert, durch die etwas Gott von Art her Gleiches entsteht, in dem seine sündenüberwindende Zuwendung zur Welt eigenen Bestand gewinnt. Die so verstandene Kirche ist von sich aus Trägerin des Heils und kann dieses aufgrund ihrer gegenüber der sündigen Welt abweichenden Beschaffenheit auch nicht verlieren. Dass sie Instrument des göttlichen

---

[5] Vgl. Luther, WA 1, 13,38f., wo es heißt: „Ecclesiam nasci in verbo dei", ähnlich ders., WA 2, 191,34f.: „ecclesia verbo dei genita". An die später gängige Formel führt Luthers Äußerung besonders nahe heran: „Ecclesia creatura Evangelii" (ders., WA 2, 430,6f.). Diese und weitere Belege finden sich in dem in der übernächsten Anm. genannten Beitrag von E. Herms.

[6] Vgl. überblickshalber Greshake, Gisbert / Faber, Eva-Maria: Art. Gnade V, in: LThK3 4, 1995, 772-779, hier 775f. zur Unterscheidung von gratia increata und gratia creata.

Heilswirkens ist, stellt vor diesem Hintergrund eine sehr viel weiter reichende Aussage dar; denn instrumental ist hier – wie man es viel später in der Kirchenkonstitution des Zweiten Vatikanischen Konzils lesen kann (Lumen Gentium 1) – gleichbedeutend mit sakramental. Die aus Gottes Wort geborene Kirche reicht die Sakramente nicht nur dar, sondern ist selbst Sakrament; sie vermittelt das Heil nicht bloß, sondern ist selbst Heilsanstalt, in der das Heil Gestalt gewinnt.[7]

Bringt man die reformatorische Formel von der Kirche als Geschöpf des Wortes auf diese Weise in Gegensatz zur Vorstellung einer aus dem Wort geborenen Kirche, so ergeben sich in fast schon holzschnittartiger Klarheit die konfessionellen Entgegensetzungen von protestantischem und katholischem Kirchenverständnis. In diesem Sinne habe ich eingangs formuliert, dass die Formel „ecclesia creatura verbi" einen sakramentalen Begriff der Kirche ausschließe. Unerlässlich ist jedoch zu beachten: Bei dieser Gegenüberstellung handelt es sich um einen dogmatischen Gebrauch der Formel, nicht um die Rekonstruktion ihrer historischen Bedeutung bei den Reformatoren! Was diese angeht, war mit einem Blick zu sehen, dass beispielsweise Luther, dem die antiarianische Entgegensetzung „gezeugt, nicht geschaffen" fraglos ebenso vertraut war die scholastische Unterscheidung von geschaffener und ungeschaffener Gnade, diesen gegen ein sakramentales Kirchenverständnis gerichteten Gebrauch der Formel nicht erkennen lässt – obwohl er doch auf die ganz im Zeichen ihrer sakramentalen Handlungen stehende römische Kirche seiner Zeit so gut gepasst hätte. Aber nein, Luther scheint sich beim Kirchenbegriff um den Unterschied der beiden göttlichen Hervorbringungsweisen gar nicht zu scheren. Wenn diese Einwände gegen die Entgegensetzung von worthaftem und sakramentalem Kirchenbegriff nicht zu überhören und nicht zum Verstummen zu bringen sind, dann ist Vorsicht angebracht gegenüber der naheliegenden Annahme eines ekklesiologischen Strategiewechsels im protestantischen Lager nach 1530. Die Annahme war nicht wertlos, weil sie das Augenmerk auf die Formel der Kirche als Geschöpf des Wortes richtete, doch die einhergehende Zusatzannahme, dass damit der in CA 7 vorliegende Adäquationsanspruch in negativer Spiegelung weiter auf die römische Kirche gerichtet wäre, geschah rein versuchsweise.

Tatsächlich war das reformatorische Kirchenverständnis nach dem Scheitern des Augsburger Reichstags keineswegs gezwungen, sich von der (zerbrochenen) Einheit mit der römischen Kirche auf die

---

[7] Zur Reflexion dieser ekklesiologischen Konstellation anregend äußert sich Herms, Eilert: Wort und Kirche im Verständnis der Reformation, in ders.: Kirche. Geschöpf und Werkzeug des Evangeliums, Tübingen 2010, 59-111, wo der Titel des Sammelbandes ebenso mit Bedacht zu würdigen ist wie der Ursprungskontext des Referates, das 2008 als Beitrag zu einer Studienkonferenz an der päpstlichen Lateranuniversität gehalten wurde.

Opposition zu ihr zu verlegen. Der Adäquationsgedanke ist eines andersartigen Bezugspunktes fähig, der in der Selbstunterscheidung der evangelischen Kirche besteht. Die protestantische Ekklesiologie richtet ihren Anspruch, dass die Versammlung der Heiligen an der Wirklichkeit abzugleichen sei, also nicht nach außen gegen andere derartige Versammlungen, die womöglich nicht recht und lauter um Wort und Sakrament versammelt sind, sondern nach innen auf oder sogar gegen sich selbst. Das ist gerade an der Kurzformel „Wort und Sakrament", in der sich das evangelische Spezifikum der vermeintlichen Kirchendefinition aus CA 7 ausdrückt, zu erkennen. In ihr bilden die beiden Elemente, die nach dem dogmatischen Gebrauch der Formel von der Kirche als creatura verbi getrennt auf worthaftes und sakramentales Kirchenverständnis zu verteilen sind, eine Einheit. Der evangelische Kirchenbegriff erkennt also trotz der dogmatischen Betonung der bloßen Geschöpflichkeit der Kirche auch ein sakramentales Moment an ihr an und hält dieses für genauso charakteristisch evangelisch wie das Wort; beide stehen ja, wenn man CA 7 das Schema der Definition unterlegt, zusammen an der Stelle des spezifischen Artmerkmals. Allerdings ist die Funktion dieses kennzeichnend evangelischen Tandems eben nicht definitorischer Art, sondern erfüllt die Funktion sog. Kennzeichen der Kirche. Diesem Themenkomplex müssen wir uns nun zuwenden.

I. 2. Die Sozialgestalt der Kirche und die kirchliche Weltgestaltung

Wir haben bereits gesehen, dass die evangelische Ekklesiologie sehr wohl einen Begriff der Kirche besitzt, aber keine förmliche Definition derselben kennt, weil sie den dafür erforderlichen Abgleich an der Wirklichkeit in einer Weise, die mit dem Definitionsschema unvereinbar ist, als Selbstunterscheidung zur Anwendung bringt. Diese Selbstunterscheidung besagt dogmatisch: Die Kirche ist ausschließlich Geschöpf des Wortes und doch zugleich Versammlung um Wort und Sakrament. Wie beides zusammen bestehen kann, lehrt die Lehre von den Kennzeichen der Kirche, als die Melanchthon im entsprechenden Artikel der Apologie die reine Evangeliumslehre und die Sakramente bezeichnet (Apol VII).[8]

Wie der augsburgische Kirchenartikel, auf den sie zurückgreift, leidet auch die Lehre von den notae ecclesiae an einem Adäquationsproblem. Denn die – für die frühen Reformationskirchen mangels eigener Priester[9] sehr reale – Frage, welcher von zwei Geistlichen die Sakra-

[8] Vgl. BSLK 2014, 398,27-29 par. 399, 23f. sowie 406,23f. par. 407,12f.

[9] Zum Diskussionsstand in der Frage, ob es über das unbezweifelte Beispiel Georg Rörers (1525) hinaus evangelische Ordinationen vor dem Augsburger Reichstag (und damit unter Missachtung der bischöflichen Konfirmationspflicht für solche Handlungen) gab, vgl. Krarup, Martin: Ordination in Wittenberg. Die

mente „laut des Evangelii“ darreicht und dieses „rein predigt“ (CA 7), kann nicht ohne das – dem Abgleich an der Wirklichkeit entzogene – Kriterium des Glaubens entschieden werden. Zwar ist dabei nicht die persönliche Gläubigkeit des Sakramentenspenders bzw. Predigers maßgeblich, die den Reformatoren bei der Sakramentsdarreichung mit dem gesamten abendländischen Antidonatismus als irrelevant gilt und die bei der Predigt hinter die reformatorische Überzeugung zurücktritt, dass sich die Wahrheit des gepredigten Wortes ohne Voraussetzung des Glaubens durch kunstgerechte Exegese der Bibel ermitteln lässt, so dass unter den Geistlichen auch Ungläubige („mali admixti“) denkbar sind.[10] Damit jedoch Wort und Sakrament – gerade bei solch ungläubigen Priestern – als kirchenkonstitutive Vollzüge wirksam werden können, ist nach CA 5 bei beiden Vollzügen das Glauben stiftende Wirken des Heiligen Geistes erforderlich – also der Glaube der Empfänger von Wort und Sakrament,[11] der wiederum keiner Adäquation zugänglich ist.

Diese Überlegung zeigt, dass die Lehre von den Kennzeichen der Kirche – auf den ersten Blick überraschend – auf die Gläubigen selbst zielt, die Wort und Sakrament empfangen. Die wahre Kirche ist da, wo die Gläubigen sind, die auf das Wort der Verkündigung hin glauben und im Glauben die Sakramente empfangen. Die scheinbar naheliegende Frage, ob dadurch der Glaube als ein drittes Kennzeichen zu Wort und Sakrament hinzutritt, kann man nicht sinnvoll stellen, da die Kirche begrifflich nichts anderes als die Versammlung der Heiligen (CA 7) und diese Heiligkeit evangelischerseits, wie wir sahen, schon als Glaube bestimmt ist; der Glaube steckt also im Begriff der Kirche und tritt nicht zu ihr hinzu. Was durch die Ausrichtung der notae-Lehre auf die Gemeinschaft der Gläubigen selbst jedoch eintritt, ist eine Verschiebung in der Funktion dieser Lehre. Wie der reformatorische Kirchenbegriff überhaupt büßen auch die Kennzeichen der Kirche angesichts ihres Adäquationsproblems die vom Begriff des Zeichens her naheliegende Funktion eindeutiger Referenz auf die wahre Kirche

Einsetzung in das kirchliche Amt in Kursachsen zur Zeit der Reformation (BHTh 141), Tübingen 2007, hier 100-104, wo der Autor zu einer positiven Einschätzung kommt, die allerdings zahlenmäßig auch noch nicht erheblich sein kann.

[10] Dass sich CA 8 mit der Rede von den „mali adimixti“ speziell auf (römische) Priester bezieht, zeigt der (schon 1978 in Wilhelm Maurers Historischem Kommentar zur CA [Bd. 2, 165] angestellte, aber nicht ausgewertete) Vergleich mit Luthers zugrundeliegendem Bekenntnis von 1528, wo ein analoger Gedanke antinovatianisch aufgebaut ist, während CA 8 in der Verwerfung die Donatisten, also einen die Priester betreffenden Rigorismus, anführt.

[11] Mit der Betonung des Glaubens der Sakramentenempfänger argumentierten schon Luthers deutschsprachige Sakramentensermone (1519) gegen das vom Florentiner Konzil (1439) fixierte Erfordernis einer glaubensmäßigen Übereinstimmung des Sakramentenspenders mit der katholischen Kirche.

ein[12] und bekommen eine seelsorgliche Aufgabe; im Hinblick auf diesen Funktionwandel ist es auch möglich, Wort und Sakrament als Kennzeichen der Kirche einheitlich zu betrachten, während im Begriff der Kirche (s. o. I. 1.) das Wort als schöpferischer Grund derselben dem sakramentalen Kirchenverständnis gegenübergestellt werden kann.[13] Das stellt sich bei der seelsorglichen Frage, die hinter der notae-Lehre steht, anders dar. Wie es Luther einmal ausdrücken kann, soll durch die Kennzeichen „ein armer irriger Mensch" erkennen, wo die Kirche – deren Existenz als gewiss vorausgesetzt wird – zu finden sei;[14] das Ausgangsproblem, auf das die Lehre von den Kennzeichen antworten soll, besteht demnach in der Gefahr, dass die Kirche in der Welt unkenntlich wird. Die Lehre von den notae ecclesiae liegt damit auf der erwähnten Linie kirchlicher Selbstunterscheidung und mahnt die Kirche, nicht zur Unkenntlichkeit zu degenerieren.
In diesem Kontext verdient es Aufmerksamkeit, dass Luther mehrere und unterschiedliche, regelrechte Kataloge von Kennzeichen anführen kann, die offensichtlich unabschließbar, aber ebenso offensichtlich nicht beliebig sind, weil sie stets um Wort und Sakrament zentriert bleiben.[15] Dieser Befund hat zu der Vermutung Anlass gegeben, CA 7 liefere deshalb keine regelrechte Kirchendefinition, weil Wort und Sakrament nur zu einer „Minimaldefinition" hinreichten, die der Ergänzung durch andere Kennzeichen bedürften, um eine „evangelische Definition der Kirche" zu liefern[16] – und genau darauf ziele die Lehre von den notae ecclesiae. Bei dieser ungebrochen aktuellen Diskussion ist zu beachten, dass Kandidaten für zusätzliche Kennzeichen seit Luthers diesbezüglicher Nennung von u. a. Kreuz und Leiden sowie der Anerkenntnis von Obrigkeit und Ehe auch inner-

---

[12] Die in der Forschung gelegentlich erörterte Frage, ob die notae Zeichen der sichtbaren oder der unsichtbaren Kirche seien, geht am reformatorischen Kirchenbegriff vorbei; dieser ist nicht im Interesse der Identifikation der Angehörigen der Kirche gebildet, sondern zur dogmatischen Beschreibung der Kirche, die ihrem Wesen nach, wie zuletzt eindringlich Hans-Peter Großhans in seiner Habilitationsschrift „Die Kirche – irdischer Raum der Wahrheit des Evangeliums" (Leipzig 2003) gezeigt hat, nur wahre Kirche von sichtbarer Wirklichkeit sein kann.

[13] S. u. auch die näheren Erläuterungen in Anm. 24.

[14] Vgl. Luther, Martin: WA 50, 628,18-21 (aus der Schrift Von den Konziliis und Kirchen, 1539).

[15] Die wichtigsten Zusammenstellungen finden sich in: Luther, Martin: WA 50, 628,29-634,33 und 641,20-643,5 (Von den Konziliis und Kirchen, 1539) sowie ders.: WA 51, 479,4-485,25 (Wider Hans Worst, 1541).

[16] Besonders wirksam etwa Scholder, Klaus: Die Bedeutung des Barmer Bekenntnisses für die evangelische Theologie und Kirche, in: EvTh 27 (1967), 435-461, hier 442. Zur Diskussion über Luther heute vgl. Neebe, Gudrun: Apostolische Kirche. Grundunterscheidungen an Luthers Kirchenbegriff unter besonderer Berücksichtigung seiner Lehre von den notae ecclesiae [TBT 82], Berlin 1997.

reformatorisch nie gefehlt haben. Neben dem kirchlichen Amt, das vor allem auf katholischer Seite seit der Gegenreformation ins Feld geführt wurde, kamen aus reformierter Sicht die kirchliche Ordnung und seitens der Konkordienlutheraner das Lehrbekenntnis als ein vom Gottesdienst aus alle Glieder der Kirche bindendes Zeichen in Betracht. Seit den 1970er Jahren wird vor allem die (geschwisterliche oder Dienst-) Gemeinschaft als ein Kennzeichen beansprucht,[17] das die Kirche erst im Vollsinne zur Kirche mache und das darum in besonderem Maße zum Gegenstand kybernetischer Reformbemühungen wird, die sich bei Konzepten von Leader- oder Stewardship, bei Strukturfragen der Personalgemeinde oder der Regionalisierung sowie bei konkreten Formen wie Cell Movements meist auf die Zielvorstellung (des Erlebens) von Gemeinschaft zurückführen lassen.
In dieser Diskussion um den Umfang der notae ecclesiae, die, bedingt durch die Rahmenbedingungen kirchlicher Reformprozesse, meist in regionalem oder allenfalls landeskirchlichem Horizont geführt wird, brachte der Studienprozess einen wichtigen Erkenntnisfortschritt, den die Leuenberger Kirchengemeinschaft (heute Gemeinschaft Evangelischer Kirchen in Europa, GEKE) seit Beginn der friedlichen Revolution 1989/90 auf europäischer Ebene zur Lehre von den Kennzeichen der Kirche durchführte. Die Ergebnisstudie The Church of Jesus Christ (1994/95) schlug im Ausgang von der Beobachtung, dass bei den Reformatoren die vielfältigsten Listen von notae doch immer um Wort und Sakrament zentriert bleiben, vor, zwischen Kennzeichen der Kirche (notae ecclesiae im engeren Sinne) und Kennzeichen des christlichen Lebens (notae ecclesiae im weiteren Sinne) zu differenzieren.[18] Diese Unterscheidung dient weniger der Abgrenzung von Zuständigkeitsbereichen[19] als vielmehr dem zeichentheoretischen Erkenntnisfortschritt vom signifikativen zum semiotischen Paradigma. Während die theologischen Zeichenlehren lange Zeit unter dem Einfluss Augustins bevorzugt die Bedeutung sprachlicher Zeichen erörterten, ist bei den Kennzeichen der Kirche und des christlichen

[17] Repräsentativ ist die Diskussion im Theologischen Ausschuss der EKU bei seiner Kommentierung der III. Barmer These, vgl. Burgsmüller, Alfred (Hg.): Kirche als Gemeinde von Brüdern (Barmen III), Bd. I-II, Gütersloh 1980/81.

[18] Vgl. Hüffmeier, Wilhelm (Hg.), Die Kirche Jesu Christi. Der reformatorische Beitrag zum ökumenischen Dialog über die kirchliche Einheit/The Church of Jesus Christ. The Contribution of the Reformation towards Ecumenical Dialogue on Church Unity (Leuenberger Texte 1), Frankfurt 1995, 28f.

[19] Der Text der Leuenberger Studie legt im Zusammenhang mit der im Hintergrund stehenden Leuenberger Konkordie beispielsweise nahe, die notae im engeren Sinne als gemeinschaftliche, (inner-)kirchliche Handlungsvollzüge, die im weiteren Sinne aber als Handlungen einzelner Christen in der Welt aufzufassen. Zu diesen und weiteren Einteilungen, die ebenfalls auf den Schemata Kirche/Welt, Individuum/Gemeinschaft aufbauen, vgl. Theißen, Henning: Die berufene Zeugin des Kreuzes Christi, Leipzig 2013, 110-117.

Lebens die indexikalische Zeichenfunktion zentral, die z. B. Wort und Sakrament zu Anzeichen[20] der wahren Kirche macht, die epistemologisch so zuverlässig auf deren Gegebensein schließen lassen, wie – um das klassische Beispiel indexikalischer Zeichen seit Aristoteles zu bemühen – Fieber auf das Vorliegen einer Infektion schließen lässt.[21] Dass diese epistemologische Qualität der notae sich nicht im logischen Begriff der hinreichenden Bedingung („satis est“) erschöpft,[22] sondern den jeweiligen Lebenszusammenhang einschließt, in dem und für den die einzelnen notae Kennzeichen sind, dürfte den eigentlichen theoretischen Erkenntnisgewinn der Unterscheidung zwischen Kennzeichen der Kirche und solchen des christlichen Lebens ausmachen. Denn während Wortverkündigung und Sakraments-darreichung als für die Kirche unaufgebbare[23] Handlungsvollzüge ihren Lebenszusammenhang gewissermaßen in sich tragen, kann die Achtung von Obrigkeit und Ehe – um bei Luthers Beispiel zu bleiben – ihre Bedeutung als christlicher Wert nur im Zusammenhang des christlichen Lebens entfalten, das über die Kirche im dogmatischen Sinne als Versammlung der Heiligen hinausgeht und die Möglichkeit von Weltgestaltung einschließt. Die Leuenberger Konkordie verwendet für diese Möglichkeiten der Weltgestaltung in ihrem IV. Teil die formelartige Begrifflichkeit „Zeugnis und Dienst“ (Ziff. 29, 35 und 39).

Die Unterscheidung zwischen engeren und weiteren Kennzeichen der Kirche bringt somit die unterschiedlichen Lebenszusammenhänge zum Ausdruck, in denen die Kirche existiert. Mit einer wissenschaftstheoretisch etablierten Begrifflichkeit gesprochen: Ihrem Begründungszusammenhang nach lebt sie aus und in dem Verhältnis zu Gottes Wort; ihrem Entdeckungszusammenhang nach ist sie Teil des christlichen Lebens in und mit der Welt. In beiden Hinsichten weist sie

[20] Den Ausdruck „Anzeichen“ schlägt für die Sakramentenlehre Pannenberg, Wolfhart: Systematische Theologie III, Göttingen 1993, 332 vor.

[21] Ich stütze mich mit diesen Beobachtungen zur Geschichte des Zeichenbegriffs auf Meier-Oeser, Stephan: Art. Zeichen I, in: HWP 12 (2004), 1155-1171, v. a. 1158f.: Die Konsequenz der augustinischen Integration der sprachlichen Zeichen in die vorher (bei Aristoteles) vornehmlich indexikalische Zeichentheorie besteht Meier-Oeser zufolge im Abbau der Ähnlichkeitslehre, infolge dessen Zeichen nicht mehr die Sache selbst, sondern nur deren Begriff bezeichnen und damit erst epistemologische Qualität gewinnen.

[22] Hierauf habe ich den Akzent gelegt in meinem Beitrag: Theißen, Henning: Bekenntnis und Bekennen als Fixpunkte kirchlicher Orientierung und Erfahrung. Systematisch-theologische Näherbestimmung am Beispiel von Apostolikumstreit und Barmer Theologischer Erklärung, in: Preußische Union, lutherisches Bekenntnis und kirchliche Prägungen. Theologische Ortsbestimmungen im Ringen um Anspruch und Reichweite konfessioneller Bestimmtheit der Kirche (Oberurseler Hefte Ergänzungsband 14), hg. von Kampmann, Jürgen / Klän, Werner, Göttingen 2014, 213-231, hier 215f.

[23] Unaufgebbar sind beide, weil von Gott vorgegeben – dies folgt allerdings aus dem logischen Status der Kennzeichen als hinreichende Bedingung.

Kennzeichen auf, die der Beschaffenheit des jeweiligen Zusammenhangs entsprechen. In ihrem Verhältnis zu Gottes Wort zeigen ihre Kennzeichen deshalb an, wodurch die Kirche begründet ist;[24] in ihrem Verhältnis zur Welt zeigen sie an, worin die Kirche Gestalt gewinnt. Mit der Unterscheidung von engeren und weiteren Kennzeichen ist folglich auch die Differenzierung von Grund und Gestalt der Kirche gegeben, die (nicht nur) für die evangelische Ekklesiologie zentral ist,[25] sondern auch unmittelbar unser Vortragsthema enthält: das Wort und die Sozialgestalt der Kirche. Wir können daher nun die Überlegungen zu der mit diesem Thema gegebenen reformatorischen Problemstellung zusammenfassen.

Ausgehend vom reformatorischen Begriff der Kirche als Versammlung der Heiligen (CA 7) war für die evangelische Ekklesiologie ein Adäquationsproblem zu konstatieren: Der für den Anspruch wahrer Kirche erforderliche Abgleich des Kirchenbegriffs an der Wirklichkeit kann nur durch eine Selbstunterscheidung geschehen, in der die Kirche die ihr eigenen Handlungsvollzüge von Wort und Sakrament zugleich als Gottes kirchenschöpferisches Wort vernimmt. Als Geschöpf dieses Wortes von jeder sakramentalen Gestalt der Kirche unterschieden, unterliegen die Kennzeichen der Kirche (notae ecclesiae) demselben Adäquationsproblem, weswegen die seelsorgliche Funktion der notae-Lehre, die Kirche vor Unkenntlichkeit in der Welt zu bewahren, keinen Gegensatz zu Letzterer aufbaut, sondern den Auftrag zu ihrer Gestaltung insbesondere durch die Vermittlung christlicher Werte einschließt. Die Sozialgestalt der Kirche gehört in der Unterscheidung von engeren und weiteren notae ecclesiae zu den Kennzeichen des christlichen Lebens, die durch das Wort begründet sind, ohne in ihm schon enthalten zu sein.

Aus diesen Überlegungen ergibt sich, dass die genannten Kandidaten für weitere notae ecclesiae über Wort und Sakrament hinaus unter den kirchlichen Auftrag der Weltgestaltung fallen. Die Achtung von Obrigkeit und Ehe, die kirchliche Ordnung, die bekenntnisgebundene Lebensgestaltung und gegenwärtig die Vorstellung christlicher Gemeinschaft sind Werte, die die Kirche in ihre Sozialgestalt christlichen Lebens einbringt. Wie alle Werte unterliegen sie der Auseinandersetzung mit abweichenden Werturteilen, weswegen die Kennzeichen des christlichen Lebens nicht die Eindeutigkeit und Einheitlichkeit von

---

[24] Dass hierbei Wort und Sakrament als Kennzeichen der Kirche in ihrem Begründungsverhältnis erscheinen, während als schöpferischer Grund der Kirche nur das Wort genannt ist, bildet keinen Widerspruch: Das Sakrament ist selbst Zeichen für das die Kirche schöpferisch gründende Wort. Im Begründungsverhältnis bilden Wort und Sakrament keine Einheit, als Kennzeichen der Kirche für dasselbe hingegen schon. „Wort“ hat demnach wie in CA 5 eine doppelte Bedeutung als Grund der Kirche und als kirchlicher Handlungsvollzug.

[25] Meist wird sie allerdings von der dogmatisch sehr viel unzuverlässigeren Terminologie „unsichtbare“ – „sichtbare Kirche“ überlagert.

Wort und Sakrament erreichen, die den grundlegenden Lebenszusammenhang der evangelischen Kirche kennzeichnen. Es kann daher das christliche Wertesystem ebensowenig geben wie die Sozialgestalt der Kirche, weswegen ich mich im Folgenden auch nicht näher mit der engeren Frage auseinandersetzen werde, wie diese Sozialgestalt konkret zu ordnen ist: als volks- oder aber freikirchliche Rechtsform; in episkopaler oder presbyterial-synodaler Verfassung mit oder ohne konsistoriale Anteile usw.[26] Durch das Verhältnis von Grund und Gestalt ist lediglich festgelegt, dass der hier bestehende Gestaltungsspielraum durch das Wort ebenso begründet wie begrenzt ist.

II. Christliche Weltgestaltung in der Moderne – zur jüngsten Reform der kirchlichen Sozialgestalt

Die im Horizont der europäischen Reformation gewonnene Unterscheidung von engeren und weiteren notae ecclesiae hat im 1. Teil unserer Überlegungen eine Verhältnisbestimmung von Wort und Sozialgestalt der Kirche ermöglicht: Das kirchenschöpferische Wort begründet den Gestaltungsspielraum, den die Kirche beim Aufbau ihrer Sozialgestalt besitzt, begrenzt ihn aber zugleich. Um diesen Spielraum von Grund und Gestalt der Kirche abzustecken, beziehe ich mich im 2. Teil meiner Überlegungen auf landeskirchliche Reformprozesse aus dem bundesdeutschen Protestantismus, die zwei Extrempunkte dieses Gestaltungsspielraums abstecken; nämlich einerseits die Evangelische Kirche in Hessen und Nassau (EKHN) und andererseits die Evangelische Kirche Berlin-Brandenburg-schlesische Oberlausitz (EKBO).
In der Beschäftigung mit exemplarischen Kirchenreformvorgängen wendet sich die systematisch-theologische Überlegung dem kybernetischen Aufgabengebiet zu, einer naturgemäß anderen Reflexionsgestalt, die nicht nur durch den ungleich intensiveren Praxisbezug gekennzeichnet ist, sondern auch durch eine notwendige Situationsbezogenheit. Diese Situationsbezogenheit hat eine negative Auswirkung für unsere Überlegungen, insofern gerade das Textgenre der Kirchenreformkonzeption, auf das ich mich hier beziehen möchte, eine sehr geringe Halbwertszeit hat. Doch wird diese offenkundige Situationsverhaftetheit aufgewogen durch eine positive Auswirkung, insofern mit der Aufmerksamkeit für Kirchenreformkonzeptionen auch eine sachliche Fragestellung ins Blickfeld des Interesses rückt, die sonst in der systematisch-theologischen Überlegung vielleicht eher randständig bliebe, nämlich das Thema einer missionalen Ekklesiologie.

---

[26] Einige Erwägungen hierzu habe ich angestellt in: Theißen, Henning: Ausdruck evangelischer Freiheit. Schritte kirchlicher Verwaltungsreform heute, in: DtPfrBl 112 (2012), 216.221-222.

II. 1. Das Reformkonzept missionaler Ekklesiologie

Bis in die jüngste Zeit hinein galt Mission in der akademischen Theologie als eine Spezialität der Lehrstühle mit entsprechender Denomination („Missionswissenschaft"), ehe sie, nicht zuletzt durch Anstöße aus dem kirchlichen Bereich wie die Themensynode der EKD 1999, zu einem Gegenstand für die Theologie im Ganzen ihrer Fächerbreite wurde. Mit dem einflussreichen Vortrag Eberhard Jüngels bei der genannten Synode kann man die Mission als „Herzschlag" der Kirche bezeichnen, wobei diese wie in der Doppelbewegung von Diastole und Systole sich ihrem eigenen Lebensgrund öffnet, um ihn auch dem sie umgebenden Lebenszusammenhang zu eröffnen. In einer anderen, ebenfalls von Jüngel herangezogenen Metaphorik gesprochen, verkündigt die Kirche in der Mission Christus als das Licht der Welt, ohne diese zuvor als der Finsternis verfallen zu entlarven.[27] Das Thema Mission konnte also dadurch von der Randständigkeit in den Mainstream gelangen, dass sein beim Aufblühen der europäischen Missionsgesellschaften vorherrschender Sinn als „Pionier-„ oder aber „Culturmission" in einer Einbahnstraße von der besitzenden Kirche zur heidnischen Welt zurück – und das uns schon bekannte Verhältnis des kirchlichen Auftrags zur Weltgestaltung in den Vordergrund trat. Es dürfte daher auch alles andere als zufällig sein, wenn gleichzeitig mit dem Aufschwung des Missionsthemas (etwa auch in der EKD-Reformbewegung Kirche im Aufbruch) der Begriff Mission eine Transformation in Richtung Interkultureller Theologie erfuhr, die die früheren Paradigmen von Konvivenz und Inkulturation ablöste; die Umwidmung missionswissenschaftlicher Organe, aber auch das Positionspapier des Wissenschaftsrates zum Verhältnis von Theologie und Religionswissenschaft (2010) sind Beispiele dafür.[28]

Diese eher atmosphärischen Bemerkungen zur missionalen Ekklesiologie gewinnen systematische Relevanz, wenn man sie auf das Verhältnis von Grund und Gestalt der Kirche, das hermeneutische Prinzip des Leuenberger Ökumenemodells, bezieht. Denn wenn der Grund der Kirche dieser einen Spielraum bei der Gestaltung des christlichen Lebens eröffnet, ihn aber zugleich auch begrenzt, dann ist es adäquat, diesen Spielraum als Auftrag zu bezeichnen. Tatsächlich entfaltet die erwähnte Studie The Church of Jesus Christ die von der Leuenberger Konkordie angelegte Unterscheidung dreifach als Grund, Gestalt und Auftrag der Kirche – oder mit den englischen Begriffen: „foundation, shape and mission".[29] Die Mission der Kirche ist also

---

[27] Vgl. Jüngel, Eberhard: Mission und Evangelisation, in ders.: Ganz werden. Theologische Erörterungen V, Tübingen 2003, 115-136, hier 115f. bzw. 121f.

[28] Ergänzend betitelt wurde etwa die „Zeitschrift für Missionswissenschaft" als „Interkulturelle Theologie". Das Papier des Wissenschaftsrates findet sich online. Http://wissenschaftsrat.de/download/archiv/9678-10.pdf [15.09.2015].

[29] Vgl. Hüffmeier (Hg.): Kirche Jesu Christi, 85.

nichts anderes als ihr Auftrag in dem eben qualifizierten Sinn, dass der Aufbau einer Sozialgestalt des christlichen Lebens (was gemeinhin als Gegenstand missionaler Ekklesiologie gilt) den Grund der Kirche zu vergegenwärtigen hat und damit demselben Begründungszusammenhang unterliegt, den wir im 1. Abschnitt unserer Überlegungen als die reformatorische Problemstellung des Verhältnisses von Wort und Sozialgestalt der Kirche namhaft gemacht haben. Mission stellt also in der Tat kein Sonderthema für Kirche und Theologie dar, aber auch nicht nur ein Thema unter anderen, sondern ist deckungsgleich mit dem der Kirche durch ihren Grund gestellten Auftrag schlechthin. Vom reformatorischen Problembewusstsein her könnte also in Sachen Kirchenreform schwerlich etwas besser legitimiert sein als die missionale Ekklesiologie, und darin besteht das unaufgebbare Recht auch der entsprechenden kybernetischen Entwürfe.
Indem wir diese Begründung der missionalen Ekklesiologie mitvollziehen, ist nun aber zugleich deutlich, dass sie auch nur in diesem Begründungszusammenhang zu überzeugen vermag, also nur dann, wenn der Auftrag der Kirche in seinem Zusammenhang mit ihrem Grund und ihrer Gestalt verstanden wird. Das Missionsthema besitzt enzyklopädische Relevanz für die Theologie im Ganzen ihrer Fächerbreite, und ebenso besteht die enzyklopädische Relevanz der missionalen Ekklesiologie im Rahmen einer umfassenden Kirchentheorie. Als Kirchentheorie bezeichne ich im Anschluss an Reiner Preul dasjenige Kapitel der theologischen Enzyklopädie, das die Kirche nicht allein in der Beschreibung ihres durch Gottes Wirken bestimmten Wesens zum Gegenstand hat (das wäre die dogmatische Ekklesiologie), sondern das sie zugleich als empirisch beobachtbare Sozialgestalt christlichen Lebens ins Auge fasst, ohne sich auf eine sozialwissenschaftliche Erhebung und Dateninterpretation zu spezialisieren (denn dann handelte es sich um Kirchen- oder Religionssoziologie). Die so verstandene Kirchentheorie steht am Übergang von Systematischer zu Praktischer Theologie (Preul selbst begreift sie daher als eine Steuerungstheorie für die Kybernetik).[30] An dieser Schnittstelle ist die Kirchentheorie bestens geeignet, den Bezugsrahmen für eine missionale Ekklesiologie zu bilden, weil sie es so ermöglicht, die aufzubauende kirchliche Sozialgestalt christlichen Lebens auf sonstige Gestalten menschlichen Zusammenlebens zu beziehen, was in einer rein dogmatischen Betrachtung oder einer binnenperspektivischen Kybernetik sehr viel schwieriger wäre.

---

[30] Vgl. Preul, Reiner: Kirchentheorie. Wesen, Gestalt und Funktionen der Evangelischen Kirche (de Gruyter Studienbücher), Berlin 1997, 7. In seinem Verständnis von Steuerung argumentiert Preul dann allerdings ganz systemtheoretisch.

II. 2. Beispiele modernitätstheoretischer Kirchentheorien

In den Kirchenreformprozessen von EKHN und EKBO schlägt sich diese kirchentheoretische Anbindung darin nieder, dass beide Reformkonzepte mit der Begrifflichkeit von Zeugnis und/oder Dienst operieren, die uns schon im Horizont der GEKE begegnete und dort den Aufbau der Sozialgestalt der Kirche als Beitrag christlicher Weltgestaltung kennzeichnete. Dabei pflegen beide Konzepte einen ausgesprochen modernitätstheoretischen Zugang zum kirchlichen Auftrag der Weltgestaltung, der unter den typisch neuzeitlichen Bedingungen von Pluralismus und Säkularisierung die Kirche nicht nur als die Glaubens- und Rechtsgemeinschaft sieht, als die sie in Deutschland bis heute vom staatskirchenrechtlichen bzw. religionsverfassungsrechtlichen Standpunkt aus aufgefasst wird, sondern auch als Handlungsgemeinschaft. Dieses handlungsbezogene Interesse, demzufolge die Kirche nicht nur ein dogmatisches und ein öffentlich-rechtliches Phänomen ist, sondern auch ein ethisches, darf man als hervorstechendes Merkmal modernitätstheoretischer Kirchentheorie ansehen. Der ethische Kirchenbegriff ist in der neuzeitlichen Theologie schwerlich denkbar ohne Schleiermachers Ethik – und zwar nicht seine Christliche Sittenlehre, sondern die Philosophische Ethik –, die vorrangig als Gütertheorie angelegt ist und so die durch wechselseitige Mitteilung allgemein verfügbar gemachten produktiven Lebensäußerungen der Einzelnen („Güter“) ins Zentrum rückt:[31] Eine solche Gütergemeinschaft sei die Kirche. Die Ekklesiologie des späteren 19. Jahrhunderts (bei Ritschl und Troeltsch) hat diese ethische Kirchentheorie dogmengeschichtlich adaptiert, indem das Nebeneinander von dogmatischem und juristischem Kirchenbegriff, d. h. von Liebes- und Rechtsgemeinschaft als Produkt eines die Reformation durchziehenden Zwiespalts begriffen wurde, der durch das beide Kirchenbegriffe unterfangende ethische Konzept der Handlungsgemeinschaft zu heilen sei. Diese Sichtweise wird heute von dem Münsteraner Sozialethiker Hans-Richard Reuter revitalisiert,[32] der als theologischer Berater in den erwähnten Kirchenreformprozessen der EKHN aufgetreten ist. Damit schließt sich ein Kreis: Lagen zwischen

---

[31] Vgl. zu dieser Bedeutung der gütertheoretischen Ethik Birkner, Hans-Joachim: Einleitung zu Schleiermachers „Brouillon zur Ethik (1805/06)“ [1981], in ders.: Schleiermacher-Studien, eingel. u. hg. v. Hermann Fischer, Berlin 1996 (SchlAr 16), 209–222, hier 212.

[32] Vgl. Reuter, Hans-Richard: Botschaft und Ordnung. Beiträge zur Kirchentheorie (Öffentliche Theologie 22), Leipzig 2009, 13-55, v. a. 26-32 mit Berufung auf A. Ritschl. Allerdings überblendet Reuter hier Ritschls ethische Grundlegung des Kirchenrechts mit der Kritik, die (der von Reuter nicht weiter beachtete) E. Troeltsch am Auseinanderfallen von Liebes- und Rechtsgemeinschaft bei Luther geübt hat. Näheres vgl. Theißen: Berufene Zeugin, 219 Anm. 295 zu Ritschl und 266 Anm. 471 zu Troeltsch.

Schleiermacher und Ritschl/Troeltsch, historisch gesehen, industrielle Revolution und soziale Frage, die ein ethisches Kirchenkonzept plausibel machten, so ist es gegenwärtig der öffentliche Relevanzverlust der Kirchen außerhalb des diakonisch-karitativen Sektors, der den Rückgriff auf derartige Konzepte naheliegend erscheinend lässt. War für das 19. Jahrhundert der institutionelle Zusammenhang, auf den die Kirche bezogen wurde, im Staat zu sehen, auch wenn dieser keine eigenen religiösen Ambitionen mehr hegen konnte, so wird für das heutige Deutschland diese Stelle von der Gesellschaft ausgefüllt, die infolge unvermeidlicher Säkularisierungsprozesse längst nicht mehr als eine christlich geprägte angesprochen werden kann.
Vor diesem allgemein modernitätstheoretischen Hintergrund der Kirchentheorie stellen die Reformkonzepte aus EKHN und EKBO zwei unterschiedliche, aber doch aufeinander beziehbare Varianten derselben dar, die ich als systemtheoretisch (EKHN) bzw. zivilgesellschaftlich orientiert (EKBO) beschreiben möchte. Die systemtheoretische Variante, hinter der im Reformkonzept der EKHN unausgesprochen der sozialethische Entwurf von Eilert Herms steht, geht von der Voraussetzung einer funktional differenzierten Gesellschaft aus.[33] Die verschiedenen Systeme – Herms unterscheidet mit Wirtschaft, Wissenschaft, Recht und Religion deren vier – stellen sich für den Einzelnen als Lebenszusammenhänge dar, in und zwischen denen er sich in seinen Lebensvollzügen bewegt, ohne dass eines dieser Systeme den Gesamtrahmen für die ganze Lebensgestaltung abgeben könnte, wie dies für die Stände der hierarchisch gegliederten Gesellschaft, aber auch noch für die Vorstellung des Berufs etwa in Luthers reformatorischer Sozialethik zutraf. Herms erblickt jedoch die systemtheoretische Besonderheit des Systems Kirche darin, dass es im Vollzug seiner religiösen Funktion zugleich der Gesamtgesellschaft einen Dienst leistet durch die Bereitstellung von „ethisch orientierendem Wissen".[34] Die Reformdokumente der EKHN werten diese Besonderheit der religiösen Systemfunktion unter dem Begriff des

[33] Vgl. besonders die Publikation: Auftrag und Gestalt. Vom Sparzwang zur Besserung der Kirche. Theologische Leitvorstellungen für Ressourcenkonzentration und Strukturveränderung. Eine Studie des Leitenden Geistlichen Amtes der Evangelischen Kirche in Hessen und Nassau (EKHN-Dokumentation 1), Frankfurt 1995. Ohne direkte Anknüpfung an dieses Dokument wird die darin verfolgte Linie fortgeschrieben von dem EKHN-Reformdokument Perspektive 2025 (beschlossen von der Landessynode 2007).

[34] Vgl. zur historischen Herleitung Herms, Eilert: Gesellschaft gestalten. Beiträge zur evangelischen Sozialethik, Tübingen 1989, 260-265; und generell zur Vierstelligkeit ders.: Religion und Organisation. Die gesamtgesellschaftliche Funktion von Kirche aus Sicht der evangelischen Theologie, in ders.: Erfahrbare Kirche. Beiträge zur Ekklesiologie, Tübingen 1990, 49-79, hier 56-58 sowie 66 („Gewinnung von ethisch orientierendem Wissen").

Zeugnisses derart auf,[35] dass daraus teils eine Selbstzwecklichkeit, teils eine Eigenverantwortlichkeit der Kirche für den missionalen „Erfolg“ ihrer Reformbemühungen abgeleitet wird,[36] die in beiden Fällen die Rückbindung des kirchlichen Auftrags an den Grund der Kirche in Frage stellt.

Den Gegenpol modernitätstheoretischer Kirchentheorie stellt die jüngere Reformentwicklung der EKBO dar, die sich mit dem zivilgesellschaftlichen Kirchenkonzept des seinerzeitigen EKD-Ratsvorsitzenden Wolfgang Huber auf den sozialethischen Status der Kirche zwischen öffentlich-rechtlicher Institution und vereinsmäßiger Geselligkeit stützt und damit in ihrer Weise auf die neuzeitliche Ausdifferenzierung der vormals die gesamte Lebensgestaltung rahmenden Stände oder Berufe reagiert. Das Reformprogramm der EKBO zeichnet sich durch eine missionarische Außenorientierung aus, die jedoch praktisch gar nicht im naheliegenden Paradigma des Zeugnisses, sondern vorrangig als Dienst an einer stark entkirchlichten Gesellschaft gedacht wird. Exemplarisch ist die vorgesehene (m. W. nie realisierte) Einrichtung von Dienstleistungszentren,[37] die kirchliche Kernkompetenzen vor allem im Bereich der Kasualien bündeln und damit kirchliches Terrain auf dem weiten Gebiet sozialisationsbezogener Bildung reklamieren sollen, wo sich in der postsozialistischen Gesellschaft verstärkt bürgerschaftliches Engagement findet, wenn man an so unterschiedliche Phänomene wie die Jugendweihevereine oder die freiwilligen Feuerwehren denkt. – Auch wenn das für Hubers Reformwirken charakteristische Interesse einer auf das Gemeinwesen bezogenen religiösen Bildung gar nicht so weit von Herms' Vorstellung ethisch orientierenden Wissens entfernt ist, bilden die Reformentwicklungen aus EKHN und EKBO mit ihren Leitworten Zeugnis bzw. Dienst doch entgegengesetzte Enden der modernitätstheoretischen Skala ab. Auch die jeweilige Sozialgestalt der Kirche unterscheidet sich stark. Während die EKHN (in ihrem Konzept „Perspektive 2025“) die traditionelle Parochievorstellung nach soziologischer Raumanalyse regional ausdifferenziert, setzt die EKBO in einer abseits der Metropole Berlin durchgehend ländlich geprägten Region bei der soziologisch ganz andersartigen Kategorie des Verbandsmäßigen an, um die typisch zivilgesellschaftliche Stellung der Kirche

---

[35] Vgl. Auftrag und Gestalt, 20: „Der Auftrag, Gottes Heilshandeln […] zu bezeugen, ist genau der Dienst, den die Kirche der Welt schuldig ist. […] Das allein ist der ihr aufgetragene Dienst an der Welt.“ Der Dienstbegriff wird hier gewissermaßen von der Zeugnisvorstellung aufgesogen.

[36] Zur „Selbstzwecklichkeit“ vgl. Auftrag und Gestalt, 27f.; zur Eigenverantwortlichkeit vgl. ebd. 25.

[37] Salz der Erde. Das Reformprogramm der EKBO, hg.von Markus Bräuer, Berlin 2007, 77 nennt ein „Evangelisches Bestattungsinstitut“ und ein „Institut für Eheschließung“, beides in der Verantwortung der Landeskirche vorgesehen.

zwischen den Bürgern und der staatlichen Organisation zu erfassen.[38] Mit dieser Diagnose lassen sich die exemplarischen Beobachtungen zur gegenwärtigen Diskussion um die Sozialgestalt der Kirche zusammenfassen und zuspitzen.
Die vorgestellten landeskirchlichen Reformentwicklungen verfolgen beide eine modernitätstheoretische Kirchentheorie, unterscheiden sich dabei aber insbesondere hinsichtlich des jeweiligen gesellschaftlichen Ansatzes, wie z. B. am Parameter der Säkularisierung zu erkennen ist. In der EKHN, die in ihren Reformkonzepten systemtheoretisch argumentiert, wird die Situation einer schrumpfenden Volkskirche vorausgesetzt, während für die zivilgesellschaftlich orientierte EKBO eine stark atheistisch geprägte Öffentlichkeit einschlägig ist. Es will nicht gelingen, diese auch von ihrem geschichtlichen Herkommen stark divergierenden kirchlichen Räume in eine gemeinsame Kirchentheorie zu überführen; im Gegenteil war das formell beide erfassende Reformprogramm Kirche im Aufbruch, das in seinem Ausgangsdokument Kirche der Freiheit kybernetische Überlegungen aus dem einen Raum mehr oder minder unbesehen für die ganze EKD, also auch für ganz anders beschaffene Räume übernahm,[39] ein Indiz dafür, dass modernitätstheoretische Parameter wie derjenige der Säkularisierung nicht ausreichen, um den Unterschied zwischen schrumpfender Volkskirche und atheistischer Öffentlichkeit mit der nötigen kybernetischen Sensibilität zu erfassen. Vielmehr fallen, wie das Beispiel von EKHN und EKBO zeigt, Zeugnis und Dienst unter Voraussetzung einer derartigen Kirchentheorie auseinander.

III. Zwischen Konfessionskultur und Wertegeneralisierung – ein Lösungsvorschlag für die Gegenwart

Wenn Zeugnis und Dienst, die beiden Faktoren der kirchlichen Weltgestaltung nach der Leuenberger Konkordie, unter dem kirchentheoretischen Vorzeichen der Säkularisierung auseinanderfallen, so liegt es nahe, den Säkularisierungsbegriff stärker zu differenzieren oder

---

[38] Huber als spiritus rector der EKBO-Reform trat in seiner kirchentheoretischen Habilitationsschrift Kirche und Öffentlichkeit (1973) selbst für die (Weber'sche) Kategorie des Verbands ein, näherte sich aber in den 1990er Jahren systemtheoretischen Kategorien à la Herms an (Näheres vgl. Theißen: Berufene Zeugin, 96 Anm. 220).
[39] Bestes Beispiel sind in die in der EKBO-Vorgängerkirche Berlin-Brandenburgs im Jahre 2000 entwickelten „Gottesdienstkerne", mit denen in strukturschwachen Gemeinden wöchentliche Gottesdienste auch ohne Pfarrversorgung vor Ort ermöglicht werden sollten – im sog. 5. Leuchtfeuer des EKD-Impulspapiers „Kirche der Freiheit" (2006) wurde daraus ein generelles Modell gottesdienstlicher Ehrenamtlichkeit unter regionalem Pfarrcoaching (Nachweise vgl. Theißen: Berufene Zeugin, 98-102).

nach einem anderen kirchentheoretischen Bezugsrahmen Ausschau zu halten, in dem der Zusammenhang jener beiden Faktoren adäquat dargestellt werden kann. Angesichts dessen, dass in der Forschung schon verschiedenste Typen von Säkularisierung vorliegen,[40] gehe ich so vor, dass ich – wiederum exemplarisch – auf einen bestimmten Entstehungshintergrund der Leuenberger Vorstellung von Zeugnis und Dienst zurückgreife, der deren inneren Sinnzusam-menhang gerade unter den Bedingungen forcierter Säkularisierung verdeutlichen soll.

III. 1. Die unierte Formel „Zeugnis und Dienst"

Die Rede ist vom unierten Protestantismus zur Zeit des Kalten Krieges, besonders auf dem Boden der DDR, wo nicht nur die meisten Gebiete des historisch bedeutsamsten unierten Kirchenwesens (der preußischen Union) lagen, sondern wo sich auch 1969 der Bund der Evangelischen Kirchen in der DDR (BEK; Kirchenbund) gründete, der sich in seiner Ordnung selbst verbindlich als „Zeugnis- und Dienstgemeinschaft" beschrieb und damit die spätere Leuenberger Formel unter den gesellschaftlichen Bedingungen eines atheistischen Weltanschauungsstaates zur Leitlinie für die Sozialgestalt der Kirche und den Beitrag des christlichen Lebens zur Weltgestaltung erhob. Spätestens ab der dritten Synodaltagung des Kirchenbundes (1971), die „Zeugnis und Dienst" als Gesamtthema behandelte, erfuhr diese Formel als wichtiges Interpretatment der ungleich strittigeren Selbstbeschreibung einer „Kirche im Sozialismus" gesteigerte Aufmerksamkeit, die ihren vorläufigen Schlusspunkt in der Gemeinsamen Erklärung zu den theologischen Grundlagen der Kirche und ihrem Auftrag in Zeugnis und Dienst vom 23.5.1985 fand.[41] In diesem Dokument ist die Formel „Zeugnis und Dienst" Terminus für die praktizierte, wenn auch nicht formaljuristisch abgesicherte Gemeinschaft, in der sich alle Gliedkirchen des Kirchenbundes als eine Evangelische Kirche in der DDR bezeichnen.[42]42 Dieser erstaunliche Vorgang, der unter anderem alle ostdeutschen Landeskirchen in einer bei der heutigen EKD analogielosen konstruktiven Barmenrezeption vereinte und schon deshalb im besten Sinne als uniert gelten kann, ist nur verständlich, wenn man berücksichtigt, dass der kirchentheoretische Begriff der Union im

---

[40] Theologisch viel diskutiert: Davie, Grace: Europe – The Exceptional Case. Parameters of Faith in the Modern World, London 2002; Taylor, Charles: Ein säkulares Zeitalter, Frankfurt 2009.

[41] Dokumentiert: Falkenau, Manfred (Hg.): Kundgebungen. Worte, Erklärungen und Dokumente des Bundes der Evangelischen Kirchen in der DDR II, Hannover 1996, 189-191.

[42] Die Gemeinsame Erklärung war ursprünglich als Grundartikel der (letztlich nicht zustande gekommenen) Vereinigten Evangelischen Kirche (VEK) in der DDR entworfen, so dass das Prädikat des Evangelischen programmatischen Rang besaß.

Protestantismus der DDR eine doppelte Bedeutung und eine doppelte Geschichte besitzt, die ihn für unsere Frage nach der Sozialgestalt von Kirche interessant macht.
Da ist auf der einen Seite die Evangelische Kirche der Union (EKU) bzw. deren auf DDR-Gebiet gelegener Teil, der über den Eisernen Vorhang hinweg die konfessionelle Gemeinschaft mit den unierten Protestanten in Westdeutschland fortsetzt und dies unter erheblichen theologischen und organisatorischen Anstrengungen auch dann noch tut, als der SED-Staat ab 1968 (Annahme der sozialistischen Verfassung der DDR) alles daran setzt, dieses vermeintliche Relikt des preußischen Revanchismus der politischen Wirklichkeit gefügig zu machen.[43] Auf der anderen Seite ist eben auch der Kirchenbund als die staatlicherseits schließlich akzeptierte kirchliche Zentralorganisation, die um dieser Akzeptanz willen den Begriff der Union nie in den Mund nimmt, ein uniertes Kirchenwesen, in dem konfessionsverschiedene Kirchen eine größere, das gesamte Staatsgebiet der DDR ausfüllende Gemeinschaft erstreben. Kompliziert wird dieser konfessionell-territoriale Doppelsinn von Union dadurch, dass die „größere Gemeinschaft“ im Kirchenbund sich nicht konfessionell, sondern durch die gemeinsam erfahrene Situation des Christseins in einer sozialistischen Gesellschaft veranlasst sieht, während die tatsächlich konfessionell begründete Gemeinschaft in der EKU sich ausdrücklich der sog. Kirchwerdung dieser größeren Gemeinschaft verpflichtet weiß. Mag daher auch die Union als bloße Durchgangsstufe zur nächstgrößeren kirchlichen Einheit verstanden werden, wie das die Nachfolgeorganisation der EKU selbst von sich aussagt,[44] so lässt sich gerade für den Protestantismus der DDR demonstrieren, dass jene größere Gemeinschaft (also der Kirchenbund) nachhaltige Impulse für sein Selbstverständnis als derartige Gemeinschaft von der Union im Sinne der ostdeutschen EKU empfing. Die Rede von „Zeugnis und Dienst“ kann – bei aller theologischen Unübersichtlichkeit, die kirchlich derart

[43] Die Regionalisierung der EKU ist praktisch unerforscht; neben der Überblicksdarstellung von Winter, Friedrich: Die Evangelische Kirche der Union und die Deutsche Demokratische Republik. Beziehungen und Wirkungen (UnCo 22), Bielefeld 2001, 141-159 existieren nur Äußerungen von Zeitzeugen, nämlich außer Kommentaren in der zeitgenössischen kirchlichen Presse v. a. Pietz, Reinhold: Kontroverse theologische Begründungen bei der regionalen Aufgliederung der Evangelischen Kirche der Union, in: Theologie und Kirchenleitung, hg. von Erk, Wolfgang / Spiegel, Yorick, München 1976, 215-225; Danielsmeyer, Werner: Führungen. Ein Leben im Dienste der Kirche, Bielefeld 1982, 168f.

[44] Einschlägig ist § 3,3 der Grundordnung der Union Evangelischer Kirchen (UEK) vom 12.04.2003 i. d. F. vom 03.12.2008: „Die Union wird regelmäßig prüfen, ob der Grad der Zusammenarbeit zwischen der Evangelischen Kirche in Deutschland und der Union eine Aufgabenübertragung an die Evangelische Kirche in Deutschland möglich macht“ (http://www.uek-online.de/geschichte/grundordnung.html [15.09.2015]).

gängigen Ausdrücken anhaftet – als Beispiel hierfür gelten. Bei der Bundessynode im Juli 1971 als Ausdruck für die kirchliche Weltgestaltung programmatisch diskutiert, dienten Zeugnis und Dienst in der EKU schon im Winter 1970 – inmitten der Auseinandersetzung mit den staatlichen Erwartungen an eine Aufgliederung der EKU entsprechend der EKD – zur Beschreibung der komplexen Motivlagen für den kirchlichen Beitrag zur Weltgestaltung in einer sozialistischen Gesellschaft.[45] „Dienst“ bezeichnete dabei terminologisch die Begründung kirchlicher Gemeinschaft durch die Annahme dieser gesellschaftlichen Situation und das Eingehen auf sie, wohingegen „Zeugnis“ für den Auftrag stand, den die Kirche in und gegenüber dieser Gesellschaft auszurichten habe. Obgleich die Zuordnung dieser beiden Elemente zu den unterschiedlichen Sozialgestalten von Kirche nicht ohne Reiz ist – während der Kirchenbund deutlich eher das Dienstargument vertrat, war der Zeugnisgedanke eher für die EKU kennzeichnend –, liegt der eigentliche kirchentheoretische Erkenntnisgewinn der Formel an anderer Stelle.

Die Begrifflichkeit von Auftrag und Situation erlaubt es – gerade wegen ihrer geringen theologischen Vorprägung –, die Gründe für eine „größere Gemeinschaft“ von Kirche (wie im Kirchenbund) zu ermitteln, wo es eine solche aufgrund der konfessionellen und lehrmäßigen Konstellation der beteiligten Kirchen eigentlich nicht geben dürfte. Die Bekennende Kirche zur Zeit des NS-Regimes bot Beispiele für derartige vom Bekenntnisstand nicht gedeckte Gemeinschaft, etwa in der Barmer Theologischen Erklärung, die einstimmig von lutherischen, reformierten und unierten Christen angenommen wurde, oder auch in Gestalt der Abendmahlsgemeinschaft, die die preußische Bekenntnissynode in Halle 1937 lange vor den Arnoldshainer Abend-mahlsthesen erklärte. Beide Beispiele zeigen auch, dass die Aufnahme derartiger Gemeinschaft keineswegs nur als Notmaßnahme oder dezisionistisch geschah, sondern vielmehr anspruchsvolle theologische Begründung erfuhr, die aber deutlich über den lehrmäßigen Bekenntnisstand hinausging, weswegen für das Beispiel Barmen, aber auch noch für Arnoldshain und selbst die Leuenberger Konkordie die Rückbindung an den konfessionskirchlichen Bekenntnisstand, also die Auslegung dieser buchstäblich herausragenden, weil ihrer Zeit voraus-eilenden theologischen Erklärungen vom reformatorischen Bekenntnis her, bis heute ein Desiderat ist. Auch die Lehrgespräche, die in Leuenberg zur Verwirklichung der förmlich erklärten Kirchengemeinschaft vereinbart sind, können bislang die Trag- und Reichweite der Konkordie selbst

[45] So Pietz: Begründungen im Rückblick auf die entscheidende Arbeitsphase des EKU-Regionalisierungsausschusses (Dezember 1970 bis zur Aussperrung aller westlichen Ausschussmitglieder im Mai 1971) mit seinen beiden polaren Exponenten J. Hamel und H. Müller, die sich der begrifflichen Diastase zuordnen lassen.

nicht vollständig in das Bekenntnis einholen. Formal schlägt sich diese Konstellation darin nieder, dass weder die Barmer Theologische Erklärung noch die Leuenberger Konkordie als Bekenntnisschriften im terminologischen Sinne angesprochen werden können.
Aus dieser Beobachtung kann man nur den Schluss ziehen, dass die Gründe für Kirchengemeinschaft, wie sie in Barmen, Halle oder Leuenberg eingegangen wurde, über das konfessionelle Moment hinausgehen. Wiederum im Kontext der Gründung des Kirchenbundes wurde zur Erklärung dieses Phänomens offen von „nichttheologische[n] Motiven“ oder „außertheologische[n] Faktoren“ von Kirchengemeinschaft gesprochen, was einen zum theologischen Verständnis dieser Vorgänge wichtigen Ansatz darstellt. Allerdings waren jene Motive und Faktoren in der Lehrgesprächskommission des Kirchenbundes im Vorfeld der Bundessynode von 1971 noch rein negativ besetzt;[46] erst die schon erwähnten Pläne einer gemeinsamen Evangelischen Kirche in der DDR führten dieselben Verantwortlichen einige Jahre später zu einer positiven Neubewertung, wobei die Terminologie bei dem führenden Vertreter dieser Auffassung, dem bemerkenswerterweise nicht formell unierten Lutheraner H. Zeddies, der hier an der Seite des EKU-Kirchenführers J. Rogge agierte, zwischen „nichttheologisch“ und „nichtdogmatisch“ schwankte.[47] Tatsächlich ist allenfalls der letztere Ausdruck zutreffend, denn nichttheologische Gründe lägen nur dann vor, wenn z. B. die Situation der Gemeinden als „Kirche unter Druck“ (K. Barth) in einer sozialistischen Gesellschaft dazu führte, dass sich Kirchen zur Abwehr staatlicher Pressionen zusammenschlössen, um in den das Recht der Kirche betreffenden Fragen mit einer Stimme reden zu können, während sie in Bekenntnisfragen gespalten wären. Diese Schilderung mag seinerzeitiger staatlicher Einschätzung der Kirche kommensurabel sein, ist aber für den Kirchenbund selbst nicht vorauszusetzen. Die fraglos bedrängte Situation der Kirchen, die nach der sozialistischen Verfassung vom April 1968 zu seiner Gründung (und damit dem Ende der gesamtdeutschen kirchlichen Einheit des Protestantismus) führte, ist aus Sicht der Kirchen vielmehr so zu begreifen, dass diese Situation den Auftrag der Kirche nur umso dringlicher machte. Gewiss bilden also theologische Gründe den Boden der Entstehung und weiteren Entwicklung des Kirchenbundes, doch kann man sie als

[46] Vgl. Kommission für das Lehrgespräch [zwischen EKU-Ost und VELKDDR], Werkstattbericht I: Verkündigung, Lehre und Kirchengemeinschaft [25.05.1971], Neuausg. in: Rechtfertigung und Kirchengemeinschaft. Die Lehrgespräch im Bund der Evangelischen Kichen in der DDR, hg. von Hüffmeier, Wilhelm, Leipzig 2006, 31-58, hier 57.
[47] Vgl. Zeddies, Helmut: Zur Bedeutung von nichttheologischen Faktoren für die Gemeinschaft von Kirchen, in: ThV 12 (1981) 101-114 bzw. ders.: „Zur Kirche verdichtete Gemeinschaft“. Der mühsame Weg evangelischer Kirchen in der DDR – eine ekklesiologische Erkundung, in: KuD 25 (1979), 44-66, hier 57.

nichtdogmatisch in dem Sinne bezeichnen, dass Zeddies und Rogge bei ihren Entwürfen zur Kirchengemeinschaft nicht den Boden eines gemeinsamen Bekenntnisstandes unter den Füßen hatten. Das Bekenntnis der einzelnen Kirche wurde von ihnen nicht als Dogma in dem schlecht verstandenen Sinne eines festgeschriebenen Lehrsatzes, sondern in dem recht verstandenen, assertorischen Sinne einer Aussage mit Wahrheitsanspruch für alle Kirchen aufgefasst,[48] nur dass dieser Anspruchscharakter dann von selbst den Lebenszusammenhang der anderen Kirchen er- und einschließen können muss. In seinem Lebenszusammenhang ist das Bekenntnis dann nicht nur satzhaft, sondern auch aktual zu verstehen; d. h. es kann (auch und gerade als assertorische Aussage) aktualisiert und revidiert werden.

Dass diese Neuansätze im Nachdenken über das Bekenntnis zwischen lutherischen und unierten Kirchen aufkamen, ist rückblickend geradezu symptomatisch, galten (und gelten z. T. bis heute) doch die Aktualität und Revidierbarkeit des Bekenntnisses als typisch reformiertes Erbe, das ein Corpus von Bekenntnisschriften im Sinne des zugespitzt lutherischen Konkordienbuches gar nicht zu kennen schien. Die Zusammenführung und Überwindung dieser konfessionellen Schemata wird man als ein Grundverdienst der Union ansprechen dürfen. In der Frühzeit des Kirchenbundes waren freilich wenigstens zwei denkerische Konzepte noch unbekannt, die heute zur Verfügung stehen, um das Verwobensein des kirchlichen Bekenntnisses mit den Lebenszusammenhängen der Kirche(n) in seiner charakteristischen Doppelbewegung zu beschreiben: einerseits hinsichtlich der Auswirkungen der Lehre auf das Leben, andererseits im Blick auf das Leben als Anstoß – im doppelten Sinne von Impuls und Skandalon – für die Lehre. Für die erste Bewegung steht das eigentlich reformationshistorische Konzept der Konfessionskultur, das Thomas Kaufmann 2006 vorgeschlagen hat; für die zweite Bewegung steht die von Talcott Parsons herrührende, aber jüngst (2011) von Hans Joas vertiefte Vorstellung einer Wertegeneralisierung.[49] Mein Lösungsvorschlag für das Problem der Sozialgestalt von Kirche besteht darin, diese auf den ersten Blick reichlich disparaten Denkmodelle zusammenzuführen. Dazu dienen, das Ganze der bisherigen Erörterung zusammenfassend, die folgenden Überlegungen.

---

[48] Den assertorischen Charakter gerade unierter Theologie wurde der westliche Vizepräsident der EKU und Wortführer der Arnoldshainer Konferenz, Martin Fischer, in vielen dienstlichen Äußerungen als Leiter der Kirchenkanzlei in der Berliner Jebensstraße nicht müde zu betonen; er sah sich darin auch von theologischen Wortführern des Kirchenbundes geschieden.

[49] Vgl. Kaufmann, Thomas: Konfession und Kultur. Lutherischer Protestantismus in der zweiten Hälfte des Reformationsjahrhunderts (SuR NR 29), Tübingen 2006, z. B. 14ff. bzw.: Joas, Hans: Die Sakralität der Person. Eine neue Genealogie der Menschenrechte, Frankfurt 2011, hier 261 u. ö.

III. 2. Keine Gemeinde der Unordnung, sondern des Friedens

Die reformatorische Lehre von den notae ecclesiae, interpretiert als Selbstunterscheidung der Kirche zur Überwindung ihrer eigenen Unkenntlichkeit, hat uns im 1. Abschnitt unserer Überlegungen auf die Unterscheidung zwischen Kennzeichen der Kirche und solchen des christlichen Lebens geführt, wie sie in der theologischen Wirksamkeit der GEKE entwickelt worden ist. Die Frage nach der Sozialgestalt der Kirche konnte so über bloße Ordnungsfragen hinaus auf den Auftrag christlicher Weltgestaltung bezogen werden. Dabei ergab sich zugleich eine klare Abstufung: Die Sozialgestalt der Kirche muss wie ihr ganzer Auftrag auf ihren Grund im kirchenschöpferischen Wort verweisen. Selbst ambitionierte theologische Konzepte, die (wie Barmen III) die „Ordnung" und den „Gehorsam" der Kirche in einem Atemzug mit ihrer „Botschaft" und ihrem „Glauben" nennen, halten an dieser Anordnung fest, wenn sie die Ordnung als „Zeugnis" für die Botschaft bestimmen.

Die exemplarische Beschäftigung mit jüngsten Kirchenreformentwicklungen hat jedoch im 2. Abschnitt unserer Überlegungen gezeigt, dass eine schlicht dem dogmatischen Kirchenbegriff folgende Sozialgestalt der Kirche nicht die nötige Differenzierung gegenüber der pluralen Gestalt der säkularisierten Gesellschaft aufweist, die für die moderne Welt kennzeichnend ist; aus diesem Grund ist auch eine missionale Ekklesiologie, die zur Anleitung von Kirchenreformvorgängen herangezogen wird, auf eine umfassende Kirchentheorie zu beziehen. Damit kommt es zu einer Verschränkung zwischen dem Bekenntnis der Kirche und ihrer Sozialgestalt, die nicht nur die reformatorische Verhältnisbestimmung beider, sondern auch die moderne Unterscheidung zwischen dem religiösen Bekenntnis und einer pluralistischen Öffentlichkeit zu unterlaufen scheint: Die Lehre der Kirche greift in das Leben der Öffentlichkeit aus und das Leben wirkt auf die Lehre zurück. Diese wechselseitigen Vorgänge möglichst präzise theoretisch zu erfassen, ist die Aufgabe des letzten Abschnitts unserer Überlegungen.

Das von Th. Kaufmann geprägte Konzept der Konfessionskultur ist zunächst ein historiographischer Begriff, der auf eine vormoderne Epoche referiert, die man alternativ als altprotestantische Orthodoxie, konfessionelles Zeitalter oder Barocktheologie bezeichnet hat. Gemeint sind die zweite Hälfte des 16. Jahrhunderts sowie das 17. Jahrhundert, in denen sich zwischen den europäischen Territorien die konfessionellen Gegensätze zu fester Gestalt ausprägen. Entgegen früherer Theologie- und Kirchengeschichtsschreibung, die das christliche Denken jener Zeit an scheinbar zeitlos methodisierten System-

entwürfen festmachte,[50] bringt der Begriff der Konfessionskultur zum Ausdruck, dass das Bekenntnis weit mehr ist als ein geschlossenes Set von Propositionen, indem es bis weit in das Alltagsleben der Christen hinein Wurzeln schlägt. Das Prädikat „lutherisch“ bezeichnet demnach z. Z. der Konfessionskultur eine ganze Lebensart und einen recht geschlossenen Lebenszusam-menhang.[51] Lutherisch ist nicht nur realpräsentische Abendmahlslehre, sondern ebenso eine bestimmte Form des Kirchenbaus hinsichtlich der Gestaltung der Prinzipalstücke von Kanzel und Altar; lutherisch ist aber auch die Kunst in und außerhalb dieser Kirchen; lutherisch ist die Bildung, indem die Katechismen nicht nur Nachschlagewerke des Glaubenswissens, sondern allgemeines Unterrichtswerk sind; lutherisch ist das Handwerk, indem sich bestimmte Kunstfertigkeiten, die ihre Verwendung ursprünglich tatsächlich in der Ausübung der Religion gefunden haben mögen, als eigene Berufsbilder verselbständigten; lutherisch ist schließlich ein ganzes Gemeinwesen, indem es z. B. seine staatlichen Diener bis hinunter zu den einfachsten Funktionen und Verrichtungen auf das Corpus der Bekenntnisschriften verpflichtet, so wie man heute von Beamten besondere Verfassungstreue verlangt.
Betrachtet man derartige Beispiele, die von Kaufmann viel detaillierter beigebracht werden, als es mir in diesen groben Strichen möglich ist, so weisen sie in ihrer Bedeutung für das Bekenntnis ein Janusgesicht auf. Einerseits wird die Bedeutung des Bekenntnisses gegenüber dem früheren Paradigma altprotestantischer Orthodoxie zurückgefahren, weil es nicht mehr vorrangig normativ verstanden wird, sondern als Phänomen des Alltagslebens und darin als Faktor der Kultur, die vom Standpunkt lutherischer Lehre aus nicht mit dem Stellenwert des Bekenntnisses behauptet oder verteidigt werden kann. Konfessionskultur geht fraglos vom Bekenntnis aus, ist aber nicht mehr „reine Lehre“, wie es das Bild der Orthodoxie suggeriert. Auf der anderen Seite stärkt das konfessionskulturelle Paradigma die Stellung des Bekenntnisses durch den Nachweis, dass ganze Lebenszusammenhänge von ihm geprägt sind, wenn auch nicht in der methodisch kontrollierten Weise einer Ableitung von Lehrsätzen aus dogmatischen Grundeinsichten.
Das hier beschriebene Schillern der Konfessionskultur dürfte als typisch vormodern anzusprechen sein. Ständig überschreitet das Bekenntnis in den genannten Phänomenen die Grenze zwischen sacrum und saeculum, zwischen der Kirche, in der das Bekenntnis in Geltung

---

[50] Ein klassisches Dokument dessen, das ohne diese Form von Systematisierung nicht denkbar wäre, ist Emanuel Hirschs Hilfsbuch zum Studium der Dogmatik, das seit 1937 in vielen Auflagen verbreitet und genutzt wurde.
[51] Die folgenden Beispiele sind überwiegend dem Aufsatz von Kaufmann, Thomas: Das Bekenntnis des Luthertums im konfessionellen Zeitalter, in: ZThK 105 (2008) 281-314, hier 298-300 entnommen und von mir verallgemeinert worden.

steht, und der profanen Welt; und wenn sich der Einfluss, den das Bekenntnis ausübt, in diesem Überschritt auch wandelt, so bleibt er doch in einer Weise prägend, die in der Moderne undenkbar scheint. Dass z. B. Kinder in der Schule nicht anhand der Fibel, sondern der Bibel (oder des Katechismus) lesen lernen sollten, ist auch für milde Formen säkularisierter Moderne kaum vorstellbar. Vormodern ist dabei weniger das Risiko eines als fundamentalistisch anzusprechenden Missbrauchs von Religion für säkulare Zwecke – sind doch Fundamentalismus und Antifundamentalismus selbst typisch moderne Kategorien –,[52] sondern vielmehr die Tatsache, dass dadurch homogene Kulturräume oder geschlossene Lebenszusammenhänge entstehen, die ganz vom Bekenntnis bestimmt sind und abweichende Lebensgestaltungen ausschließen. Dass es Versuche gab, derart einheitliche Konfessionskulturen – auch mit Zwangsmitteln – durchzusetzen, wird von Kaufmann ebenfalls reichlich belegt.[53]

Das Konzept der Wertegeneralisierung scheint diesem typisch vormodernen Homogenitätsansatz der Konfessionskulturen ein ebenso charakteristischerweise modernes Gegengift zu verabreichen. Als neuzeitliche Umschreibung der reformatorischen notae ecclessiae im weiteren Sinne ist uns die Kategorie der Werte schon begegnet: Durch christliche Werte (vergleichbar zur Reformationszeit die Achtung von Obrigkeit und Ehe) nimmt die Kirche ihren Auftrag zur Weltgestaltung wahr, doch schließt der Begriff des Wertes, wie er in der evangelischen Theologie des 20. Jahrhunderts meist verstanden wurde,[54] immer schon ein, dass der jeweilige Gestaltungsbeitrag im Widerstreit mit abweichenden Wertorientierungen steht. Werte besitzen also nie die ethische Begründbarkeit von Normen, sondern unterliegen der politischen Auseinandersetzung zwischen abweichenden Wertsystemen. Wertegeneralisierung, wie sie Joas beispielhaft für die Allgemeine Erklärung der Menschenrechte vorführt, geschieht daher stets vor wertepluralistischem Hintergrund und schließt die einseitige Inanspruchnahme bestimmter Werte für eine einzelne Überzeugungsgemeinschaft – wie sie etwa in der Rede vom „christlichen Abendland" suggeriert wird – aus. Neben dieser pluralistischen Voraussetzung scheint für die Wertegeneralisierung zudem ein hoher Abstraktionsgrad kennzeichnend zu sein, der es den an der wertemäßigen Auseinandersetzung beteiligten Subjekten überhaupt erst erlaubt, eine Gemeinschaft

---

[52] Vgl. hierzu Barr, James: Fundamentalismus, München 1981.

[53] Vgl. die mit Rekurs auf den Historiker Eike Wolgast getroffene Feststellung von Kaufmann: Bekenntnis im konfessionellen Zeitalter, 290f.: „Verzicht auf Glaubenszwang bedeutet nicht Verzicht auf religionspolizeiliche Maßnahmen überhaupt."

[54] Ich denke insbesondere an die ablehnende Auseinandersetzung mit dem Wertbegriff bei Jüngel, Eberhard: Wertlose Wahrheit. Zur Identität und Relevanz des christlichen Glaubens. Theologische Erörterungen III (BEvTh 107), München 1990.

einzugehen, indem von den je eigenen Werten abgesehen und auf allgemeinere Haltungen rekurriert wird, die dann aber – wegen ihrer blassen Abstraktheit – nicht mit ähnlich intensiver Überzeugung vertreten werden. Mit Blick auf die bisherigen Darlegungen in diesem 3. Abschnitt meiner Überlegungen liegt die Vermutung nahe, dass es sich bei solchen Wertegeneralisierungen auch um so etwas wie „nichtdogmatische Faktoren" von außerhalb des religiösen oder weltanschaulichen Kerns eines Wertesystems handele.
Schon das Beispiel der Menschenrechte, an dem Joas Funktion und Bedeutung der Wertegeneralisierung vorführt, zeigt aber, dass diese Annahme unzutreffend ist. Spätestens seit die Ausmünzung der Menschenrechte in staatlich bindendes Recht zu einer Grundfigur des Völker- wie des nationalen Rechtes geworden ist, muss deutlich sein, dass man dem Konzept der Wertegeneralisierung keinesfalls den Vorwurf eines blutleeren Abstraktionsverfahrens machen kann. Die Einbettung des Konzepts in die politische Auseinandersetzung um Werte bringt mit sich, dass deren Generalisierung selbst nur als Auseinandersetzung möglich ist, so dass die beteiligten Überzeugungsgemeinschaften zwar bereit sein müssen, einen Schritt von den von ihnen vertretenen Werten zurückzutreten, doch nicht, um sie aufzugeben, sondern um aus der Distanz konvergenter sog. Hintergrundüberzeugungen ansichtig zu werden, von denen sich erst in der Auseinandersetzung zeigt, dass sie den eigentlich Grund für die Überzeugung bilden, mit der die vordergründigen Werte hochgehalten werden.[55]
Ein einfaches Beispiel hierfür bildet der Begriff des religiösen Feiertags, wie er bei Juden und Christen bekannt ist. Ohne die Auseinandersetzung, die Gruppen beider in den ersten Jahrzehnten christlicher Zeitrechnung um den Termin dieses Feiertags führten, wäre der Begriff nicht zu verstehen; er ist vielmehr nur als Ergebnis solcher Auseinandersetzung und nicht als deren Voraussetzung verständlich. Der religiöse Sinngehalt, den Juden mit dem Ruhegebot am letzten Tag der Woche als Abschluss der Schöpfung verbinden, während Christen den ersten Tag als Feier der Auferstehung Christi begehen, liefert jedenfalls dem Begriff des religiösen Feiertags nicht den vermeintlichen Generalnenner; zu unterschiedlich, ja gegensätzlich sind die einhergehenden Anschauungen von Ruhe als Vollendung oder aber als Ausgangspunkt des religiösen Lebens. Der alltagssprachliche Begriff des Ruhetags – als solcher tatsächlich eine nichtssagende Abstraktion – verdeckt diese Gegensätze nur und ist zur Wertegeneralisierung nicht

---

[55] Vgl. Joas, Sakralität der Person, 264: „Erneut zeigt sich, daß das Resultat einer gelingenden Kommunikation über Werte mehr oder weniger ist als das Resultat eines rationalen Diskurses: zwar kein voller Konsens, aber eine dynamische wechselseitige Modifikation und Anregung zur Erneuerung der je eigenen Tradition."

geeignet, wie man sich an den wiederkehrenden Debatten in Kirche und Arbeitswelt um den Sonntagsschutz vor Augen führen kann. Offensichtlich meinen weder Juden noch Christen mit ihrem Eintreten für den Sabbat bzw. Sonntag irgendetwas Ähnliches wie der Gastwirt, der einen beliebigen Tag in der Woche für seine Kneipe zum Ruhetag erklärt. Um den religiösen Sinn des Feiertags erfassen zu können, muss es schon zu der Einsicht kommen, dass Juden und Christen gerade mit ihren gegensätzlichen Auffassungen von Ruhe die Überlegenheit desselben Gottes über die Welt zur Darstellung bringen, der diese Welt im Anfang geschaffen hat und sie in seinem neuschöpferischen Tun vollendet. Es ist diese Hintergrundüberzeugung von Gott als Schöpfer und Erlöser der Welt, die im generalisierten Wertbegriff des religiösen Feiertags von Juden und Christen gemeinsam vertreten werden kann.
Das – im Vergleich zu den Menschenrechten eher simple – Feiertagsbeispiel mag zeigen, dass Wertegeneralisierung gewiss keine magere Abstraktion darstellt, sondern im religiösen Kontext einen durchaus substantiellen theologischen Invest verlangt, wenn auch keinen thematisch an die Ausgangsfrage (Feiertag) gebundenen. Darin zeigt sich, dass in der Wertefrage die religiöse Weltgestaltung auf die theologische Lehre zurückwirkt. Es ist also keineswegs nur so, dass die Lehre in das Leben ausgreift; vielmehr findet auch die umgekehrte Bewegung statt – eine Beobachtung, die für das Kaufmann'sche Konzept der Konfessionskultur von Belang ist, das ja auf den ersten Blick in typisch vormoderner Fixierung nur die Homogenisierung des Alltagslebens durch das Bekenntnis zu erfassen schien. Nach unserer kleinen Revision seines vermeintlichen modernen Gegenstücks, der Wertegeneralisierung, erscheint nun auch der bisherige Eindruck dieser Konfessionskultur selbst korrekturbedürftig. Forschungsmethodisch führt Kaufmanns Konzept die reformationshistoriographische Einsicht seines Lehrers B. Moeller fort, dass der im 19. Jahrhundert mit Blick auf das europäische Mittelalter geprägte Beschreibungsbegriff des corpus Christianum für die Reformationszeit nicht gut auf die Territorien angewendet werden kann, die das reformatorische Bekenntnis annehmen, sondern vielmehr auf die evangelisch werdenden Reichsstädte.[56] Anders als die disparaten Fürstentümer bilden die administrativ übersichtlichen Städte tatsächlich „corpora Christiana im Kleinen" (Moeller), in denen eine homogene Prägung der Lebenszusammenhänge durch das Bekenntnis beobachtet werden kann. Der Begriff der Konfessionskultur erfährt dadurch eine deutlich kleinere Skalierung als bei Zugrundelegung allzu groß dimensionierter reformationsgeschichtlicher Parameter wie des „cuius regio, eius

[56] Der Hintergrunddiskurs zu Kaufmanns Konzept ist z. B. ablesbar an einem in Buchform dokumentierten reformationstheoretischen Streit: Hamm, Berndt / Moeller, Bernd / Wendebourg, Dorothea: Reformationstheorien. Ein kirchenhistorischer Disput über Einheit und Vielfalt der Reformation, Göttingen 1995.

religio“, mit dem der Greifswalder Jurist Joachim Stephani (1599) nur einige reichsrechtliche Implikationen des Augsburger Religionsfriedens von 1555 in den Blick nahm, aber gerade keine Aussagen zur Sozialgestalt der Kirche im Sinne ihres Beitrags zur christlichen Weltgestaltung traf.
Versteht man demgegenüber den Begriff der Konfessionskultur in der kleinen Skalierung städtischer „corpora Christiana“, so stellt sich auch das Problem der Uniformierung der Lebenszusammenhänge anders dar. Das traditionelle Verständnis des Bekenntnisses legt nahe, dass dasselbe im Inneren der Kirche die durchgängige Akzeptanz findet, die Voraussetzung für seine zusammenhängende lehrhafte Entfaltung ist, so dass die Lehre zur ‚Selbststeuerung‘ der Kirche dient (systemtheoretisch gesprochen), während die christliche Weltgestaltung, zu der auch die Sozialgestalt der Kirche zählt, die Konfrontation mit der nicht an dasselbe Bekenntnis gebundenen Welt voraussetzt und darum auch nicht auf dem Gebiet der Lehre, sondern des Lebens ihren Ort hat. Diese naheliegende Verhältnisbestimmung wird bei unserer Revision von Wertegeneralisierung und Konfessionskultur durch ihr Gegenteil komplementiert. Im vergleichsweise kleinen Rahmen einer reformationszeitlichen Reichsstadt ist eine bis in die alltäglichsten Verrichtungen homogene Lebensgestaltung nach dem Bekenntnis möglich, die auf so kleinem Raum gar keiner lehrhaften Explikation bedarf. Eine solche wird vielmehr in der Außenrelation zum umgebenden Raum erforderlich, der nicht durch dasselbe Bekenntnis bestimmt ist. Theologische Reflexion meint dann weniger die Durchdringung der eigenen lebenstragenden Gewissheit als ihre externe Explikation gegenüber nicht in derselben Weise konfessionellen Denkbemühungen.
Wir stehen somit vor dem polaren Phänomen, dass die gängige Zuordnung von Lehre und Leben in der christlichen Kirche auf zwei entgegengesetzte Weisen vorgenommen werden kann, die in Abhängigkeit von der Skalierung der ins Auge gefassten kirchlichen Sozialgestalt die Lehre bald der internen Selbstverständigung und bald der externen denkerischen Verantwortung zuordnen und in ähnlicher Weise die christliche Lebensgestaltung einmal als innere Angelegenheit und das andere Mal als Ausdruck des kirchlichen Verhältnisses zur Welt auffassen. Ein direkter Widerspruch besteht hier nicht, da sich beide Pole dieses Phänomens mit den reformatorischen Fürstentümern bzw. den Reichsstädten historisch unterschiedlichen Sozialgestalten der vormodernen Kirche zuordnen lassen. Überträgt man die historische Figur der Konfessionskultur systematisch-theologisch auf eine moderne Kirchentheorie, so lassen sich beide Pole sogar zusammendenken auf der gewissermaßen kleinsten Skalierung kirchlicher Sozialgestalt, der einzelnen Gemeinde. Denn in heutiger Perspektive stellt sich schon die Gemeinde selbst (also noch ganz ungeachtet ihres Verhältnisses zur Welt) so dar, dass darin verschiedenste, divergente, unter Umständen gar widersprechende Zeugnisgestalten des christlichen Glaubens mit-

einander koexistieren und so schon in diesem kleinsten Radius von Kirche alle darauf angewiesen sind, bei der Gestaltung des Lebens in Entsprechung zum eigenen Bekenntnis (einem in Deutschland bis heute auch verfassungsmäßig garantierten Recht) abweichende Zeugnisgestalten dieses Glaubens zu berücksichtigen und die eigene Überzeugung ihnen gegenüber zu vertreten.[57] Vollends gegenüber der nichtkirchlichen Welt gilt unter modernen Bedingungen dieselbe Pflicht, auf die besonders J. Habermas vielfach hingewiesen hat, religiöse Überzeugungen in Argumente „öffentlicher Vernunft" zu überführen ungeachtet der unübersetzbaren Rationalität, die auch der Religion eigen ist und die alle Bürger zu einer diesbezüglichen Sprachkompetenz auffordert.[58] Für die Sozialgestalt der Kirche dürfte entscheidend sein, dass diese doppelte Sprachfähigkeit hinsichtlich der eigenen Überzeugung – sie zur Gestaltung des ganzen Lebens fruchtbar machen, sie zugleich aber auch gegenüber anderen Überzeugungen vertreten zu können – in kleiner wie in großer Skalierung, in innerkirchlichen Relationen und im Verhältnis zur nichtkirchlichen Welt besteht. Jeweils verbinden sich hier konfessions-kulturelle mit wertegeneralisierenden Aspekten. Oder mit den Termini aus dem 2. Abschnitt unserer Überlegungen gesprochen, könnte man in dieser doppelten Sprachfähigkeit die Einheit von Zeugnis und Dienst erblicken, in der der eigene kirchliche Auftrag mit der umgebenden Situation zusammenkommt. Schließlich stellt auch – für die reformatorische Begründung der Kirche auf dem Wort (vgl. den 2. Abschnitt dieses Beitrags) wichtig – die Bibel für diese doppelte Sprachfähigkeit das Bild vor Augen, das diese Sozialgestalt der Kirche anzuleiten vermag. Dieses Bild zeichnet in 1Kor 14,23-25 die Gemeinde, in deren intern abweichende Zeugnisgestalten ein Externer hereinplatzt, der von der Übersetzung des Zeugnisses in eine für ihn verständliche Sprachgestalt überzeugt wird. Zeugnis, das Externen diesen Dienst erweist, ist seinem systematisch-theologischen Sinn nach weder missionarisches (dogmatisches) noch martyrologisches (ethisches) Zeugnis.[59] Mag das Bild der Gemeinde, wie sie in 1Kor 14 zwischen Glossolalie und Prophetie gezeichnet wird, auch auf den ersten Blick ungeordnet wirken, so ist diese Gemeinde ihrer Sozialgestalt nach für den Apostel doch nichts Geringeres als ein Inbild

---

[57] Tatsächlich ist es die theologische Aufgabe des kirchlichen Amtes, diese Integration von Zeugnisgestalten zu bewerkstelligen – und zugleich derjenige Faktor der kirchlichen Sozialgestalt, der die Schnittstelle zu den Fragen kirchlicher Ordnung im engeren Sinne bildet.

[58] In dieser Doppelseitigkeit stellt sich derzeit die Position von Habermas, Jürgen: Glauben und Wissen. Rede zum Friedenspreis des Deutschen Buchhandels 2001, Frankfurt 2001 dar.

[59] Zur Überwindung der dogmatisch-ethischen Alternative im Zeugniskonzept vgl. meinen Beitrag: Theißen, Henning: Zeugnis. Hermeneutische Überlegungen zu einer ekklesiologischen Grundlagenkategorie, in: EvTh 71 (2011), 444-460.

des Friedens, denn „Gott ist kein Gott der Unordnung, sondern des Friedens“ (1 Kor 14,33).

Kirche kann auch anders
Perspektiven einer Kirche der Zukunft

Michael Herbst

Einleitung

„Du, ich kann auch anders", sagt die Lehrerin zum Schüler, der Vater zum Sohn, der Professor zum Assistenten, die Trainerin zum Spieler. Das ist nicht immer eine sehr freundliche Ansage. Sie verheißt einen Wechsel der Stimmung und der Mittel. Die Stimmung wird ernster, die Mittel werden härter. Denn das Ziel, das die Lehrerin, der Vater, der Professor oder die Trainerin vor Augen haben, ist in Gefahr. Und dann sagen Menschen mit Verantwortung diesen Satz, der fast schon wie eine Drohung daherkommt. Zuweilen versteckt sich hinter diesem Satz aber auch das Gegenteil: Es wird gedroht, aber eigentlich gehen einem gerade die Mittel aus; man kann eigentlich nicht anders, hofft aber, dass der andere es nicht weiß, und dass die pure Androhung wirkt.
Nun haben mir die Kollegen, die das Programm dieser Tagung so fein und weise zusammenstellten, dies als Titel gegeben: Kirche kann auch anders! Kann sie? Gibt es Anlass dazu, das bisherige Handeln gründlich zu überdenken? Und wenn es so ist: Kann sie wirklich anders? Oder verspricht sie nur vollmundig etwas, was gar nicht mehr in ihrer Macht liegt? Kann die Kirche anders? Diese Frage möchte in vier Anläufen bearbeiten: I. Wie lange kann Kirche noch? Die erschöpfte Kirche im Norden und Westen Europas; II. Will die Kirche wirklich anders? Volkskirche im „Abstiegskampf"; III. Welche Kirche soll denn anders können? Ein Hybrid mit „Gefälle"; IV. Wie soll Kirche „anders" können? Vier zugespitzte Thesen.

I. Wie lange kann Kirche noch? Die erschöpfte Kirche im Norden und Westen Europas

Wie religiös ist Europa? Das ist eine schwierige Frage, weil die religiösen Verhältnisse so komplex sind. Von den 740 Millionen Menschen, die 2011 in der „εὐρώπη", der Frau mit dem weiten Blick, leben, sind nominell 75 % Christen, 6-8 % Muslime und etwa 17 % konfessionslos.[1]

[1] Vgl. http://de.wikipedia.org/wiki/Europa#Religionen [23.05.2015].

Die European Values Study zeigt, dass immer noch weitere Teile Europas, besonders Polen, Italien oder Portugal ziemlich religiös sind.[2] Dem gegenüber steht ein hochsäkularisierter Teil Nordwesteuropas (z. B. Norwegen, Schweden). Die Bedeutung des Glaubens an Gott ist hier signifikant geringer als z. B. im Osten und Süden.[3] Auch finden in diesem westlichen Teil Europas eher allgemein-religiöse, offene Formulierungen Zustimmung. Religiosität ist also nicht identisch mit christlichem Glauben: Man kann sich etwas Göttliches, eine höhere Kraft eher vorstellen als einen persönlichen Gott. Aber jeder dritte Europäer bezeichnet sich als unreligiös.

Ähnliche Ergebnisse zeigte auch schon der *Religionsmonitor 2007*.[4] Hier hat man versucht, die Bedeutung von christlicher Religion unter anderem anhand der religiösen Praxis zu messen und zwar der öffentlichen kirchlichen Praxis (Besuch des Gottesdienstes) wie der privaten Praxis (Gebet). Dabei wurde sowohl die Häufigkeit als auch die Wichtigkeit dieser Praxis in Augenschein genommen, konzentriert auf die Ränder, also die besonders Aktiven und die besonders Passiven. Außerdem hat man nach der Selbsteinschätzung gefragt: Sind Sie ziemlich oder sehr religiös bzw. wenig oder nicht religiös? In der folgenden Tabelle werden die massiven Unterschiede deutlich: das hoch säkularisierte Ostdeutschland, dazu deutlich säkularisierende Tendenzen in allen westeuropäischen Ländern (etwa Frankreich), und dann die beiden katholischen Gegenpole in Italien und Polen.[5]

---

[2] Vgl. http://www.europeanvaluesstudy.eu/frmShowpage?v_page_id=154305715 8375610 [23.05.2015].

[3] Zur Quelle der Grafik: http://uvtapp.uvt.nl/fsw/spits.ws.dofile?v_name= importanceofgod.jpg [23.05.2015].

[4] Vgl. Bertelsmann-Stifung: Woran glaubt die Welt? Analysen und Kommentare zum Religionsmonitor 2008, Gütersloh 2009; Bertelsmann-Stiftung: Religionsmonitor, Gütersloh 2007.

[5] Tabelle nach: Müller, Olaf / Pollack, Detlef: Wie religiös ist Europa? Kirchlichkeit, Religiosität und Spiritualität in West- und Osteuropa, in: Religionsmonitor 2008, hg. von der Bertelsmann-Stiftung, Gütersloh 2007, 167-178, 170.

	Kirchgang		*Gebet*	
	Monatlich und öfter	Nie	Täglich	Nie
Frankreich	16 %	44 %	17 %	46 %
Großbritannien	24 %	43 %	21 %	39 %
Österreich	32 %	23 %	22 %	25 %
Schweiz	24 %	25 %	29 %	24 %
Deutschland W	23 %	24 %	29 %	22 %
Deutschland O	10 %	66 %	10 %	67 %
Italien	55 %	15 %	47 %	14 %
Polen	71 %	4 %	53 %	7 %

Bei der religiösen Selbsteinschätzung wiederholt sich das Bild.[6] Besonders eindrucksvoll ist hier die Differenz zwischen Ostdeutschland und Italien oder Polen. Aber auch in Frankreich und Großbritannien ist eine Mehrheit der Menschen nicht oder nur wenig religiös, im D-A-CH-Verband sind es zwei von fünf Menschen. Etwa jeder sechste bis fünfte lebt ein intensiveres religiöses Leben.

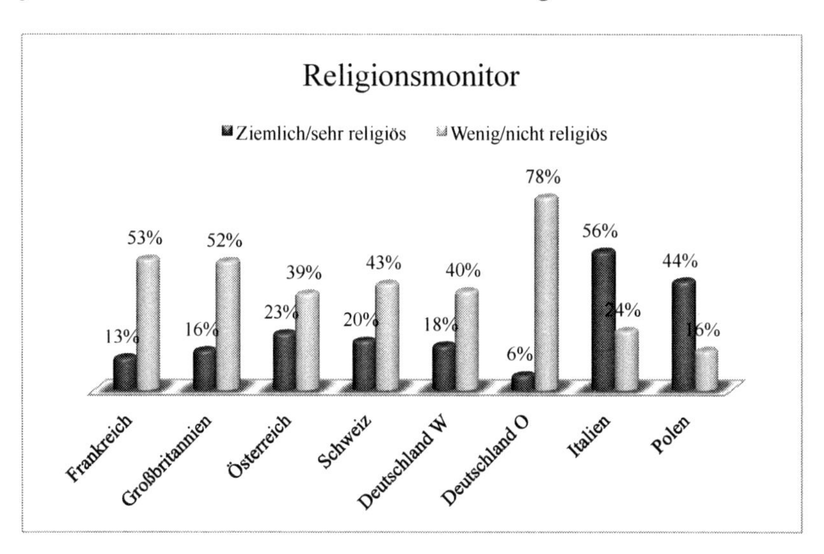

Das Ergebnis fassen Detlef Pollack und Olaf Müller in dem nüchternen Satz zusammen: „Insgesamt scheint Kirche und Religion nur für eine

6 Grafik siehe ebd., 171.

Minderheit der Europäer eine zentrale Rolle zu spielen."[7] Eine Mehrheit in den meisten Ländern verzichtet auf eine religiöse Praxis. Das ist in der Summe wohl zutreffend, auch wenn man die Unterschiede etwa zwischen Italien und Polen einerseits und Ostdeutschland, aber auch Tschechien und Estland andererseits beachten muss. Der Gottesdienstbesuch, die Gebetspraxis und die Selbsteinschätzung differieren hier beträchtlich. Aber unter dem Strich muss man sagen: Es zeigen sich starke säkularisierende Tendenzen, mindestens im Westen und Norden.[8]

Wenn wir eine kleine Tour machen, so können wir sehen, wie unterschiedlich die Positionen der Kirchen in europäischen Ländern verfassungsrechtlich sein können – und wie ähnlich dennoch die Abbrüche sind. Schauen wir nur nach Belgien und Schweden sowie in die Schweiz.

In *Belgien* haben wir seit der Staatsgründung 1830 ein besonderes Phänomen: Belgien, ehedem die „katholischen Niederlande", ist ein sehr katholisch geprägtes Land. 75 % der Bewohner sind nominell katholisch, 1 % protestantisch, 8 % muslimisch, 16 % konfessionslos. Dabei folgt Belgien einem pluralistischen Laizismus. Staat und Kirche sind im Prinzip getrennt, der Staat erkennt aber mehrere Religionen an, und die der Staat anerkennt, die finanziert er auch aus staatlichen Mitteln, pro Jahr insgesamt mit einer guten halben Milliarde Euro. Das klingt alles stabil. Nach einer Umfrage aus dem Jahr 2006 erklärt sich aber die Mehrheit der Bevölkerung als atheistisch oder agnostisch.[9]

In *Schweden* haben wir im Grunde das gegenteilige System: eine lange Tradition mit einer lutherischen Staatskirche, die erst 2000 zu Ende ging. Seither hat sich der Mitgliederverlust leicht beschleunigt. Waren 1972 noch nahezu alle Schweden Lutheraner, so ist deren Anteil an der Bevölkerung inzwischen deutlich gesunken: Zwei von drei Schweden sind noch Mitglieder der Svenska Kyrkan.[10] Dazu kommen auch hier innere Abbrüche. Jonas Bromander befragte 2010 im Auftrag der Svenska Kyrkan 10 000 Mitglieder („Medlem 2010")[11] und stellte fest: 15 % der Mitglieder sehen sich als Atheisten, ein Viertel aller Mitglieder als Agnostiker. Sie bleiben nur wegen der kulturellen und sozialen Aktivitäten der Kirche weiterhin Mitglieder. Nur 15 % sagen, dass sie an Jesus Christus glauben. 90 % der Befragten sagen: Unsere

---

[7] Ebd..171.

[8] Vgl. Ebd., 177.

[9] Vgl. http://bautz.de/joomla/index.php?option=com_content&view=article&id=121&catid=82 [23.05.2015]. Vgl. auch http://de.wikipedia.org/wiki/Religion_in_Belgien [23.05.2015].

[10] Vgl. Medlemmar i Svenska kyrkan 1972-2012-2.pdf [23.05.2015], über: http://de.wikipedia.org/wiki/Schwedische_Kirche [23.05.2015].

[11] Vgl. Bromander, Jonas: Svenska kyrkans medlemmar (Medlem 2010), Stockholm 2011.

Bindung an die Kirche ist schwach. Und: Je jünger die schwedischen Lutheraner sind, desto distanzierter.[12]
In der *Schweiz* haben wir ein sehr gemischtes Verhältnis von Reformierten und Katholiken. Hier hat mich besonders eine Studie interessiert, die Jörg Stolz und andere durchgeführt und 2015 publiziert haben: Religion und Spiritualität in der Ich-Gesellschaft.[13] Was sie erforscht haben, bezieht sich auf die Schweiz, aber die Forscher sagen, man könne vieles mit guten Gründen insgesamt für Westeuropa sagen. Ihre Ausgangsthese ist, dass sich in den 1960er Jahren das gesamte religiös-säkulare Konkurrenzverhältnis verschoben hat.[14] Individuelle Wahl ist nun das vorherrschende Paradigma. Die Metapher des Schweizer Forschungsteams für diese mit der 68er Bewegung verbundene Verschiebung ist das *„säkulare Driften"*.[15]
In einer groß angelegten Studie mit qualitativen und quantitativen Anteilen haben die Forscher vier größere Gruppierungen im Verhältnis zur Religion in der Schweiz festgestellt.[16] Das sind die Institutionellen mit 17,5 % (zu denen etablierte Kirchenchristen gehören und eine kleine Gruppe evangelikal und freikirchlich orientierter Menschen). Das sind die Alternativen (13,4 %) mit einem mehr oder weniger intensiven Gebrauch neureligiöser und esoterischer Praktiken. Das ist die große Mehrheit der Distanzierten (57,4 %) mit so etwas wie einem kleinen Glauben und einer geringen Praxis. Und am Ende des Spektrums stehen die Säkularen (11,7 %), zumeist indifferent, gelegentlich aber auch offensiv anti-religiös. Dies ist aber nur eine Momentaufnahme.[17] Die Kohorten sind in Bewegung. Distanzierte können auch zu Kunden der Esoterik werden, Etablierte können distanziert werden. Diese Bewegungen sind nicht gleich stark. Die stärkste Bewegung ist eben das „säkulare Driften", d. h. Etablierte werden eher distanziert, Distanzierte eher säkular. Umgekehrte Bewegungen, die ja vielleicht so etwas wie missionarischen „Erfolg" zeigen würden, sind deutlich schwächer.
Stolz & Co sagen nun: Wenn sich das ungebremst fortsetzt, dann wird für die religiöse Landschaft in der Schweiz um 2030 folgendes gelten: Die Mehrheit wird säkular sein. Die etabliert Kirchlichen schrumpfen weiter, die Distanzierten geben keine religiöse Tradition an ihre Kinder

---

[12] Vgl. Zusammenfassungen der Studie: http://www.thelocal.se/20110615/34370 [23.05.2015]. Vgl. auch: http://www.svenskakyrkan.se/default.aspx?id=790126 [23.05.2015].
[13] Vgl. Stolz, Jörg / Könemann, Judith / Purdie, Mallory Scheuwly / Englberger, Thomas / Krüggeler, Michael: Religion und Spiritualität in der Ich-Gesellschaft. Vier Gestalten des (Un-) Glaubens (Beiträge zur Pastoralsoziologie 16), Zürich 2014.
[14] Vgl. Ebd., 53-64.
[15] Vgl. Ebd., 62.
[16] Vgl. Ebd., 65-78.
[17] Vgl. zum Folgenden ebd., 196-199.

weiter, so dass die jeweils folgende Generation immer distanzierter und irgendwann säkular sein wird. Auch die Alternativen altern und schrumpfen.[18]

Ich schließe dieses Kapitel mit einer notwendigen Schlussbetrachtung: Natürlich bestehen massive Unterschiede, und die diversen Studien sind nur bedingt vergleichbar. Was man jedoch sieht, ist ein Prozess der Schwächung der alten Volkskirchen im nordwestlichen Europa. Der Wiener katholische Theologe Otto Neubauer sagt: „Wir werden in Europa zum kleinen Rest"[19] und er beklagt die „große Realitätsverweigerung"[20] in der Kirche, die das nicht wahrhaben will. Die kleinen spirituellen Aufbrüche kommen dabei kaum den Kirchen zugute und balancieren auch die kräftigen säkularisierenden Entwicklungen nicht aus. Besonders stark ist die Säkularisierung in den ehemals kommunistisch beherrschten und ehemals protestantisch geprägten Regionen wie Ostdeutschland, Tschechien oder auch Estland. Hier ist die Kirche zu einer kleinen Minderheit geschrumpft. Und die Traditionsabbrüche geschehen nicht nur draußen bei denen, die austreten oder immer schon konfessionslos lebten. Sie zeigen sich auch in den Kirchen selbst, wie am Beispiel Schwedens zu erkennen war.

Was immer man übrigens von Mission denkt: Effekte der missionarischen Bemühungen zeigen sich hier jedenfalls nicht so, dass große Trends gebremst oder gar umgekehrt würden. Ob das an den Mitteln der Mission liegt (weil wir es falsch angepackt haben), an den Adressaten der Mission (weil sie einfach nicht interessiert sind), am Herrn der Mission (der uns zurzeit nicht ermächtigt) oder doch an den fehlenden Protagonisten der Mission (weil sie in der Kirche immer noch eine bedauernswerte Minderheit sind), ist immerhin zu fragen.

II. Will die Kirche wirklich anders? Volkskirche im „Abstiegskampf"

In Deutschland sieht es im Grunde nicht anders aus, und ich muss Sie nicht mit allzu vielen weiteren Statistiken deprimieren. Ich möchte Sie im Blick auf Deutschland nur auf zwei Details der fünften Kirchenmitgliedschaftsuntersuchung von 2012[21] hinweisen, die nach meinem Eindruck in der kirchlichen Debatte noch immer nicht ausreichend zur Kenntnis genommen wurden. Oder: deren Konsequenzen in der Kirche hoch umstritten sind.

---

[18] Vgl. ebd., 203-206.

[19] Neubauer, Otto: Mission possible. Das Handbuch für die neue Evangelisation, Augsburg 2013, 19.

[20] Ebd., 218.

[21] Vgl. Evangelische Kirche in Deutschland (Hg.): Engagement und Indifferenz. Kirchenmitgliedschaft als soziale Praxis. V. EKD-Erhebung über Kirchenmitgliedschaft, Hannover 2014.

Die fünfte KMU hat ein bemerkenswertes Ergebnis zu Tage gefördert: Man fragt die Evangelischen seit 1972 unter anderem danach, wie sehr sie sich ihrer Kirche verbunden fühlen. Und da gibt es nun eine kräftige Verschiebung.[22]

- Zum einen wächst hier tatsächlich etwas: nämlich der Anteil der Menschen, die sich ihrer Kirche eng verbunden fühlen. Das ist gut! Etwa 1 Million Menschen sagen heute anders als vor 20 Jahren: Wir fühlen uns der Kirche sehr verbunden. Man kann sehr genau sagen, dass einige Dinge hier zusammenkommen: Das sind Menschen, die gehen oft zum Gottesdienst, deren Verbundenheit hoch ist, die eher auch mitarbeiten und die wesentlichen Glaubensaussagen zustimmen. Wer da ist und bleibt, will auch evangelisch sein.
- Zum anderen wächst aber noch etwas anderes: nämlich der Anteil derer, die gering oder kaum mit der Kirche verbunden sind. Am Rand der Kirche bröckelt es kräftig, und es braucht nur einen Anlass, dann treten Menschen wieder in nennenswertem Umfang aus der Kirche aus. Bei diesen Menschen kommt auch einiges zusammen: Sie kommen selten bis nie, stimmen Glaubensaussagen nicht zu, arbeiten nicht mit und sind kaum verbunden. Religiosität und Kirchlichkeit sind empirisch eng verknüpft, den frommen Kirchenfernen gibt es nur als Ausnahme oder in der Fantasie derer, die die Lage schönfärben wollen. Wir haben seit 1991 etwa 5 Millionen Kirchenmitglieder verloren und in dieser Kohorte warten die, die sich den Ausgetretenen anschließen werden, im Austritts-Standby auf den passenden Anlass.
- Nun gab es stets eine Mittelgruppe zwischen den hoch Verbundenen und den hoch Distanzierten. Auf die hat man gerade in der EKD sehr stark gesetzt. Das sind Menschen, die sind mit einer gewissen Selbstverständlichkeit evangelisch. Sie sind getauft, sie zahlen Kirchensteuern, sie haben eher diffuse Vorstellungen vom christlichen Glauben, aber sie denken nicht an Austritt – und ab und an nehmen sie kirchliches Leben in Anspruch, häufig zu Jahreshöhepunkten wie Weihnachten oder aus Anlass einer Lebenswende wie der Geburt eines Kindes. Ab und an – eher selten. Man hat in der EKD gerne gesagt: Das ist die stabile kirchliche Mitte, diese Menschen unterstützen die Kirche, auch wenn es eben nicht ihre Art ist, „dauernd zur Kirche zu rennen". Umso größer war der Schock, als nun in der neuesten Befragung klar wurde, wie sehr diese stabile Mitte instabil geworden ist. Anders gesagt: Die Verhältnisse sortieren sich – an den Rändern. In jedem Fall schrumpft die kirchliche Mitte. Das müssen wir uns näher ansehen.

---

[22] Vgl. ebd., 12; 86-92.

Ich glaube, dass diese Entwicklung mit zwei Eigenarten distanzierter Kirchlichkeit zusammenhängt:
Erstens: Diese sehr lose Weise des Evangelisch-Seins wird nicht an die folgende Generation transferiert. Anders gesagt: Die Bindung wird von Generation zu Generation schwächer, Wille und Fähigkeit, so etwas wie Glauben an die eigenen Kinder weiterzureichen, sind zu schwach. *Der religiöse Generationenvertrag funktioniert nicht.* Wir sehen das an den Vergleichen der Alterskohorten. Die Abbrüche bei den Jüngeren fallen überproportional heftig aus. Die Zahl der jungen Leute bis 21, aber auch unter 30, die religiös indifferent und kirchlich stark distanziert sind, liegt deutlich über den Durchschnitt und hebt sich kräftig ab, etwa von der Kohorte der jungen Senioren. Die Jungen sind deutlich entschiedener, aus der Kirche auszutreten. Der Anteil der Jungen, die nie beten, ist um einiges höher. Und der Anteil der Jungen, die sich selbst als religiös einschätzen, ist erheblich kleiner. Die Gründe liegen in der nachlassenden Weitergabe des Glaubens an Kinder und Enkelkinder. Die religiöse Indifferenz steigt, sie wird den Heranwachsenden als Normalfall überliefert. Und das lässt voraussehen, dass die Abbrüche noch nicht die Talsohle erreicht haben.[23] Und wenn mich eine Zahlenreihe wirklich „getroffen" hat, dann diese. Angesichts aller Bemühungen im Kinder und Jugendliche in evangelischen Kindergärten und im Kindergottesdienst, im Religionsunterricht, in der Konfirmanden- und Jugendarbeit ist es schon ein Schlag ins Gesicht zu sehen, dass Kirchen- und Glaubensdistanz in der jüngsten Alterskohorte am höchsten ausgeprägt sind und die Bindung an ein Leben in evangelischen Kontexten sehr gering ist. Der Hauptagent religiöser Früherziehung, also die eigene Familie, fällt weitgehend aus und scheint kaum zu ersetzen zu sein.
Zweitens: Wir schauen niemandem ins Herz und bewerten nicht als Gottes Teilzeitgericht die Gläubigkeit einzelner Menschen. Davon zu unterscheiden wäre aber eine *naive pauschale Gleichsetzung distanzierter Kirchlichkeit mit lebendigem Glauben.* Befragt man die Menschen, dann sagen sie uns etwas anderes: Weder stimmen sie den Kernpunkten des Credo zu noch finden sie Gebet und Gottesdienst furchtbar wichtig. Und das, was wir so prunkvoll 2017 feiern wollen, die reformatorische Entdeckung, die geistliche Befreiung, das Evangelium vom Sieg der Gnade über die elenden Versuche, sich selbst zu rechtfertigen, das ist den meisten doch fern. Es herrscht, wie es ein führender Kirchenvertreter in einer Debatte sagte, ein „mildes Luthertum", ein moralistischer Deismus[24], den jener Theologe so umschrieb: „Es gibt wahrscheinlich einen Gott, und der freut sich, wenn wir uns Mühe geben, anständig zu leben." In der Gestaltung des

[23] Vgl. ebd., 66.70.
[24] Vgl. Smith, Christian / Denton, Melina Lundquist: Soul Searching. The Religious and Spiritual Lives of American Teenagers, Oxford 2005.

Alltags, da wo es zählt, denn auch hier ist „entscheidend auf dem Platz“, spielt die christliche Botschaft sozusagen keine Rolle. Wir wissen das seit langem, aber in den meisten Analysen der Befragungen haben wesentliche Akteure in Theologie und Kirche diese Einsicht schöngeredet und sich auf die Stabilität freundlicher Kirchendistanz verlassen, meistens verbunden mit der Anmutung, diese Kirchenmitglieder bitte auch in Ruhe zu lassen.

Ich glaube, dass wir auch jenseits evangelikaler Diskurse hier Grund zu nüchterner Wahrnehmung haben.
Und an dieser Stelle möchte ich aufgreifen, was unser Gast und Referent vom Sozialwissenschaftlichen Institut der EKD geschrieben hat: Er sieht in der *Indifferenz* der Kirchenmitglieder das Grundproblem der Evangelischen Kirche. Indifferenz ist so etwas wie Gleichgültigkeit, die sich weder positiv regt noch negativ erregt. Das Kirchliche ist in einem bestimmten Sinn subjektiv irrelevant: Es erreicht nicht ein Maß an Aufmerksamkeit, das zu einer intensiveren Beschäftigung drängen würde.[25] Und nun sagt Gerhard Wegner: „Diese Indifferenz ist das Hauptproblem.“[26] Weiter: „Es muss darum gehen, die grassierende Indifferenz der Kirchenmitglieder und jener, die es werden sollen, gegenüber dem, was in der Kirche geschieht, zu durchbrechen. Diese Indifferenz ist das Hauptproblem.“[27] So etwas wie „religiöse Erneuerung“[28] wäre wohl die Lösung.
Gerhard Wegner skizziert dabei nach meiner Wahrnehmung zwei Strategien, die in Sackgassen führen. Zum einen hilft keine schlichte Ausrichtung an Bedürfnissen der Kirchendistanzierten, also erklärtermaßen niedrigschwellige kirchliche Events z. B., sozusagen religiöse Billigangebote. Hier erwischt er meines Erachtens einen wirklichen Schwachpunkt der missionarischen Bewegung, wenn er den „Produktstolz“ einfordert, der uns selbstbewusst und anspruchsvoll zeigen lässt, was Christsein bedeuten kann.[29] Zum anderen führt aber auch eine defensive Strategie in Sackgassen, die die Menschen einfach in Ruhe lassen will, in der Hoffnung, immerhin das „belonging without believing“ zu stabilisieren.[30] In beide Richtungen gesprochen: „Die Leute wissen doch gar nicht, was ihnen entgeht!“[31]
Ich möchte gerne das Fazit von Gerhard Wegner hier zitieren, weil ich in letzter Zeit kaum einen Text zur Zukunft der Kirche mit mehr

[25] Vgl. Hauschildt, Eberhard / Pohl-Patalong, Uta: Kirche (Lehrbuch Praktische Theologie 4), Gütersloh 2013, 110.
[26] Wegner, Gerhard: Religiöse Kommunikation und Kirchenbindung. Ende des liberalen Paradigmas?, Leipzig 2014, 17.
[27] Ebd.
[28] Ebd., 13.
[29] Vgl. Ebd., 17f.
[30] Vgl. ebd., 33-40.
[31] Ebd., 34f.

Zustimmung und Bewegung gelesen habe: „Die Kirche bindet nicht am besten Mitglieder, indem sie ihren Mitgliedern hinterherläuft und sich bemüht, deren Erwartungen zu befriedigen, schon gar nicht den Distanzierten. […] Es kommt darauf an, Indifferenzen charmant zu durchbrechen und Nachfrage nach Kirche und Religion zu wecken! Auf keinen Fall sollten Mitglieder in ihrer Distanz bestätigt werden. Sehr viel eher ginge es darum, sie sozusagen mitzureißen und schlicht zu begeistern.“[32]

Von meinem Thema her müsste ich nun fragen: Will die Kirche „anders“? Oder ist genau an dieser Stelle der Riss zu sehen, der durch unsere Kirche geht? Sehnt sie sich nach religiöser Erneuerung? Möchte sie Menschen für Größeres und Besseres gewinnen als ein „mildes Luthertum“ und höfliche Distanz? Geht es ihr am Ende um die Bewahrung der religiösen Institution allein? Oder geht es ihr um Menschen, die einen vitalen Christus-Glauben erleben und leben? Geht es um Gemeinden, die in ihrem sozialen und kulturellen Kontext nicht eine Kopie des Vorhandenen sind, sondern Licht der Welt und Salz der Erde?

III. Welche Kirche soll denn „anders“ können? Hybrid mit „Gefälle“

Und natürlich weiß ich, dass die Frage so mindestens naiv, wenn nicht falsch gestellt ist. Wir können ja die sichtbare, irdische Kirche mit Eberhard Hauschildt und Uta Pohl-Patalong als ein *Hybrid* verstehen, das notwendigerweise und nicht bloß zufälligerweise drei Komponenten miteinander verknüpft.[33] Das sieht dann ungefähr so aus:

- Da ist zuerst die Kirche als *Gemeinschaft und Bewegung*.[34] So hat es begonnen. Menschen teilen ihren Glauben, versammeln sich zum Gottesdienst, loben Gott, feiern das Mahl, beten und gehen hinaus, um die Liebe Gottes in Wort und Tat zu bezeugen. Auf Dauer aber bleibt es nie aus, dass sich so etwas wie Regeln einstellen, dass sich Liturgien bilden und Traditionen entstehen.
- Aus Gemeinschaft und Bewegung wird *Institution*.[35] In unseren europäischen Breiten bedeutet das: Volkskirche. Man gehört dazu. Mindestens die meisten tun das. Man nimmt mehr oder weniger teil. Man glaubt mehr oder weniger, was die Kirche sagt. Geht es um die Versorgung mit religiösen Gütern, so ist man auf die Kirche gewiesen und die Kirche weiß sich zuständig. Sie ist so etwas wie eine Heilsanstalt. Das entlastet und bindet. So lange, wie es funktioniert. In unseren Breiten

[32] Ebd., 41.
[33] Vgl. Hauschildt / Pohl-Patalong: Kirche, 129-219.
[34] Vgl. ebd., 138-157.
[35] Vgl. ebd., 157-181.

funktioniert es nur noch bedingt, die Selbstverständlichkeit der Institution als Heilsanstalt bröckelt, und so kommt etwas Drittes hinzu:

- Die Kirche wird immer mehr zu einer *Organisation.*[36] Organisationen müssen sich auf Märkten bewähren. Sie verfolgen Ziele und bieten ihre Dienstleistungen an. Das Verhältnis der Menschen zu Organisationen ist ungebundener: Sie wählen, was die Organisation bietet, oder sie tun es nicht. Organisationen stehen so auch in Konkurrenz mit anderen. Kirche stellt sich so auch als Non-Profit-Unternehmen dar, das immaterielle, ja transzendente Güter feilbietet.

Eberhard Hauschildt und Uta Pohl-Patalong machen darauf aufmerksam, dass jeder der drei Anteile an diesem Hybrid einer eigenen Logik folgt und dass kein Anteil für sich allein die Zukunft der Kirche garantieren kann. In allen drei Gestalten von Kirche kann ja auch *Kommunikation des Evangeliums* stattfinden. Und die beiden Praktischen Theologen votieren für ein Modell, bei dem die drei Logiken produktiv nebeneinander existieren können, gleichsam austariert, anstatt sich gegenseitig zu schwächen.[37]

Dem kann ich nur bedingt zustimmen. Zustimmen kann ich, weil in der Tat Kirche als Institution notwendig ist. Ich vertrete nicht eine Position, die sagt: Lasst doch die volkskirchlichen Reste einfach untergehen. Oder besser noch: Lasst uns doch das alles hinter uns lassen und nur noch die Motivierten in kleinen Freikirchen sammeln! Das glaube ich nicht. Vielmehr: Das, was noch von den Volkskirchen übrig ist, ist wertvoll und bewahrenswert, denn es sichert eine bestimmte Reichweite und Öffentlichkeit für die Kommunikation des Evangeliums. Solange noch so viele Menschen immerhin formal dazugehören, müssen wir doch fragen: Wäre es besser, sie täten das nicht? Solange wir immer noch als intermediäre Großkirche[38] Gehör finden, müssen wir doch fragen: Wäre es besser, diese Stimme in der Öffentlichkeit würde verstummen? Kirche als Institution verhindert einen Rückzug in einen kaum noch wahrnehmen Winkel, in der Diktion von Ernst Troeltsch: den Rückzug in den Modus einer Sekte.[39] Ebenso ist es notwendig, sich als Kirche auf dem Markt der Sinnanbieter zu organisieren und sich so aufzustellen, dass wir das, was wir zu bieten haben, den vielen wählenden Subjekten auch sichtbar machen. Es ist also den Schweiß

---

[36] Vgl. ebd., 181-215.

[37] Vgl. ebd., 216-219, besonders 218 oben.

[38] Vgl. ebd., 172-174.

[39] Vgl. Troeltsch, Ernst: Die Soziallehren der christlichen Kirchen und Gruppen (GS 1), Tübingen 1912, sehr gut und präzise zusammengefasst bei Hermelink, Jan: Kirchliche Organisation und das Jenseits des Glaubens. Eine praktisch-theologische Theorie der evangelischen Kirche, Gütersloh 2011, 52-58 sowie bei Hauschildt / Pohl-Patalong: Kirche, 137f.

der Edlen wert, die Kirche sowohl als Institution zu stabilisieren als auch als Organisation zu reformieren.
Nur bin ich aber ebenso davon überzeugt, dass diese Bemühungen keine finalen Ziele sind, sondern eher selbst wieder Zwecke zu einem größeren Ziel. Wolfgang Huber hat einmal versucht, Rechte von Menschen zu definieren, die Mitglied der intermediären Großkirche sind. Das erste Recht, das er formuliert, proklamiert ein „Recht auf Zugang zum Glauben".[40] Menschen im Raum der kirchlichen Institution haben ein Recht auf einen barrierefreien Zugang zu Orten, an denen ihnen der Glaube zugänglich gemacht wird. In paulinischer Diktion sind wir Schuldner der Menschen im Blick auf das Evangelium.[41] Unser pommerscher Bischof sagte vor kurzem in einem Gespräch mit unseren Summer Sabbaticals, worauf es in Zukunft ankommen wird, wenn wir uns bescheiden müssen: Gott feiern und zum Glauben einladen.[42] Das ist mehr und anderes als eine stabile Mitgliedschaft, als religiöse Dienstleistungen an Wendepunkten des Lebens, als der Service einer freundlichen Kirche, die jeden glauben lässt, was er als autonomes Subjekt für religiös vertretbar hält.
In der Pfingstwoche erinnert uns die Lesung zum *Pfingstfest* an die Geburtsstunde der Kirche. In Apg 1 und 2 werden wir erinnert, dass das Evangelium Menschen berührt und beunruhigt, in Bewegung bringt und nachdenklich macht: Was sollen wir denn tun, fragen sie. Und die Antwort ist deutlich: Umkehren sollen sie, an Christus glauben, sich taufen lassen, Vergebung empfangen und zugleich den Heiligen Geist. Und dann heißt es sofort: Sie werden hinzugetan. Der frisch erweckte Glaube führt ohne Verzögerung in kommunitäre Verhältnisse. Sie kommen beständig zusammen, hören auf das Wort, feiern das Mahl, teilen, was sie haben, beten zusammen. Und die Menschen in der Umgebung wundern sich, aber sie können nicht umhin, das alles irgendwie gut zu finden, merkwürdig anziehend. Und so werden es immer mehr. Lukas ist der Überzeugung, dass es nicht nur so anfing, sondern dass genau so Kirche funktioniert.
Und darum bin ich überzeugt, dass in diesem Hybrid ein natürliches Gefälle besteht, ein Gefälle hin zur Kirche als Gemeinschaft und Bewegung. Institution und Organisation haben ihre Würde und ihr Recht darin, dass sich hier immer wieder Kirche als Gemeinschaft und Bewegung finden lässt. Institution und Organisation haben aber kein Recht und keine Würde in sich allein. Sie sind kirchentheoretisch unvermeidbar und notwendig, aber nicht hinreichend. Wenn Kirche anders kann, dann geht es heute darum, dass im Raum von Institution und mit Unterstützung von Organisation möglichst viele vitale

[40] Vgl. Huber, Wolfgang: Grundrechte in der Kirche, in: Das Recht in der Kirche, hg. von Gerhard Rau u. a., Gütersloh 1997, 518-544, 537-544.
[41] Vgl. Röm 1, 14-17.
[42] Mündlich am 11. Mai 2015.

Gemeinschaften eine wachsende Bewegung bilden, die zu möglichst vielen Menschen unterwegs ist.
Und hier streiten wir. Hier gibt es tüchtige kirchentheoretische Konflikte: Manche sagen: Es ist gut, wenn wir Menschen erreichen, die sich für intensives Mitglauben öffnen. Aber es reicht zusätzlich, wenn wir distanzierte Mitglieder einfach nur stabilisieren und die Leute immerhin ein bisschen glauben, z. B. dass es Gott gibt und der sich freut, wenn wir uns Mühe geben und anständig leben. Der Köhlerglaube muss rehabilitiert werden: Wenn Menschen bleiben und immerhin gut finden, dass es die Kirche gibt, und wenn sie punktuelle Berührungen mit Kirche gut finden und irgendwie auch ein bisschen glauben.[43] Das muss uns doch genügen. Es gibt andere, die (wie ich) sagen: Das kann es nicht sein. Denn das bedeutete, dass wir die Menschen mild religiös sein lassen und ihnen das Evangelium vorenthalten, denn das Evangelium ist gute, heilsame und lebensrettende Nachricht und nicht guter Rat zu einem moralischen Dasein. Und darum zum Schluss:

IV. Wie soll Kirche „anders“ können? Vier zugespitzte Thesen

Ich versuche nun, meine Gedanken am Ende zu pointieren. Wohin führt uns das alles? Wohin führt es uns angesichts der kaum zu bestreitenden Tatsache, dass die Verhältnisse kompliziert sind? Kirche kann nicht so einfach anders. Sie ist ein unübersichtliches, komplexes System von erheblicher Größe. Und sie existiert in einem unübersichtlichen, sich rasch wandelnden Umfeld.[44] Wer hier einfache Lösungen anbietet, muss damit rechnen, nicht allzu ernst genommen zu werden. Der amerikanische Regisseur Sam Goldwyn sagte: „To every difficult question there is always a simple answer – and it is always wrong.“[45]
Es wird eher darum gehen, bestimmte Interventionen zu empfehlen, die vielleicht nicht allein, aber doch neben anderen, zum Teil sogar eher als andere dazu angetan sind, dieses komplexe System in einem unübersichtlichen Umfeld zu irritieren. Anders gesagt: Den Kurs dieses Tankers im Ozean um wenige Grad zu korrigieren, um damit auf Dauer in eine andere, bessere Richtung zu steuern. Ich pointiere. Zugleich taste ich, frage, suche und brauche Ergänzung, Korrektur, Vertiefung und Weitung im theologischen Gespräch.

---

[43] Vgl. z. B. Gundlach, Thies: Situative Gemeinden als eine Grundform zukünftiger Verkündigung, in: PTh 99 (2010), 102-115.
[44] Das wird in der lohnenswerten Ansicht des „Cynefin-Framework“ einleuchtend durchdacht. Vgl. Hartmann, Isabel / Knieling, Reiner: Gemeinde neu denken. Geistliche Orientierung in wachsender Komplexität, Gütersloh 2014, z. B. 31-37.
[45] Zitiert bei Finney, John: Leadership in Mission. The stripping of the church, in: ThBeitr 45 (2014), 267-283, 272.

Zugleich bitte ich um Verständnis: Natürlich wäre hier von vielem zu reden, das wichtig ist, z. B. von „fresh expressions of church“[46], von der Wichtigkeit regionaler Kirchenentwicklung oder von der Bedeutung der diakonischen Neuaufbrüche verbunden mit evangelistischer Leidenschaft, von der Stärkung der Familien für die Weitergabe des Glaubens und von meiner Überzeugung, dass sich viel daran entscheiden wird, ob wir die vielen Menschen, die aus der Ferne zu uns kommen, zu integrieren vermögen. Das alles liegt mir sehr am Herzen, dennoch will ich heute vier etwas andere Akzente setzen.

IV. 1. Die ärmere Kirche – oder: Vom Ja zur verordneten Diät

Es sieht so aus: Die Kirche in Europa und darunter auch die christlichen Kirchen in Deutschland verändern sich. Sie haben massive Schrumpfungen hinter sich. Sie sind bereits kleiner und älter geworden. Und diese Prozesse des Schrumpfens und Alterns werden sich schon aus demographischen Gründen fortsetzen. Kinder, die nicht geboren werden, werden wir nicht taufen. Kinder, deren Eltern schon ohne Glauben aufwuchsen, bekommen so etwas wie christlichen Glauben gar nicht erst zu sehen. Kleiner wird sie und älter, und wenn die Babyboomer in Rente gehen, wird sie auch ärmer, denn die momentan kräftigen Kirchensteuereinnahmen werden dann deutlich geringer ausfallen. Der Sonderfall Ostdeutschland bleibt beachtlich: Hier noch von einer Volkskirche zu sprechen, ist mehr als „tapfer“, es ist töricht. Kirche im Osten sollten wir mit Altbischof Wolfgang Huber endlich als Missionskirche verstehen[47], die hier und dort anzutreffen ist und ihre Kräfte darauf ausrichtet, Gott zu feiern und zum Glauben einzuladen.
Wie können wir „anders“? Meine erste Anregung zum „Anderssein“ betrifft diese Armut. Wir können sie bejammern, wobei wir uns zurzeit sagen lassen müssten, dass wir auf hohem Niveau jammern. Wir können aber auch einwilligen und sagen: Nach den sieben fetten Jahren folgen jetzt magere Jahre. Wir können innerlich annehmen und uns vielleicht mit Trauer und etwas Sorge ein Herz fassen und sagen: Wir nehmen diese Platzanweisung Gottes an. Der anglikanische Bischof John Finney rät uns, so zu denken. Er spricht davon, dass Gott die Kirche entkleidet, ihr manches auszieht, was sie vielleicht schon zu lange trug: Privilegien, Reichtum, ein Monopol auf Religion, Einfluss in der Gesellschaft. Und er sagt: Vielleicht verordnet uns Gott damit eine Diät, damit wir wieder auf die Beine kommen und nicht an

[46] Vgl. Moynagh, Michael: Church for every context. An introduction to theology and practice, London 2012. Vgl. auch die entsprechenden Beiträge Moynagh und Herbst in diesem Buch.
[47] Vgl. Huber, Wolfgang: Art. Volkskirche, I. systematisch-theologisch, in: TRE 35 (2003), 249-254.

Verfettung eingehen.[48] In Hebr 12,1 heißt es, wir sollen „alles ablegen, was uns beschwert“ (ὄγκον). Vielleicht ist das, was wir durchmachen ein solches Ablegen – unter sanftem Druck. Der katholische Theologe Otto Neubauer sagt, dass eine Kirche, die arm wird und in ihrer Armut wieder hinausgeht und den Menschen begegnet, dabei ganz auf die Hilfe des Herrn angewiesen ist – und genau machtlos vollmächtig wird.[49] Machtlose Vollmacht. Der anabaptistische Theologe Stuart Murray spricht vom „nackten Glauben“ nach dem Ende der Ehe zwischen Kingdom und Christianity, also nach dem Ende des glanzvollen Christendom. Gerade dort aber können wir zum einen nüchtern evaluieren, ob das „christendom“ eigentlich nur Segen und wirklich so christlich war. Und wir können neu als Minderheit an den Rändern zu Zeugen für Menschen werden, vielleicht wieder gerade für die an den Rändern.[50] Kirche wird wieder eher Gemeinschaft und Bewegung sein, mit dem Nötigsten an Institution und Organisation.
Vielleicht ist uns auch noch eine Übergangszeit gegeben: Ich bin überzeugt, dass wir diese Jahre, in denen auch das Geld noch munter fließt, nutzen sollen, um bereit zu sein für schwierigere Zeiten. Da ist es gut, etwas zu sparen für unabweisbare Pflichten. Was ich in meiner Kirche vermisse, ist der Mut, das Geld jetzt tapfer für unsere Mission in die Hand zu nehmen und zukunftsfähige neue Formen gemeindlichen Lebens noch kräftig anzuschieben. Meine Kirche kommt mir manchmal so vor wie der Knecht, der das anvertraute Pfund aus Sorge lieber im Boden vergräbt.[51]

IV. 2. Die trockene Kirche – oder: Von der Entdeckung des Gebets

Es sieht so aus: Wir sind bienenfleißig. Das ist auch gut so. Wir versuchen dieses und jenes, krempeln die Ärmel auf, lassen uns Neues einfallen. In nahezu allen Strömungen der Kirche wird hart gearbeitet. Meine Pointierungen sind nun auch kein Ruf zum Müßiggang. Aber es macht mich nachdenklich, wenn wir uns als Kirche so abmühen und so wenig Bewegung verspüren. Es macht Pfarrer und Pastorinnen, Älteste und Ehrenamtliche, Musiker und Diakoninnen mürbe, wenn sie dann doch wieder vor wenigen stehen und der Gesang müde bleibt. Und sie selbst darunter leiden, so müde und innerlich arm zu sein. Es erscheint so trocken, der Acker voller Steine, mit viel wildwachsendem Kraut. Es wird gesät, aber die große Ernte lässt warten. In der Pfingstzeit hören wir vom Geist auch als Wasser, das dürres Land neu bewässert und fruchtbar macht. Für den zweiten Jesaja ist das Ausdruck der

[48] Vgl. Finney: Leadership in Mission, 269-272.
[49] Vgl. Neubauer: Mission possible , 12-14.
[50] Vgl. Murray, Stuart: Nackter Glaube. Christsein in einer nachchristlichen Gesellschaft, Schwarzenfeld 2014, 47-71.
[51] Vgl. Mt 25,14-30, besonders 25,18.24-28.

Hoffnung: „Ich will Wasserbäche auf den Höhen öffnen und Quellen inmitten auf den Feldern und will die Wüsten zu Wasserstellen machen und das dürre Land zu Wasserquellen.“[52]
Wie können wir „anders“? Fleißig sollen wir schon bleiben! Papst Paul VI. hat 1964 den Heiligen Benedikt von Nursia zum „Erzpatron für ganz Europa“ erhoben.[53] Das Motto des Mönchtums, das „ora et labora“, wird uns so für Europa in Erinnerung gerufen. Kann es sein, dass uns Kirchen in Europa eine neue Hinwendung zum Gebet gut täte? Dass wir neu einüben sollen, in unserer Trockenheit zu rufen: „Dein Reich komme, dein Wille geschehe!“[54] Und: „Sende Arbeiter in deine Ernte?“[55] Und: „dass Gott uns eine Tür für das Wort auftue und wir das Geheimnis Christi sagen können“.[56] Vielleicht üben wir uns zu beten, wie etwa der Beter in Psalm 63; ich setze es in den Plural der Gemeinde: „Gott, du bist unser Gott, den wir suchen. Es dürstet unsere Seele nach dir aus trockenem, dürren Land, wo kein Wasser ist. So schauen wir aus nach dir in deinem Heiligtum, wollten gerne sehen deine Macht und Herrlichkeit. Denn deine Güte ist besser als Leben; unsere Lippen preisen dich.“[57] Ich bin selbst eher ein Macher, aber mir wird deutlich, dass der Macher den Beter braucht, also das „labora“ auch das „ora“. In den Texten zum Gemeindeaufbau und zur Kirchenreform fällt mir jedenfalls die marginale Rolle des Gebets auf. Der Mahnruf von Wilfried Härle nach dem Erscheinen des EKD-Impulspapiers „Kirche der Freiheit“[58], er vermisse den Ruf zum Gebet, scheint noch nicht wirklich erhört zu sein.[59] Aber ich will hier ja zuspitzen und nicht aus dem Fenster heraus reden. Wer kennt nicht die eigene Trockenheit? Aber geistliche Erneuerung, von der Gerhard Wegner spricht, oder auch „Ergriffenheit von der Liebe Gottes, die sich in Liebe zu den Menschen äußert“[60], mit den Worten der Offenbarung „die erste Liebe“[61], die tiefe Freude über das Evangelium, das alles ist nichts, das wir in uns selbst in Gang bringen könnten. Wir können uns nur ausstrecken, harren, umkehren, bitten, rufen. Das aber sollten wir auch tun. Die Gemeinschaft, um die es hier geht, ist die Gemeinschaft

[52] Jes 41,18.
[53] Vgl. Schweitzer, Wolfgang: Art. Europa, in: TRE 10 (1982), 528-537, 532.
[54] Mt 6,9b+10a.
[55] Nach Mt 9,38.
[56] Kol 4,3.
[57] Nach Ps 63,2-4.
[58] Vgl. Kirchenamt der EKD (Hg.): Kirche der Freiheit. Perspektiven für die Evangelische Kirche im 21. Jahrhundert. Ein Impulspapier des Rates der EKD, Hannover 2006.
[59] Vgl. Härle, Wilfried: Als ob alles Beten nichts nützt, in: Zeitzeichen 10 (2006), 22-25.
[60] Vgl. Wegner, Gerhard: Religiöse Kommunikation und Kirchenbindung, 166-169, Zitat 168.
[61] Vgl. Offb 2,4.

der geistlich Armen, die um ihrer Armut willen selig gepriesen werden.[62]

IV. 3 Die erschöpfte Kirche – Oder: Vom allgemeinen Priestertum

Es sieht so aus: Hier im Osten wird in den peripheren Gegenden etwas sichtbar. Es zeigt sich, wenn Sie versuchen, pommerschen oder brandenburgischen Dorfpfarrerinnen die neueste Erfindung auf dem Markt der Gemeindeveranstaltungen zu verkaufen. Sie stoßen auf Widerstand aus Erschöpfung. Sie sprechen mit fleißigen und verantwortungsbewussten Pfarrerinnen und Pfarrern, die versuchen, irgendwie das kirchliche Leben aufrecht zu erhalten. Dabei werden sie fast von der „Steinlawine" erdrückt. Sie sanieren, renovieren, finanzieren. Eine Pastorin sagte zu mir kürzlich: „Warum habe ich nicht Bauingenieurwesen studiert?" Sie versuchen, gleichzeitig mit mehreren Bällen zu jonglieren: fünf, zehn oder 15 Dorfgemeinden, die sie flächendeckend versorgen sollen. Das ist die kirchliche Variante des Prokrustes-Betts: weniger Menschen, weniger Geld, gestreckte Pfarrer und gedehnte Zuständigkeiten.
Die Überlastungen lagern sich aber im Grunde nur auf eine völlig hypertrophe Pastoraltheologie auf. Natürlich sind wir klug genug, in der Theorie um die Mündigkeit der Gemeinde zu wissen. Im wirklichen Leben wissen wir das nicht. Den unmündigen Zustand vieler Gemeinden nehmen wir auch noch zum Anlass, die Idee der mündigen Gemeinde ins Reich der Träume zu verweisen. In allen Planungen wird die Zahl der Pfarrstellen zum Nadelöhr, durch das die weitere Existenz von Gemeinden und der Dienst der Kirche an den Menschen hindurchgezwängt werden muss. Flächendeckende Versorgung ist das Ziel, Gemeinde sind Versorgte, Pfarrer organisieren Christentum als „betreutes Wohnen". Alle leiden: Das Leben im Pfarrberuf wird mehr und mehr belastet, die Gemeinden lernen ihre eigene Begabung und Vollmacht nicht kennen. Die kirchliche Präsenz als pastorale Präsenz in der Peripherie wird nur noch in homöopathischen Dosierungen dargereicht. Ich kann das abkürzen, denn eigentlich wissen wir es. Aber in peripheren ländlichen Räumen wird etwas sichtbar: An dieser Krankheit kann unser Kirchentum sterben. Das muss mit allem Ernst gesagt werden, da die Überzeugung immer noch in kirchlichen Köpfen und Herzen feststeckt: Kirche ist Pfarrerskirche, und „gut so" soll das auch noch sein. Nicht gut, gar nicht gut.

Wie können wir „anders"? Ich bin überzeugt, dass hier nur eine Kombinations-Kur heilende Wirkungen haben kann. Zu einer solchen Kur gehören u.a.:

---

[62] Vgl. Mt 5,3. Vgl. Croft, Steven: Jesus' People. What the Church should do next, London 2009.

- … eine andere *Ausbildung*, die Pfarrerinnen und Pfarrer ermutigt, neben ihrer ordnungsgemäßen Berufung für Wort und Sakrament vor allem die Zurüstung der Christenmenschen zu mündigem Glauben und gabenorientiertem Dienst zu betreiben.[63]
- … damit verbunden eine zweite EKD-Kampagne: Nach den „Kursen zum Glauben" brauchen wir *Kurse zum Wachsen* im Glauben.
- … für den ländlichen Raum (mindestens für ihn) eine Sicht des Pfarrdienstes als *regionale „ἐπισκοπή"*, während vor Ort das Leben der Gemeinden in der Hand der begabten Getauften liegt.
- … eine *homiletisch-liturgische Initiative*, die Gemeinden in die Lage versetzt, Gottesdienste zu feiern, und zwar mit oder ohne anwesende Pfarrperson. Die Vermehrung der Zahl der Prädikanten ist dabei nur ein Modell; ein anderes besteht in einfachen Gottesdienstformen, mit denen Gemeinden Sonntag feiern auch ohne einen ausgebildeten Prediger.
- … Mut, fortan *bei jeder Weichenstellung* in der Gemeinde zu fragen: Sollen wir das wirklich machen? Und: Wer soll es machen? Die Erschöpfung der Pastorin durch die Erschöpfung des Ehrenamtlichen zu ersetzen wäre ja keine Lösung; das Ganze gelingt nur bei kritischer Sichtung aller unserer Aktivitäten und einer Kultur der Einladung und Berufung an alle Christen zum gemeinsamen Dienst.

IV. 4. Die aufbrechende Kirche – oder: Vom übersehenen Zachäus

Es sieht so aus: Wir haben in unserer Kirche die Mission rehabilitiert. Es ist wieder salonfähig, von der missionarischen Aufgabe der Kirche zu sprechen.[64] Das ist gut. Aber ich bin mir nicht sicher, ob wir deshalb schon eine missionarische Kirche geworden sind, die mehr will als moralischen Deismus von Mitgliedern der Institution zu pflegen. Da wird in einer Kirchengemeinde diskutiert, das geliebte Gemeindehaus umzubauen und zu erweitern, weil so viele Menschen neu hinzukommen. Im Protokoll der Gemeindeversammlung findet sich folgender Satz, mit dem diesem Vorhaben energisch widersprochen wurde: „Ein Anbau würde der Gemütlichkeit im Haus schaden. Es gibt doch genug Platz. Wer mehr Platz will, der kann … ja in eine der großen Kirchen in der Stadt gehen."[65] Da beobachtet ein junger Mann eine Gemeinde, die sich sehr missionarisch nennt, und er sagt: Ich sehe viel Missionsrhetorik, aber wenig missionarischen Lebensstil.

---

[63] Vgl. Eph 4,11f.

[64] Vgl. z. B. Herbst, Michael: Kirche mit Mission. Beiträge zu Fragen des Gemeindeaufbaus (BEG 20), Neukirchen-Vluyn 2013.

[65] Aus einem Gemeindebrief im PEK im Oktober 2014.

Ich möchte eine Metapher dafür anbieten, die ich bei dem tschechischen Soziologen und Religionsphilosophen Tomáš Halík gefunden habe. Halík war Untergrundpriester in den kommunistischen Tagen. Er hat sich immer wieder mit der Gestalt des Zachäus aus dem Lukasevangelium befasst. Zachäus ist der, der scheu im Baum sitzt und wartet. Er bewegt sich nicht in der frommen Menge. Er sitzt im Baum. Halík erkennt in Zachäus etliche seiner Zeitgenossen. Wir sehen oft nur Säkulare und Distanzierte, wir sehen Alternative oder unterkühlt Kirchliche, wir sehen die besonders Frommen und mögen sie oder mögen sie nicht. Halík sagt: Dabei wird oft nicht der Umstand wahrgenommen, „dass die umherstehenden Bäume voll mit Zachäusgestalten besetzt waren, mit jenen also, die sich nicht unter die alten oder die ganz neuen Gläubigen mischen wollten oder konnten, ohne dabei gleichgültig oder feindselig zu sein. Sie waren auf der Suche und voller Neugier, zugleich wollten sie aber Abstand und ihre Sicht der Dinge bewahren; diese seltsam gemischte Gemütsverfassung, bestehend aus Fragen und Erwartungen, Interesse und Schüchternheit, manchmal vielleicht auch aus Schuldgefühl und gewisser ‚Ungehörigkeit', ließ sie versteckt im Dickicht der Feigenblätter verharren."[66] Ein Zachäus steht nicht in Reih und Glied, aber wenn er „beim Namen angesprochen" wird, dann kann es sein, dass er sich öffnet, sein Haus öffnet, und dass dann wundersame Dinge passieren. Dazu muss man ihn aber sehen und schätzen. Dieser Zachäus ist vielleicht ein Jugendlicher, der weder zur Konfirmation noch zur Jugendweihe geht. Er ist vielleicht ein Atheist, der das Fehlen Gottes nicht feiert, sondern einen leeren Raum verspürt. Zachäus ist vielleicht eine christliche Migrantin aus Syrien oder ein Moslem aus dem Iran. Er steht vielleicht im Labor in der Uni neben mir oder wohnt gleich um die Ecke. Halík sieht es als Zeichen der Nachfolge an, diese Menschen am Rand der Gemeinschaft des Glaubens wahrzunehmen und beim Namen zu nennen.[67] Oft übersehen wir sie – so sieht es aus!

Wie können wir „anders"? Auch hier will ich nichts sagen gegen alle missionarischen Bemühungen, Kurse zum Glauben, alternative Gottesdienste, Frauenfrühstücke und Männerstammtische, ProChrist und Großvater/Enkel-Freizeiten und was es alles gibt. Sicher nichts gegen all das – aber es ist alles in der Regel das Ende eines Weges, der an ganz anderer Stelle beginnt und der wieder damit zu tun hat, ob wir Kirche als Gemeinschaft und Bewegung werden oder Betreuungskirche bleiben. Das, worum es hier geht, ist im Grunde *„virale Mission"*. Das Evangelium, das sich verbreitet wie ein ansteckender Virus. Wir wissen, dass die Integrationsfähigkeit von Gemeinden viel mit der Vernetzung der Menschen in ihrem Umfeld zu tun hat. Das „bridging

---

[66] Halík, Tomáš: Geduld mit Gott. Die Geschichte von Zachäus heute, Freiburg / Basel / Wien [7]2014, 22.
[67] Vgl. ebd., 36f.

capital" einer Gemeinde ist oft groß im eigenen Netzwerk (und demnach leider auch klein außerhalb der Netzwerke).[68] Die KMU V stellte fest, dass religiöse Kommunikation im Wesentlichen im sozialen Netzwerk geschieht.[69] Aber immerhin: Wenn Christen und kleine christliche Gemeinschaften in ihrem Umfeld auffallen und durch ihre Integrität und praktische Liebe gewinnen, wenn sie dann noch den Zachäus im Baum sehen und beim Namen ansprechen, wenn sie gelernt haben, ihre Geschichte als Geschichte mit Gott ohne Frömmelei zu erzählen – dann machen auch unsere Kurse zum Glauben, unsere Events und Freizeiten, unsere evangelistischen Predigten und vieles mehr wieder mehr Sinn. Jörg Frey erinnert daran, wie es im Neuen Testament zuging: „Für die Weitergabe des Glaubens war vermutlich weniger die öffentliche Verkündigung maßgeblich als die individuelle Kommunikation der einzelnen Glaubenden, die ‚durch ihre alltäglichen Kontakte die Gemeinschaft der Heiligen langsam, aber stetig wachsen lassen.'"[70]

Ich komme zum Ende, schon jetzt mit Dank für Ihre Geduld. Die neue Platzanweisung Gottes annehmen und zugleich sich nach Gottes Nähe und Belebung ausstrecken, Gemeinden umbauen, weg von der Fixierung auf den Pfarrer, hin zum gelebten Miteinander, den Zachäus sehen und das Evangelium viral sich verbreiten lassen – das sind meine Pointen; sie gehen alle in diese Richtung: Gemeinde kann anders, wenn sie das Risiko eines solchen Umbaus in Kauf nimmt. Und sie kann nie allein anders, das meiste, was ich zuletzt sagte, kann sie nur erbitten und erwarten. Mit dem Erzpatron Europas, dem heiligen Benedikt kann sie nur beten und arbeiten.
Es geht dabei ganz sicher nicht um Kirche auf dem Rückzug. Es geht nicht um einen puren Abbau, um eine „Ekklesiologie des geordneten Rückbaus". Ilse Junkermann hat das als mitteldeutsche Bischöfin exzellent auf den Punkt gebracht: Sie schildert den Versuch, durch permanenten Rückbau die bestehende kirchliche Struktur – verdünnt, aber im Wesentlichen gleichbleibend – über die Zeit zu retten.[71] Sie schildert die Prozesse und sagt: Das kann nicht gut gehen. Und es geht auch nicht gut. Sie kommt zum Resümee: „Wir sind am Ende unserer bisherigen Möglichkeiten."[72] Und dann fordert sie einen Umbau, einen

---

[68] Vgl. Roleder, Felix: Freundschaftsnetzwerke und Kirchengemeinden. Wie offen zeigt sich eine Kirchengemeinde für „neue Gesichter"? Chancen und Grenzen sozialer Integration und ihre Bedeutung, in: PTh 104 (2015), 173-186.

[69] Vgl. Evangelische Kirche in Deutschland: Engagement und Indifferenz, 27.

[70] Frey, Jörg: Neutestamentliche Perspektiven, in: Handbuch für Kirchen- und Gemeindeentwicklung, hg. von Kunz, Ralph / Schlag, Thomas, Neukirchen-Vluyn 2014, 31-41, 37.

[71] Junkermann, Ilse: Gemeinde neu finden. Vom Rückbau zum Umbau, in: VELKD-Informationen 145 (2014), 2-6.

[72] Ebd., 2.

Paradigmenwechsel. Sie will helfen, dass die Christen in Mitteldeutschland „Gemeinde neu finden".[73] Und sie sagt: Das können nur die Christen vor Ort, die die Schätze heben und die Probleme erkennen können – eine Kirche des allgemeinen Priestertums.
Und nun nimmt diese Kirche Geld in die Hand[74], das sie noch hat, und sagt: Wir wagen es mit „Erprobungsräumen".[75] Wir helfen zwölf Projekten, die etwas Neues wagen: Kirche abseits der parochialen Strukturen, nicht nach volkskirchlicher Logik, nicht auf Hauptamtliche und kirchliche Gebäude und Kirchensteuer ausgerichtet. Gemeinschaften, die wachsen wollen, im Glauben und an Zahl, Gemeinschaften, die sich als Teil der Mission Gottes verstehen, zum Segen der Kommune und als Hilfe für Menschen, die Hilfe brauchen, Gemeinschaften mit einem starken Ehrenamt, Gemeinschaften, die nicht mit festen Konzepten kommen, sondern ihr Kirchesein erst „neu finden", in dem Kontext, in den sie sich gestellt sehen. Solche Leitungsentscheidungen machen mir Mut. Die Institution nutzt ihre Spielräume, sie organisiert zielgerichtet mögliche Aufbrüche, sie fördert das Entstehen und Bestehen von missionarischen Gemeinschaften und Bewegungen. Sie tut das, weil sie verstanden hat, dass wir zwar noch „anders können", aber gewiss nicht mehr lange weitermachen können wie bisher.

---

[73] Ebd., 3.
[74] Laut http://www.kirchenrecht-ekm.de/kabl/30628.pdf [25.05.2015] 2,5 Mio Euro.
[75] Vgl. http://www.ekmd.de/kirche/landessynode/tagungen/24011.html [25.05. 2015]. Vgl. auch http://www.mitteldeutsche-kirchenzeitungen.de/2014/04/22/ mutig-neues-ausprobieren [25.05.2015].

Nachwort

Unser Symposium „Die Zukunft der Kirche in Europa“ fand Ende Mai 2015 statt. Im November haben wir das Manuskript dieses Dokumentationsbandes zur Abgabe beim Verlag fertiggestellt. Zufälligerweise tagte kurz danach die Synode der EKD in Bremen. Der Ratsvorsitzende, Landesbischof Prof. Dr. Heinrich Bedford-Strohm, eröffnete seinen mündlichen Bericht mit einer Referenz auf eines der Themen, das die öffentliche Agenda zurzeit wie kaum ein anderes bestimmt und das seit dem späten Frühjahr erheblich an Dynamik und Brisanz gewonnen hat: „[A]ls ich im Mai vor dieser Synode meinen Bericht gegeben habe, hat das Thema Flüchtlinge einen breiten Raum [darin] eingenommen. Ich habe mir damals nicht vorstellen können, dass dieses Thema in den Monaten seitdem so sehr ins Zentrum der Debatte in Politik und Gesellschaft, aber natürlich auch in unserer Kirche rücken würde“.[1]

Auch wir sehen uns mit der Entwicklung der letzten Monate konfrontiert und nehmen sie ähnlich wahr: Natürlich konnte auch zum Zeitpunkt unseres Symposiums im Mai 2015 und bereits längere Zeit davor niemand, der die Nachrichten und gesellschaftliche Debatten aufmerksam verfolgte, die Augen vor „dem Thema Flüchtlinge“ verschließen. Schon seit Längerem sahen sich zahlreiche Menschen aus Afrika, dem Mittleren Osten und dem Balkan durch wirtschaftliche Not und oft noch mehr durch die politische Lage in ihren Herkunftsländern gedrängt zu fliehen, in der Hoffnung, an Sicherheit und Frieden in der Europäischen Union teilhaben zu können. Und doch hat sich die Situation seit dem Sommer grundlegend und in völlig unerwartetem Ausmaß verändert: Das Schicksal der Menschen, die schon vorher zu uns geflohen sind, und der vielen, die sich seither dem Strom der Fliehenden anschließen, ist nicht mehr nur ein Thema an den Rändern Europas, sondern mitten unter uns. Es berührt unseren alltäglichen Lebensvollzug und beeinflusst damit selbstverständlich auch das Nachdenken über die Zukunft der Kirche in Europa und in unserem Land. Zumindest lernen wir allmählich, dass dies so ist.

Unsere Gesellschaft ist durch die zu uns kommenden Migranten und Flüchtlinge zunächst vor logistische und politische Herausforderungen

1 Vgl. http://www.ekd.de/download/s15_2_ii_ratsbericht_muendlich.pdf [20.11.2015].

gestellt. Dabei handeln die deutschen Bürger und Institutionen in der Bewältigung der nötigsten Aufgaben – bei allen Grenzen des eigenen Willens und Vermögens – insgesamt hilfreich und angemessen und oft beeindruckend gastfreundlich. Die kulturellen Herausforderungen durch die Migrationsbewegung werden dabei besonders in der direkten Begegnung mit Menschen anderer Sprache und Herkunft im persönlichen und öffentlichen Leben deutlich. Und es dürfte klar sein, dass die aktuelle Situation – so unterschiedlich sie in verschiedenen Regionen Europas und auf Grund der dortigen historischen Voraussetzungen auch sein mag – nur im Zusammenspiel vieler Ebenen bis hin zu einer gesamteuropäischen Strategie und Praxis zu bewältigen ist. Auch zahlreiche Christen leisten einen unschätzbaren (und in der Regel ehrenamtlichen) Beitrag zur Versorgung und gesellschaftlichen Integration von Asylsuchenden, von denen nicht wenige bald zu Mitbürgern werden sollen. Viele Kirchengemeinden greifen dabei im Falle drohender Abschiebung auch auf die (politisch nicht unumstrittene) Tradition des Kirchenasyls zurück und begeben sich damit bewusst in Spannung zum Vorgehen der staatlichen Ordnungsmacht. Die Gemeinden und Kirchen in Deutschland können in der beschriebenen Situation für sich in Anspruch nehmen, mit ihrer diakonischen Gestaltungskraft ein wesentlicher und insgesamt positiv wirkender „Player" zu sein. Weil dies gesellschaftlich durchaus wahrgenommen wird, kann man darin – nicht intentional, aber als erfreuliche Nebenwirkung – auch eine Chance zur Verstärkung und Verbesserung der öffentlichen Wahrnehmung des christlichen Glaubens sehen. Im Zuge der aktuellen Entwicklungen rückt außerdem diakonisches Engagement wieder stärker auf die Ebene der Gemeinden und bleibt nicht allein der institutionalisierten Diakonie überlassen.

All das große Engagement würdigt der Vorsitzende des Rates der EKD auch in seinem Bericht und macht deutlich, dass der ebenfalls neu aufkeimenden Xenophobie durch eine doppelte Gestaltung der Ankunft von Flüchtlingen zu begegnen sei, die zum ersten die unmittelbare notwendige Versorgung und zum zweiten dann die tatsächliche Integration in die deutsche Gesellschaft beinhalte. Bedford-Strohm betont hier die gemeinsame europäische Verantwortung, die insbesondere auch von der EU wahrzunehmen sei, der sich aber auch die Kirchen in Europa zu stellen haben und die Christinnen und Christen in besonderer Weise auch durch das Gebet wahrnehmen. Nach der ersten buchstäblichen Ankunft sei dann aber auch die zweite Ankunft, die Integration, zu gestalten. Und in diesem Zusammenhang habe auch der interreligiöse Dialog – auf unterschiedlichen Ebenen – eine große Bedeutung.[2]

---

[2] Zu den unterschiedlichen Ebenen, z.B. eines Dialogs mit dem Islam, vergleiche die Beiträge von Henning Wrogemann und Friedmann Eißler in diesem Band.

So zweifellos wichtig das Engagement von Kirchen, Gemeinden und einzelnen Christen und das daraus abzuleitende Handeln ist, so klar ist auch, dass sich aus den neuen Entwicklungen für die Kirchen in Deutschland und in Europa weitere Herausforderungen ergeben. Denn die Kirchen sind ja nicht nur Teilhaberinnen an der gesamtgesellschaftlichen Entwicklung, sondern sind selbst auch erheblich vor neue oder sich in neuer Dringlichkeit in den Vordergrund drängende Fragen gestellt: Nicht wenige der Migranten sind Christen und sahen sich auch wegen ihres christlichen Glaubens zur Flucht nach Europa gedrängt. Es wird nicht zuletzt kulturell eine beträchtliche Herausforderung sein, diese Menschen in unseren christlichen Gemeinden wirklich zu integrieren und ihnen so zu begegnen, dass ihre Lebensgeschichten geachtet werden. Zugleich können Gemeinden durchaus die Chancen neuer geistlicher Perspektiven und direkt zu gestaltender Ökumene ergreifen, wenn sie Migranten und deren Außensicht und auch deren geistlichen Erfahrungen mit Offenheit begegnen. Vermutlich wird sich die religiöse und konfessionelle Landschaft zumindest in Deutschland insgesamt verändern. In welchem Umfang und mit welchen Auswirkungen dies geschehen wird, lässt sich zum gegenwärtigen Zeitpunkt noch kaum abschätzen. In jedem Fall werden wir „Angestammte“ die weltweite Ökumene der Glaubensgeschwister mit Hilfe der christlichen Migranten neu buchstabieren lernen müssen, können uns dann aber von ihren Erfahrungen auch unschätzbar bereichern lassen. Angesichts der veränderten Lage kommen auch die Migrationsgemeinden und die Erfahrungen und Reflexionen, die Kirche und Theologie auf diesem Feld haben sammeln und anstellen können, noch einmal neu in den Blick.[3]

Hinzu kommt ein weiterer Aspekt: In manchen der sich neu in Deutschland ansiedelnden Migranten, meist mit muslimischem Hintergrund, wächst erst hier in einem Land mit Religionsfreiheit der Wunsch zur Taufe oder kann dieser erst hier erfüllt werden. Gemeinden sind dann gefragt, diesen Wunsch sensibel aufzugreifen, den Weg zur Taufe vorzubereiten und zu begleiten und im Anschluss daran eine tragende Gemeinschaft anzubieten, da ein Religionswechsel für die Betreffenden z.T. weitreichende Konsequenzen bis in den familiären Bereich hinein haben kann. Für viele Gemeinden ist damit die Frage nach Konversion ganz neu oder wieder neu und in ungewohnter Offenheit gestellt. Sie findet schließlich in der Begegnung mit Muslimen weitere Nahrung, wenn es um die Spannung zwischen respektvollem Dialog der Religionen einerseits und glaubensgewissmissionarischem Zeugnis andererseits geht, das trotz aller damit

---

[3] Vgl. dazu die Beiträge von Bianca Dümling und Rainer Kiefer, die sowohl Erfahrungen als auch mögliche aus deren Reflexion erwachsene Schritte eines ekklesiologischen Miteinanders benennen.

verbundenen Diskussionen gerade vor dem Hintergrund der hier skizzierten aktuellen Lage unverzichtbar ist.[4]
Bemerkenswerterweise finden diese für Kirchen, Gemeinden und einzelne Christen wichtigen Aspekte auch im jüngsten Bericht des Ratsvorsitzenden kaum Wiederhall.[5] Sie können auch an dieser Stelle im Sinne einer Momentaufnahme nur skizziert werden. Dennoch: Ihre intensive Durchdringung und Bearbeitung ist Theologie und Kirche dringend aufgetragen. Auch hieran wird sich die Frage nach der Zukunft der Kirche in Europa entscheiden.

Christiane Moldenhauer und Jens Monsees

[4] Mit diesem Spannungsfeld verbinden sich wieder neu intensive Diskussionen, wie die Arbeitshilfe „Weggemeinschaft und Zeugnis im Dialog mit Muslimen" der Evangelischen Kirche im Rheinland und die Reaktionen darauf zeigen (http://www.ekir.de/www/ueber-uns/weggemeinschaft-zeugnis-19148.php [20.11. 2015]). Vgl. dazu jedoch auch Huber, Wolfgang: Religionsfreiheit, Mission und Toleranz, in: Moldenhauer, Christiane (Hg.), Stationen einer Reise. Beiträge zum zehnjährigen Bestehen des IEEG, Greifswald 2015, der sich differenziert zu diesem Themenfeld geäußert hat.
[5] Wohl aber hat sich die Synode anerkennenswert profiliert zur deutschen und europäischen Flüchtlingspolitik, zum Schutz und zur Integration von Flüchtlingen und zur auch damit verbundenen Gefahr des Rechtsextremismus geäußert (vgl. http://www.ekd.de/synode2015_bremen/beschluesse/index.html [20.11.2015]).

Autoren und Herausgeber

Hans-Jürgen Abromeit, Dr. theol., Bischof im Sprengel Mecklenburg und Pommern der Evangelisch-Lutherischen Kirche Norddeutschlands, Greifswald

Michael Bünker, Dr. theol., Bischof der Evangelischen Kirche A.B. in Österreich, Generalsekretär der Gemeinschaft Evangelischer Kirchen in Europa, Honorarprofessor für Religionspädagogik, Wien

Pavel Cerny, Dr. theol., Dozent für Praktische Theologie und Missionswissenschaft am Evangelisch-Theologischen Seminar in Prag

Bianca Dümling, Dr. phil., Leiterin der interkulturellen Arbeit von „Gemeinsam für Berlin", stellvertretende Leiterin des Berliner Instituts für urbane Transformation, Berlin

Friedmann Eißler, Dr. theol., Wissenschaftlicher Referent der Evangelischen Zentralstelle für Weltanschauungsfragen, Berlin

Darrell L. Guder, Dr. theol., Professor em. für Missionswissenschaft und Ökumenische Theologie am Princeton Theological Seminary

Harald Hegstad, Dr. theol., Professor für Systematische Theologie, Oslo

Michael Herbst, Dr. theol., Professor für Praktische Theologie und Direktor des Instituts zur Erforschung von Evangelisation und Gemeindeentwicklung, Greifswald

Rainer Kiefer, Oberlandeskirchenrat der Evangelisch-Lutherischen Landeskirche Hannovers, Hannover

Christiane Moldenhauer, Wissenschaftliche Mitarbeiterin am Institut zur Erforschung von Evangelisation und Gemeindeentwicklung, Greifswald

Jens Monsees, Wissenschaftlicher Mitarbeiter am Institut zur Erforschung von Evangelisation und Gemeindeentwicklung, Greifswald

Michael Moynagh, Dr. phil., Dozent für Praktische Theologie, Oxford

Martin Reppenhagen, Dr. theol., Dekan des Evangelischen Kirchenbezirks Karlsruhe-Land

Sibylle Rolf, Dr. theol., Privatdozentin für Systematische Theologie, Heidelberg

Sake Stoppels, Dr. theol., Assistenzprofessor für Praktische Theologie, Freie Universität Amsterdam

Henning Theißen, Dr. theol., Privatdozent für Systematische Theologie, Greifswald

Gerhard Wegner, Dr. theol., Direktor des Sozialwissenschaftlichen Instituts der EKD und außerplanmäßiger Professor für Praktische Theologie, Hannover

Henning Wrogemann, Dr. theol., Professor für Missions- und Religionswissenschaft und Ökumenik, Kirchliche Hochschule Wuppertal-Bethel, Wuppertal